◆ 高职高专十二五规划教材 ◆

建设工程经济

JIANSHE GONGCHENG JINGJI

主 编 / 廖敏霞 郝 攀
副主编 / 董 波 朱希文 徐冯君 叶 丹
参 编 / 廖礼平 张康潜 涂昳颖

电子科技大学出版社

图书在版编目（CIP）数据

建设工程经济 / 廖敏霞，郝攀主编. —成都：电子科技大学出版社，2016. 1

ISBN 978-7-5647-3424-4

Ⅰ. ①建… Ⅱ. ①廖… ②郝… Ⅲ. ①建筑经济－高等职业教育－教材 Ⅳ. ①F407.9

中国版本图书馆 CIP 数据核字（2015）第 307238 号

内 容 简 介

本书针对工程造价（经济）等专业技术经济课程的基本要求，结合高职高专教学改革的成果及经验而编写，系统地介绍了工程经济学的基本原理、经济分析方法及其在工程中的应用。本书的主要内容有：工程经济学的研究对象和特点、资金时间价值与等值计算、工程经济分析的基本方法、建设项目的财务评价、价值工程、工程经济在工程项目中的应用、建设项目可行性研究与项目后评价、项目经济评价、建设项目环境影响评价与社会评价。本书是一本既能反映现代工程项目建设和管理的发展方向和要求，又能突出、强化学生应用能力和手动能力的具有针对性的教材，旨在使学生掌握工程经济学的基本原理和常用分析方法，初步具备从事建设项目的可行性研究及分析评估的技能和基础。

本书可以作为高等职业技术教育、高等专科教育、成人高等教育等工程造价专业、建筑经济管理专业、道路桥梁专业、工程管理专业的教学用书，也可以作为工程管理人员业务学习的参考用书。

高职高专十二五规划教材

建设工程经济

主　编　廖敏霞　郝　攀
副主编　董　波　朱希文　徐冯君　叶　丹
参　编　廖礼平　张康潜　涂昳颖

出　　版：电子科技大学出版社（成都市一环路东一段 159 号电子信息产业大厦　邮编：610051）
策划编辑：郭蜀燕　罗　雅
责任编辑：王　坤
主　　页：www.uestcp.com.cn
电子邮箱：uestcp@uestcp.com.cn
发　　行：新华书店经销
印　　刷：成都市火炬印务有限公司
成品尺寸：185mm×260mm　　印张 13　　字数 367 千字
版　　次：2016 年 1 月第一版
印　　次：2016 年 1 月第一次印刷
书　　号：ISBN 978-7-5647-3424-4
定　　价：35.00 元

前　言

工程经济是研究工程技术与经济之间关系的一门学科，其核心是对工程技术方案进行经济分析与评价，选择技术上先进、经济上合理的最佳方案，以达到最优使用各类资源的目的。其研究对象是以建设项目为主体，研究工程技术方案的经济效益，通过计算、分析、比较和评价，以求最优的工程技术方案。

本教材以面向21世纪高职高专教学内容为依据，按照培养高等技术经济应用型人才为主线的要求编写，力求体现我国目前在工程经济分析和建设项目经济评价中的实际做法。编者力图为读者提供工程经济的思想理论与应用图景，通过本书的学习能掌握工程经济分析的具体方法，具有初步的工程经济分析的能力。其核心内容"建设项目的经济评价"是以2006年7月修订的《建设项目经济评价方法与参数》（第3版）为主要依据编写的，它反映了投资体制改革的新要求。在内容的选取上，既考虑新课本身的系统性，又考虑专业内部学科之间的交叉性，充分体现高职高专教育"以能力为本位，以应用为目的"的原则，注重实用性和可操作性。在体系结构上，以理论—应用为主线组织编写，体现了注重基础、突出重点并注重应用的特点。

本书可以作为高等职业技术教育、高等专科教育、成人高等教育等工程造价专业、建筑经济管理专业、道路桥梁专业、工程管理专业的教学用书，也可以作为工程管理人员业务学习的参考用书。

本书由江西经济管理干部学院廖敏霞（项目单元一、二、九）、江西交通职业技术学院郝攀（修改和统稿）担任主编，由滁州职业技术学院董波（项目单元四）、浙江同济科技职业学院朱希文和徐冯君（项目单元三）、江西机电职业技术学院叶丹（项目单元五）担任副主编。同时，江西经济管理干部学院廖礼平（项目单元六）、江西交通职业技术学院张康潜（项目单元七）和涂昳颖（项目单元八）参与了本书的编写工作。本书由廖敏霞编写大纲，并对全书进行系统设计，由郝攀修改和统稿。本书在编写过程中参阅了大量的文献和资料，同时得到了同行、电子科技大学出版社的大力支持，在此对他们表示衷心的感谢。

由于编者的水平有限，书中难免有不足和疏漏之处，恳请读者批评、指正。

编　者

目 录

项目单元一　工程经济学的研究对象和特点

本章介绍工程经济学的性质、研究对象和特点，指出工程经济学是研究工程技术领域的经济问题、研究技术进步与经济增长之间的相互关系及规律的一门边缘学科。它从项目的经济性角度出发，通过分析、计算、对比和评价寻找工程技术与经济的最佳结合，为项目的投资决策提供科学依据。通过学习本章，应理解“工程经济学”课程的基本任务和基本内容，理解工程、技术与经济的相互作用和关系，了解工程经济分析的一般过程及对工程师的基本要求，概括了解工程经济学的发展情况。

课题1　工程技术与经济

1.1　工程经济学的概念

现代科学技术的发展有两个特点：一是向纵深发展，形成许多分支科学；二是向广度进军，形成许多边缘学科。工程经济学（engineering economics）也称技术经济学（technical economics），是介于自然科学和社会科学之间、工程技术学科与经济学科之间的边缘科学，是应用经济学的一个分支。它是根据现代科学技术和社会经济发展的需要，从经济角度解决技术方案的选择问题，这是工程经济学区别于其他经济学的显著标志。因此，工程经济学是一门应用经济学的基本原理，研究工程技术领域经济问题和经济规律，研究如何对项目进行经济分析与评价，研究工程领域内资源的最佳配置，为正确的投资决策提供科学依据的应用性经济学科。在这门学科中，工程技术是基础，经济则处于支配地位。

1.2　工程技术与经济的关系

1.2.1　工程技术的概念

这里的工程技术是广义的，是指把科学知识、技术能力和物质手段等要素结合起来所形成的一个能够利用和改造自然的运动系统。它不仅包括劳动者的技艺，还包括部分取代这些技艺的各种生产工具、装备等手段。因此，工程技术是包括劳动工具、劳动对象等一切劳动的物质手段（硬技术）和体现为工艺、方法、程序、信息、经验、技巧和管理能力的非物质手段（软技术）。从另一个角度来分，又可将技术分为自然技术和社会技术。自然技术是根据生产实践和自然科学原理发展形成的各种工艺操作方法、技能和相应的生产工具及其他物质装备。社会技术是指组织生产及流通等的技术。

综上所述，工程技术是实现投资目标的系统的物质形态技术、社会形态技术和组织形态技术等，这里不仅包括相应的生产工具和物资设备，还包括生产的工艺过程或作业程序及方法，以及在劳动生产方面的经验、知识、能力和技巧。

1.2.2 经济的概念

工程经济学中的“经济”主要是指在项目的寿命周期内为实现投资目标或获得单位效用而对投入资源的节约。

在生产实践中，人们越来越体会到工程经济的重要性。因为很多重大工程技术的失误不是由于科学技术上的原因，而是经济分析上的失算，如英法两国联合试制的“协和号”超音速客机在技术上完全达到了预定的设计要求，是世界上最先进的客机，但是由于其耗油量太多、噪声太大，尽管速度快，却不能吸引足够的客商，由此导致极大的经济损失。这是国际上公认的重大工程技术失误的一个案例。因此，一个良好的工程师不仅要对他所提出的方案的技术可能性负责，也必须对其经济合理性负责。

1.2.3 工程技术和经济的关系

工程技术的实践活动常常要面临两个彼此相关且至关重要的环境，一个是技术环境，另一个是经济环境。技术和经济在人类进行物质生产、交换活动中始终并存，它们相互依存、协调发展，是不可分割的两个方面，两者相互促进又相互制约。技术具有强烈的应用性和明显的经济目的性，没有应用价值和经济效益的技术是没有生命力的；而经济的发展必须依赖于一定的技术手段，世界上不存在没有技术基础的经济发展，同时，任何新技术的产生与应用都需要经济的支持，受到经济的制约。技术与经济的这种特性使得它们之间有着紧密而不可分割的联系。

综观世界各国，凡是科技领先的国家和产品科技含量高的企业，无一不对研发进行高投入。美国、日本、德国、英国、法国等国家的研究与开发费用在 20 世纪 80 年代就已占国民生产总值的 2.3%～2.8%，而大部分发展中国家由于经济的制约，这一占比只能在 1%以下。对企业来说，重大的技术革新需要大量的投资，具有很高的风险。据统计，美国基础研究的成功率为 5%左右，技术开发的成功率为50%左右，一旦研究开发失败，经济上要承受巨大的损失。因此，没有雄厚经济实力的企业是难以支撑新技术的研究与开发的。

与此同时，技术的突破又会对经济产生巨大的推动作用。综观世界经济发展史与技术发展史，无论从世界层面上还是从国家层面上都可以清晰地看到这一点。从世界层面上，科技革命导致产业革命，产业革命引起的经济高涨又对新技术提出更高的需求并提供更好的经济支持，从而引发新一轮的技术革命。每一轮的技术革命都引发新兴产业的形成与发展，世界经济就在这种周而复始的运动中得到高涨、繁荣与发展。从国家、企业的层面上，一个国家、一个企业的兴衰从根本上是由技术创新及其有效性决定的。

综观国家与企业的兴衰交替，可以得出一个明确的结论：一方面，科学技术是第一生产力，发展经济必须依靠一定的技术；另一方面，技术的进步会受到经济条件的制约。技术与经济这种相互促进、相互制约的关系，使任何技术的发展和应用都不仅是一个技术问题，也是一个经济问题。

技术革命与经济高涨交替作用，周而复始，将人类带到一个高科技、高经济增长、高生活质量的富裕盛世。

课题 2 工程经济学的研究对象和特点

2.1 工程经济学的研究对象

20 世纪初，纽约电话公司总工程师卡尔迪（John J. Carty）在审查提交给他的许多工程建议书时，总是要问下面三个问题：

第一，究竟为什么要干这个工程？

第二，为什么要现在干这个工程？

第三，为什么要以这种方式干这个工程？

第一个问题可以延伸为：是否可以执行另一个新的工程建设方案？当前项目是否应当扩大、缩小或报废？现行标准和生产流程是否要加以修改？第二个问题可以延伸为：现在是按超过要求的更高生产能力来建设，还是仅用足够的生产能力来及时满足预期的需要？投资的费用及其他条件是否利于现在这个工程？第三个问题可以延伸为：有没有其他可行的方式？这些方式中哪种更经济？

他所提到的问题是人们在工程技术活动中常遇到的一些问题。工程经济学研究的对象就是解决这类问题的方案和途径，即如何对这类问题进行经济分析和评价。传统工程经济学面对的主要是上述微观技术经济问题，而现代工程经济学面对的问题则越来越广泛，从微观的技术经济问题延伸到宏观的技术经济问题，如能源问题、环境问题、疫情防治问题、网络安全问题、国家的经济制度与政策问题等。

工程经济学研究的对象主要有三个方面。

（1）研究技术方案的经济效果，寻找具有最佳经济效果的方案

经济效果是指实现技术方案的产出与投入比。产出是指技术方案实施后的一切效果；投入是指各种资源的消耗和占用。研究技术方案的经济效果往往是在技术方案实施前，通过对各种可能方案的分析、比较、完善，选择出经济上最佳的技术方案，保证决策的科学性，以减少失误。这是关系到有限资源最佳利用的大事，关系到国家和企业竞争力强弱的重大问题。

（2）研究技术与经济相互促进与协调发展的问题

如前所述，技术与经济是相互促进、相互制约的。技术与经济的协调发展包含着两层含义：其一是技术选择要视经济实力而行，不能脱离实际；其二是协调的目的是发展，发展是中心问题，要创造条件去争取合理前提下的发展速度。

以发展为中心，在发展中协调，在协调中发展，这种动态的概念又是一个重要的观点。讲发展就要有超前意识，要抓住关键领域、关键部门、关键产品、关键技术的超前发展，从而带动其他领域、部门产品、技术的协调发展。但超前意识也绝不是越先进越好，而是在量力而行的前提下有所为有所不为。

处理技术与经济的协调发展的核心问题是技术选择问题。从国家层面上要研究在一定的发展阶段内各产业和经济部门的技术政策、技术路线，要明确鼓励什么、限制什么、淘汰什么；从企业层面上要研究技术路线选择、设备选择、加工工艺选择、运输方式选择、“三废”处理技术选择等，这些直接关系到企业的竞争力。

技术政策和技术路线是带有全局性的技术选择问题，关系到全局性的投入产出和技术进步问题，关系到环境保护、低碳经济和可持续发展问题。国家的技术政策、技术路线是企业技术选择的根据，企业的技术选择又是国家技术路线执行的保证。国家明令禁止和淘汰的技术、装备，企业不管有什么理由也要服从大局。例如，国家淘汰落后产能就是为了执行国家的技术政策和环保政策，发展低碳经济。

（3）研究技术创新，推动技术进步，促进经济增长

科学技术是第一生产力，技术创新是促进经济增长的根本动力，是转变经济增长方式的唯一途径。技术创新的这种特殊地位决定了它是工程经济学的重要研究对象。国内外经济发展的历史证明了技术创新是实现经济增长方式转变的突破口，是获得高质量经济增长的唯一途径。

自从1912年美籍奥地利经济学家约瑟夫·阿罗斯·熊彼得（J. A. Joseph Alois Schumpeter）在其著作《经济发展理论》中提出“创新”的概念和理论后，创新理论就成为经济学家们研究的重要内容，技术创新也成为世界性的热门研究课题以及推动经济发展、体现国家核心竞争力的关键。技术创新包括新产品的生产、新技术在生产过程中的应用、原材料新的供应来源的开辟、新市场的开辟和企业新组织的实现。技术创新从本质上说是一个经济概念，它与技术开发不同，后者是一个技术概念。技术创新作为一种“创造性的破坏”，实现了生产要素和生产条件的新组合，强调的是新的技术成果在商业上的第一次运用（追求潜在超额利润的实现），强调的是技术对经济增长的作用。

创新是国家兴旺发达和企业发展的不竭动力。我国把建立国家创新体系和技术创新机制作为建立社会主义市场经济体制的一个重要目标，把建立健全企业的技术创新体系作为建立现代企业制度的重要内容。改革开放以来，我国经济的迅速增长主要得益于技术创新，其中小部分得益于高新技术的引进，大部分得益于高、中、低技术的模仿扩散。

2.2 工程经济学的特点

工程经济学与其他学科相比具有以下特点。

（1）立体性

从自身的内容构成上说，工程经济学是由工程技术学科、经济社会学科以及管理学科互相交叉结合而形成的综合性边缘学科，是一门学科采用另一门学科的理论和方法“整合”而成的新学科，因此它具有边缘学科的特点。但工程经济学又不同于上述任何一门学科，从研究的范围来讲，工程经济学的研究涵盖了工程经济活动中的所有领域和各个阶段；从研究的方法来看，系统观点和系统分析方法是工程经济研究中非常重要的观点和方法。

（2）实用性

工程经济学之所以具有强大的生命力，就在于它非常实用。工程经济学研究的课题、分析的方案都来源于生产实际和工程建设项目，并紧密结合生产技术和经济活动进行，而它的分析和研究成果又都直接用于指导生产建设实践。

（3）预测性

工程经济分析活动大多在事件发生之前进行，对将要实施的技术政策、措施、方案进行预先的分析、评价、选优，因此首先要进行技术经济预测。通过预测使技术方案更接近实际，避免盲目性，减少决策的失误。

工程经济的预测性主要有两个特点：

1）尽可能准确地预见某一经济事件的发展趋向和前景，充分掌握各种必要的信息资料，尽量避免决策失误造成的经济损失；

2）预测性包含一定的假设和近似性，它只要求某项工程或某一方案的分析结果尽可能地接近实际，而不要求其绝对准确。

（4）定量性

工程经济学的研究方法是定量计算与定性分析相结合，以定量分析为主。即使有些因素难以定量，也要予以量化估计。

（5）比较性

世上万物只有通过比较才能区分出孰优孰劣。工程经济分析通过经济效果的比较，从众多可行的技术方案中选择满意的可行方案。

课题 3　工程经济分析的程序及对工程师的要求

3.1　工程经济分析的一般过程

工程经济分析的基本程序如图 1.1 所示。

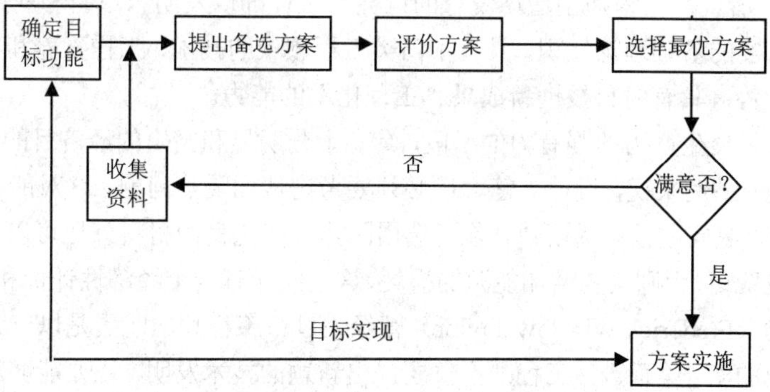

图 1.1　工程经济分析的基本程序

第一，确定目标功能，这是建立方案的基础。如果我们预计缺 30 万千瓦电力，那么我们就要建立一个方案来满足 30 万千瓦电力的需要。如果我们是为了解决甲乙两地之间每年 1000 万人次和每年 1000 万吨货物的交通运输问题，那么我们要提出的方案可以是通过铁路也可以是通过公路，可以是通过水运也可以是通过航空，可以是单一方案也可以是复合方案，但都必须能解决这样的运输量。当然，有时方案也可以没有特定社会功能，只有经济功能。例如，某公司现有 3 亿元资金寻找投资方向，其目的只有一个：取得较好的投资回报率。

第二，提出备选方案。通常为了达到一定的目标功能，必须提出很多方案，如为了解决能源问题可以建火电厂、核电厂或水电站，而建核电站又有许多方案可供选择，如采用重水式的、轻水式的……寻找备选方案实际上是一项创新活动。人们要求决策者能针对某一特定的问题尽量考虑到各种可能方案，提出“最优”的解决方法，因此决策者必须创新。在实际工作中不可能列出所有可能方案，但绝不能漏掉有可能是最好的方案。方案要尽可能考虑得多，但正式列出的方案要少而精。

第三，评价方案。列出的方案要经过系统的评价。评价的依据是国家的政策法令和反映决策者意愿的指标体系。通过系统评价淘汰不可行方案，保留可行方案。比如产品要符合国家的产业政策、质量标准，出口的产品要符合进口国的标准与习惯等。

第四，选择最优方案。决策的核心问题就是对不同方案的经济效果进行衡量和比较，从中选择效果最好的最优方案。

为了运用好工程经济学的基本理论和方法，必须树立系统的观念和动态的观念。动态的观念是用发展的眼光去建立方案、评价方案。方案所处的环境是变化的，因此要用发展的眼光预测未来的效果。项目越大，周期越长，变动的可能性也越大。如果没有一套正确的预测方法和恰当的指标设置，事前的评价与实施后的效果会有很大的出入，甚至完全相反。

系统方法与动态方法要求决策者具有较广博的知识和较丰富的经验，同时也要求评价组必须由各方面的专家组成，包括市场营销专家、技术专家、财务专家、法律专家等。

3.2 工程经济分析对工程师的基本要求

高等院校工科类专业培养的是未来的工程师，而作为工程师，除了肩负着崇高的政治使命外，在业务上还肩负着三项使命，即技术使命、经济使命和社会使命。

工程师不同于其他的从业者，他们所从事的工作是以技术为手段，创造和提供工程产品或技术服务，满足人们的物质和文化生活需要，这也是工程师的技术使命。正如著名的空气动力学家冯•卡门（Von Karman）所说：工程师创造还没有的世界。工程师以发明、革新和应用为己任，为此他必须具有广泛而扎实的基础理论知识，具备本门类工程领域的技术、工程素养和实践动手能力，掌握当代科技发展趋势，具有将科技创新成果“工程化”的能力。

技术作为人类发展生产力的强有力的手段，具有十分明显和突出的经济目的，工程师的每项成果都涉及经济问题。举例来说，设计一幢大楼必须要考虑墙面隔热问题，这对能源的节约有很大影响。从技术上讲，隔热问题很容易解决，除了选用隔热性能优良的材料外还可以加厚墙体，但这样就要增加基本建设费用，否则又要增加能源的损耗，这之间就有一个经济性评价和方案的选择问题。科学管理之父泰勒（Frederick Winslow Taylor）曾经说过：工程师的职责是以一元钱完成别人必须用两元钱方能完成的工作。而今，工程师不仅要提出新颖的技术发明，还要能够对其实施的结果进行熟练的财务评价。

此外，现代工程技术与人类社会的关系十分密切，与人类的生存环境、文化发展休戚相关。20世纪是人类历史上科技发展最迅速、物质文明较发达的时代，但也是人类生态环境破坏最严重的时代。21世纪的工程师除了要为人类提供价廉物美的产品和服务外，还必须做到环境保护和资源利用的和谐统一，走低碳经济及可持续发展的道路。所谓可持续发展，就是要处理好发展与保护的关系，没有发展的保护是没有意义的，没有保护的发展也是不能持续的。1987年环境与开发世界委员会在发表的报告书《我们共同的未来》中把“开发、发展”定义为人类“从周围环境获得的最大利益”，把“保护”定义为“人类子孙后代从周围环境获得的最大利益”，从而使开发、发展和保护在人与自然的协调关系上统一了起来。工程师必须要树立这样的观点：地球只有一个，它属于全人类。

综上，工程经济学是一门为工程师准备和创立的经济学。工科学生学习工程经济学的目的是掌握技术方案经济分析与评价的方法、环境保护的经济评价和技术创新的理论等，并树立经济意识、可持续发展意识和技术创新意识。

课题4 国民经济中的建筑业

4.1 建筑业

4.1.1 建筑业的概念

何谓建筑业？各种文献表述不一，比较有代表性的是以下几种。

《辞海》中称：建筑业是国民经济的一个物质生产部门；主要从事建筑安装工程的生产活动，为国民经济各部门建造房屋和构筑物，并安装机器设备；建筑业的生产活动包括建筑工业和自营建设单位的建筑生产活动以及有关的勘察设计工作。

《经济大辞典》中称：建筑业是国民经济中专门从事建筑安装工程施工的物质生产部门，其生产活动范围是①各种生产和非生产用的房屋、建筑物和构筑物的建造，②各种机械设备的安装，③各种房屋、建筑物和构筑物的大修理，④某些非标准设备的现场制作。

《中国大百科全书·土木工程》中称：建筑业是国民经济重要的物质生产部门，它从事勘察、设计、施工、制品、维修等生产经营活动，它的物质产品是房屋建筑和构筑物。

德国《迈依尔斯百科全书》中称：建筑业是从事建筑工程的行业，其任务是使建造的房屋和建筑物尽可能符合用途并纳入规划。

以上论述大同小异，但仍可将其归纳为：建筑业是国民经济的一个重要物质生产部门，从事建筑物和构筑物的建造等生产经营活动，包括与之相关的勘察、设计、施工、安装、制品、维修等若干环节。

4.1.2 建筑行业的界定

《国民经济行业分类》（GB/T 4754—2011）中，对建筑业的内部构成进行了细分和明确的范围界定，即分成以下4个大类。

（1）房屋建筑业。是指房屋主体工程的施工活动；不包括主体工程施工前的工程准备活动。

（2）土木工程建筑业。是指土木工程主体的施工活动；不包括施工前的工程准备活动。

（3）建筑安装业。是指建筑物主体工程竣工后，建筑物内各种设备的安装活动，以及施工中的线路敷设和管道安装活动；不包括工程收尾的装饰，如对墙面、地板、天花板、门窗等处理活动。

（4）建筑装饰和其他建筑业。包括建筑装饰业（指对建筑工程后期的装饰、装修和清理活动，以及对居室的装修活动）、工程准备活动（指房屋、土木工程建筑施工前的准备活动）、建筑物拆除活动、其他工程准备活动、提供施工设备服务（指为建筑工程提供配有操作人员的施工设备的服务），以及其他未列明建筑业（指上述未列明的其他工程建筑活动）。

4.2 建筑业在国民经济中的地位作用

无论是联合国颁布的《标准产业分类》，还是我国发布的《国民经济行业分类》，都把建筑业和工业一起列为第二产业，属于物质生产部门范畴，和其他工业、农业等物质生产部门一样创造价值和使用价值，并产生利润和税收。

4.2.1 能为社会创造新价值，提供积累，容纳大量的就业队伍

一个国家的建筑业对国民经济的发展起着举足轻重的作用。2001～2005 年，我国建筑业总产值年均增长 21.3%，占到 GDP 的 7%左右，2005 年我国建筑业完成总产值 34746 亿元，比 2004 年增长 19.7%，增加值年均增长 15.4%，建筑业从业人数达到 4000 万人，占全社会从业人数的 5.3%，相当于一个省的人口总和，达到新的历史高点。

经过多年的发展，我国建筑业的建造能力达到了新的水平，一批投资规模大、技术要求高、举世瞩目的特大型工程相继建成或正在建设，一些专项技术达到或接近国际先进水平。与此同时，我国建筑行业组织结构趋向合理，各类企业之间的市场化联系纽带基本形成。2006 年，中国铁路工程总公司和中国建筑工程总公司首次跻身美国《财富》杂志世界 500 强。建筑业在国民经济中的支柱地位和作用日益增强。

4.2.2 建筑业为社会和国民经济各部门提供生产、生活用的固定资产

建筑业为社会和国民经济各部门提供建筑产品。它能满足生产的发展和人民物质文化生活的需要，促进现代化建设，能发展新型工业、扩大再生产，在促进生产提高的基础上逐步改善人民的

物质文化生活。建筑业提供的非生产性固定资产，如教育、科学、文化、卫生、城市公用设施及住宅的建设等，都是直接为满足人民的物质文化生活需要服务的。

4.2.3 建筑业涉及面广泛，能带动许多关联产业的发展

建筑产品成本中，物质消耗占60%～70%，它与50个以上的工业部门发生关系，特别是与建材工业、冶金工业、木材及木材加工业、金属结构及制品生产工业、化学工业之间的关系特别密切，这些部门提供建设所需3/4以上的材料消耗。

4.2.4 建筑业发展国际承包是一项综合性输出，有创汇潜力

国际承包是一项综合性输出，不仅可以带动资本、技术、劳务、设备及商品输出，而且还可以扩大影响，赚取外汇。因此，世界各国都非常重视建筑业走向国际承包市场，发展外向创汇型建筑业。2005年我国对外承包工程完成营业额217.6亿美元，新签合同额296亿美元，同比增长均超过24%，且对外承包市场地域范围、涉足专业领域不断扩大。

4.2.5 建筑业向高空和地下施工技术的发展，为人类扩展了活动场所

世界人口的增长和科学技术的发展要求对有限的土地要充分利用，建筑技术逐步向高空和地下发展，20世纪70年代的建筑就是以修建大量超高层建筑和大规模地下建筑物为特征的。现在修建高层建筑、地下铁道等在世界上几乎已成为普遍的事，还有地下街、空间开发、海底隧道等建筑技术都日趋完善。可以预料，在未来的世界探索中，在扩展人类活动场所方面，建筑业将会发挥重要的作用。

4.3 建筑产品的技术经济特点

4.3.1 建筑产品的多样性

在一般的工业部门（如冶金工业、机械制造工业、化学工业、纺织工业）中，有很多产品是完全相同的，它们可以按照同一种设计图样、同一种工艺方法、同一种生产过程进行加工制造，产品的品种与其数量相比，表现出单一性。而建筑产品则与此相反，几乎每一个建筑产品都有它独特的建筑形式和独特的结构或构造形式，需要一套单独的设计图样。随着国家经济水平和人民生活水平的提高，人们对住宅多样化的要求亦越来越高。住宅的多样性不仅表现在造型、外部装饰、色彩、结构、塑造等方面，还常常表现在内部设施（如采暖、通风、卫生、炊厨设备）和内部装饰方面。建筑产品不但要满足各种使用功能的要求，而且还要体现出地区的民族风格、物质文明和精神文明，同时也受到地区的自然条件诸因素的限制，这使建筑产品在规模、结构、构造、形式、基础和装饰等诸方面变化纷繁，因此建筑产品的类型多样。

4.3.2 建筑产品在空间上的固定性

工业产品的流动性不仅表现在生产过程之中，而且表现在使用过程之中。与此相反，所有的建筑产品，不论其规模大小、坐落何方、用途如何，不仅在生产过程中与大地是不可分离的，而且从建成到寿命终结，始终是与大地相连的。一般的建筑产品均由自然地面以下的基础和自然地面以上的主体两部分组成（地下建筑全部在自然地面以下）。基础承受主体的全部荷载（包括基础的自重），并传给地基，同时将主体固定在地球上。有的工程，如涵洞、隧道、地下建筑、窑洞住宅等，土地本身就是建筑的构成部分。任何建筑产品都是在选定地点上建造和使用的，与选定地点的土地不可分割，从建造开始直至拆除均不能移动。所以，建筑产品的建造和使用地点在空间上是固定的。

4.3.3 建筑产品体形庞大

根据资料统计，同一货币价值量的建筑产品与机械产品相比，前者重量约为后者重量的 30～50 倍，有时这个比例可能更高。在建筑产品中，房屋和有内部空间的构筑物不仅体积庞大，而且占有更大的空间；其他的构筑物，如铁路、道路、码头、机坪等，虽没有内部空间，但占有的外部空间却是相当庞大的。由于建筑产品体积庞大，所消耗的材料数量十分惊人。据统计，每完成 1 亿元固定资产投资就要消耗建筑钢材 1.5 万吨，木材 2 万立方米，水泥 3 万～5 万吨；每平方米单层工业厂房约需要建筑材料 1.4 吨，同样面积的重型工业建筑则需建筑材料 5 吨左右。因而，建筑产品的体形庞大。

4.3.4 建筑产品价值巨大

普通的小型建筑产品价值即可达十几万、几十万元，大型建筑产品的价值则可达几千万、几亿元，甚至高达几十亿元。这样巨大的价值，意味着建筑产品要占用和消耗巨大的社会资源，不仅要消耗大量的材料，而且要占用大量的资金和人力资源，消耗大量的物化劳动和活劳动。这也意味着建筑产品与国民经济、人民的工作和生活息息相关。尤其是重要建筑产品，可直接影响国计民生。建筑产品不仅价值巨大，而且可以长期消费，因而是社会财富的重要组成部分。正因为如此，对建筑产品制定决策要持十分慎重的态度。如果决策失误，不仅会产生重大的直接经济损失，而且还会产生许多间接经济损失。

4.3.5 建筑产品的用途有很大的局限性

一般的工业产品通常在制造完成之后，可以运到任意的地点、为任意的使用者选购和使用。建筑产品是按照某一个特定的使用者的要求在特定的地点进行建造的，而建成之后，通常它只能为这个特定的使用者、在这个特定的地点、按照原来特定的用途而使用。不难看出，建筑产品的用途局限性与它的固定性和多样性的特点有着密切的联系。

4.3.6 建筑产品具有极强的社会性

一般的工业产品主要受当时当地的技术发展水平和经济条件影响，而建筑产品则还要受到当时当地的社会、政治、文化、风俗以及历史、传统等因素的综合影响。这些因素决定着建筑产品的造型、结构形式、装饰形式和设计标准，一些重要的有特征的建筑产品往往超越了经济范畴，成为珍贵的艺术品，既代表着特定的历史背景，也是人类文化的瑰宝。

习　　题

1. 工程经济学的概念是什么？
2. 为什么在工程实践活动中要讲求经济效果？
3. 试述工程技术与经济的内涵及相互关系。
4. 简述工程经济学研究的对象和范围。
5. 工程经济分析的一般过程是什么？
6. 一个合格工程师的基本要求是什么？
7. 什么是开发、发展和保护？如何保持它们之间的协调关系？
8. 为什么要学习工程经济学？

项目单元二　资金时间价值与等值计算

课题 1　资金时间价值

1.1　资金时间价值的含义及意义

1.1.1　资金时间价值的含义

在社会生产中，资金是劳动手段、劳动对象和劳动报酬的货币表现，资金的运动就反映了物化劳动和活劳动相互结合的运动过程。它由生产过程到流通过程再到生产过程往复循环运动，就为社会提供了物质财富，创造了新的价值，表现在资金上就是增值。货币资金在运动过程中随着时间的推移而产生的增值即为资金时间价值。

资金时间价值的具体表现是多方面的，如：发生在不同时期（时刻、时点）的等额资金，其价值不等；将资金用作某项投资，通过生产经营活动可以获取一定的利润；如果放弃资金的使用权力，相当于放弃了其他形式的投资带来的收益，也就相当于付出一定的代价，即所谓的机会成本；借贷资金应计算利息等。

简单地说，资金时间价值从社会再生产的过程来讲，当货币转化为资本后，时间价值是资本经历一定时间的生产和流通所产生的利润；从流通的角度来讲，时间价值是消费者或出资者将其拥有的资金用于投资致使消费推迟而应得到的必要补偿。

从根本上说，资金时间价值是在社会生产和流通中随着时间的推移而产生的，所以称之为“时间价值”。

1.1.2　研究资金时间价值的意义

资金的时间价值是对建设项目、投资方案进行动态分析的出发点和依据，研究资金的时间价值就具有十分重要的现实意义，主要表现在以下三个方面。

（1）研究资金的时间价值有利于资金流向更合理的投资项目。资金作为一种稀有的资源，并不是说只要投入某一生产经营活动都能带来增值。资金的投资方向只有符合国家和地区政策鼓励发展的项目、符合国家和地区规划的项目，才会带来效益。像那些盲目重复建设项目、违规建设项目，不但不能带来收益，反而浪费了资源，给投资者、国家和人民带来损失。

（2）研究资金的时间价值使得资金的运动过程更易于管理。由于资金时间价值的大小与资金的周转率有关，因此一旦投资项目确定，就应该把整个项目的寿命看作是资金运动的时间段。一般来说，工程项目的寿命周期可分为两个部分：建设期和投入使用期。那么投资者为使资金投入项目以后能取得最大的收益，就应尽量缩短建设期，而在使用期加速资金周转，提高资金的使用效益。

（3）在建设项目上所投入的资金可能有不同的来源渠道。不同的资金来源意味着不同的资金增值期望值（资本成本、资金收益率）。为了使建设项目资金的管理更方便，一般用综合后的资金增值期望值（平均资本成本、平均资金收益率）作为整个项目资金增值的最小期望值，这样在建设项目的运作过程中，能够使资金的管理有计划、有控制地投入使用，从而提高投资项目的安全性和投资者投入资金的预期收益率。

1.2 资金时间价值的度量

资金的时间价值一般表现为利息和利润，通常用利率来表示。

1.2.1 利息与利率的实质

利息是利润的一部分，是利润的分解或再分配，它来源于劳动者创造的价值。对于投资者或资金出借者来说，利息就是因其推迟浪费或放弃其他形式的收益而得到的回报；对于资金的使用者或借款人来说，利息则是其使用货币而付出的代价，即资金的使用成本。

利率的定义是从利息的定义中衍生出来的，也就是说，在理论上先承认了利息，再以利息解释利率。在实际计算时则相反，常常根据利率来计算利息，利息大小用利率表示。利率由国家根据不同时期的社会经济情况有计划地进行调整，是国家有计划地发展国民经济、协调各部门经济的有效经济杠杆之一。

利率的确定应考虑以下的主要因素：国内外的政治、经济的形势和需要，借贷资金的供求关系，社会平均利润率，物价变动情况，投资风险等。

1.2.2 资金时间价值的绝对尺度——利息与利润

利息有狭义与广义之分。狭义的利息是指信贷利息，是借款者支付给贷款者超出本金的那部分金额。广义的利息是指一定时期内资金积累总额与原始资金的差额，包括信贷利息、利润或净收益，即

$$利息总额=资金积累总额-原始资金=本利和-本金$$

1.2.3 资金时间价值的相对尺度——利率与收益率

利率是指一定时期内积累的利息总额与原始资金的比值，即利息与本金之比。利率通常用百分比表示，即

$$利率=\frac{单位时间}{本金}\times 100\%$$

式中，“单位时间”是用于表示计算利息的时间单位，称为计息周期，如年、季、月等，通常用“年”表示。以年为计息周期的利率称为年利率，以月为计息周期的利率称为月利率。

1.3 单利与复利

利息的计算分为单利与复利。单利与复利在本项目单元 4.1.1 小节有详细阐述，此处进行简单介绍。

1.3.1 单利

仅以原始本金为基数计算的利息称为单利。即利息只按本金计算，利息不再生息。它不完全体现资金的时间价值，因此是不完全的资金时间价值。单利的计息过程如表 2.1 所示。

表 2.1　单利计息过程

计息期（n）	期初本金(p)	当期利息(I)	期末本利和（F）
1	p	$p\times i$	$p+p\times i=p\times(1+i)$
2	$p\times(n+i)$	$p\times i$	$p\times(1+i)+p\times i=p\times(1+2i)$
3	$p\times(n+2i)$	$p\times i$	$p\times(1+2i)+p\times i=p\times(1+3i)$
…	…	…	…
n	$p\times[1+(n-1)\times i]$	$p\times i$	$p\times[1+(n-1)\times i]+p\times i=p\times(1+n\times i)$

注：i 为利率。

即

$$F=p\times(1+n\times i)$$

1.3.2　复利

以原始本金与累计利息之和为基数计算的利息，称为复利。即不仅本金要逐期计息，利息也要计息，也就是“利滚利”。复利的计息过程如表 2.2 所示。

表 2.2　复利计息过程

计息期（n）	期初本金(p)	当期利息（I）	期末本利和（F）
1	p	$p\times i$	$p+p\times i=p\times(1+i)$
2	$p\times(n+i)$	$p\times(n+i)\times i$	$p\times(1+i)+p\times(p+i)\times i=p\times(1+i)^2$
3	$p\times(n+i)^2$	$p\times(n+i)^2\times i$	$p\times(1+i)^2+p\times(1+i)^2\times i=p\times(1+i)^3$
…	…	…	…
n	$p\times(n+i)^{n-1}$	$p\times(n+i)^{n-1}\times i$	$p\times(n+i)^{n-1}+p\times(1+i)^{n-1}\times i=p\times(1+i)^n$

即

$$F=p\times(1+i)^n$$

【例 2.1】以年利率 6%贷款 1000 元，期限为 4 年，试分别用单利和复利计算到期的本利和。

【解】单利

$$F=p\times(1+n\times i)=1000\times(1+4\times 6\%)=1240\text{（元）}$$

复利

$$F=p\times(1+i)^n=1000\times(1+6\%)^4=1262.48\text{（元）}$$

可以看出，复利更能够充分地反映资金在社会再生产过程中发挥作用的规律，是国际上普遍采用的计息方法。对建设项目的计算、分析与评价，一般均按复利计息。

复利分为普通复利和连续复利两大类，其中又依资金投入和支付利息的方式不同有相应的计算公式。

1.4 现金流量

1.4.1 现金流量的概念

在方案的经济分析中，整个计算期内各个时点上实际发生的现金流入、现金流出称为现金流量。这里的“现金”含义是广义的，指各种货币资金或非货币资产的变现价值。现金流量包括现金流入量、现金流出量和净现金流量。

现金流入量指项目在整个计算期内所发生的实际现金流入，如销售收入、固定资产余值的回收、项目结束时回收的流动资金。

现金流出量指项目在整个计算期内所发生的实际现金流出，如固定资产投资、流动资金、销售税金及附加等。

计算期内某个时点上的现金流入与现金流出的差额称为该时点上的净现金流量。一般把现金流入定为正值，现金流出定为负值。

现金流量是以项目方案作为一个独立系统，反映项目在整个计算期内的实际收入或实际支出的现金活动。项目计算期也称项目寿命期，是指对拟建项目进行现金流量分析时应确定的项目的服务年限一般分为四个期间：建设期、投产期、达产期和回收处理期。建设期是指项目从开始施工到建成投产所需的时间；投产期是指项目投产开始到项目达到设计生产能力的时间；达产期是指项目达到设计生产能力后持续发挥生产能力的时间；回收处理期是指项目完成预计的寿命周期后停产并进行善后处理的时间。

1.4.2 现金流量图

在项目寿命期内，各种现金流入和现金流出的数额和发生的时间都不尽相同。为了便于分析，通常采用表格和图的形式表示特定系统在一段时间内发生的现金流量。关于现金流量图的形式和内容的阐述详见本项目单元 3.2.2 小节。

课题 2 名义利率与有效利率

2.1 名义利率与有效利率的概念

利息通常是以年为计息期计算的。但是在实际应用中，计息期并不一定以一年为一个计息期，有时一年中计息若干次，如每半年、每季或每月计息一次。在伦敦、纽约、巴黎等的金融市场上，短期利率通常以日计算。也就是说，计息期可以是半年、季、月、周、日等。因此，同样的年利率，由于计息期数的不同，本金所产生的利息也不同。当利率的时间单位与计息期不一致时，就出现了名义利率与有效利率的概念。如每月计息一次，月利率为 1%，则习惯表述为“年利率为 12%，按月计息”。其中，12%即是名义利率，而 1%则是有效利率。

名义利率就是挂名的利率，而在计息期实际计息的利率则是有效利率。当计息期短于一年时，计息期的有效利率乘上一年中计息次数所得的年利率即为名义利率。通常说的年利率一般指的是名义利率，如不对计息期加以说明，则表示一年计息一次，此时的年利率既是名义利率，又是有效利率。

2.2 名义利率与有效利率的关系

2.2.1 离散式计息

按期（年、季、月或日等）计息的方法称为离散式计息。

设名义利率为 r，一年中计息次数为 m，则有效利率为 $i=r/m$。那么年初本金 P 一年后的本利和 F 为

$$F = p\times(1+\frac{r}{m})^m$$

一年的利息为

$$p\times(1+\frac{r}{m})^m - p$$

则年有效利率（或称年实际利率）i_e 为

$$i_e = \frac{p\times(1+\frac{r}{m})^m - p}{p} = (1+\frac{r}{m})-1$$

【例 2.12】某项贷款为 1000 万元，年利率为 6%，按季计息，则 10 年后应偿还多少？

【解】

$$i_e = (1+\frac{6\%}{4})^4 - 1 = 6.14\%$$

$$F = 1000\times(1+6.14\%)^{10} = 1814 \text{（万元）}$$

或

$$\begin{aligned} F &= 1000\times(1+1.5\%)^{40} \\ &= 1000\times(F/P,1.5\%,40) \\ &= 1000\times1.8140 \\ &= 1814 \text{（万元）} \end{aligned}$$

2.2.2 连续式计息

按瞬时计息的方式称为连续计息。在这种情况下，复利在一年中无限多次计息，年有效利率为

$$i_e = \lim_{m\to\infty}(1+\frac{r}{m})^m - 1$$

由于

$$(1+\frac{r}{m})^m = \left[(1+\frac{r}{m})^{\frac{m}{r}}\right]^r$$

而

$$\lim_{m\to\infty}(1+\frac{r}{m})^{\frac{m}{r}} = \mathrm{e}$$

所以

$$i_e = \lim_{m\to\infty}\left[(1+\frac{r}{m})^{\frac{m}{r}}\right]^r - 1 = \mathrm{e}^r - 1$$

就整个社会而言，资金是在不停地运动，每时每刻都通过生产和流通在增值，从理论上讲应

采用连续式计息，但在实际的经济评价中，都采用离散式计息。

课题3 资金等值原理

任何工程项目的建设与运行及其技术方案的实施都有一个时间上的延续过程，对于投资主体来讲，资金的投入与收益的获取往往构成一个在时间上有先后的现金流量序列。简单的静态经济评价并不能对工程项目的经济效益做出准确的评价，因为资金是有时间价值的，不仅不同时点的等同额度的资金和相同时点的不同额度的资金价值不相等，即使相同时点、相同额度的资金价值也不一定相等。例如，现在的10 000元与一年后的10 000元在价值上是不等同的，因为如果不考虑通货膨胀和风险因素，设年利率为2%，以单利计算，现在的10 000元要等于一年后的10 200元，这多出来的200元就是10 000元一年的时间价值。因此，客观地评价一个工程项目的经济效果，必须考虑资金的时间价值。

3.1 资金时间价值的概念

3.1.1 资金时间价值的定义

资金的时间价值也称为货币的时间价值，是指一定量的货币作为社会资本在生产与流通领域经过一定的时间之后就会带来利润，使自身得到增值的性质。这种增值并不意味着货币本身能够增值，而是指资金代表一定的物化产物，在生产和流通中与劳动相结合所产生的价值的增加。因此，可将资金的时间价值定义为资金在生产和流通过程中随着时间推移而产生的增值。实质上，资金的时间价值就是其纯收益或利息。资本具有净生产率，即一定量的资本在一定时期用于投资项目（或存入银行）会带来收益，净收益（ΔCAP）与资本量（CAP）之比称为资本的净生产率，即 $r=(\Delta CAP/CAP)\times 100\%$，也就是资金的时间价值率。

应当注意的是，资金或货币的时间价值实质上是人们对于以货币表现的资本或资金与其带来的价值增值之间一种量的关系的认识。承认这种关系并不意味着承认时间价值是由货币本身创造的，因为资金的时间价值是由社会劳动创造的。

3.1.2 资金时间价值的度量

资金的时间价值可表示为一定量的资金在一定时间内所带来的利息或纯收益，它们都可以作为使用资金的报酬。利率与收益率就是资金的价格。资金的时间价值具有两种表现形式，即利息和纯收益或利率与收益率。利息和纯收益是衡量资金价值的绝对尺度，利率与收益率则是相对尺度。在工程经济分析中，利息与收益是不同的概念，一般把银行存款获得的资金增值称为利息，把资金用于投资所得的资金增值称为收益。所以，研究某项工程投资的经济效益时经常使用收益或收益率这样的概念，在计算分析资金信贷时则使用利息与利率的概念。显然，这两种概念是因资金用途不同而产生了内涵上的差别。

3.1.3 资金时间价值的决定因素

衡量资金时间价值的尺度就是一定量的资金在一定时间内所带来的利息或净收益。一般情况下以银行利率表示资金的价格。决定资金时间价值的因素也就是影响利率的因素主要有以下几个。

（1）社会平均利润率

通常，利率水平的主要参照物是社会平均利润率。因此，社会平均利润率将直接影响资金的时间价值。

（2）信贷资金的供求状况

这里包含两个方面的含义。一方面是供求规律起着价格调节的作用。信贷资金供大于求，利率下降，资金时间价值减小；反之，利率上升，资金时间价值增大。另一方面是国家宏观调控政策。当国家的紧缩调控政策的重点指向某个（些）行业时该行业内的信贷资金供应将收紧（如 2010 年房地产行业的调控，银行资金因此减少），信贷资金的利率会上升，资金时间价值增大。

（3）预期的价格变动率

价格预期看涨意味着货币的实际购买力下降，资金时间价值减小；反之，则资金时间价值增大。

（4）社会经济运行周期

社会经济运行周期对资金的时间价值影响非常明显。

（5）税率

税率是资金时间价值的相抵因素。提高税率会增加经营成本，相对地会减少投资的报酬，导致利率降低；反之，则导致利率升高。

（6）国际利率水平和汇率水平

国际利率水平和汇率水平对资金的时间价值也会产生重要的影响。

3.2 现金流量与现金流量图

3.2.1 现金流量的概念

一个工程建设项目的实施往往要延续一段时间，在项目寿命期内各种资金收入和支出的数额和时间都不尽相同，我们将项目的实际支出称为现金流出，而将资金的收入称为现金流入。同一时点上现金流入与现金流出的代数和称为净现金流量。现金流量是指在拟建项目和整个项目计算期内各个时点上实际发生的现金流入、现金流出，以及净现金流量的序列（不包括逐年摊入产品成本的折旧费、摊销费以及所评价投资项目借款的利息），它是进行工程项目决策评价的主要根据和重要信息之一。现金流量有正负之分。正现金流量表示在一定建设时期内的净收入，它能够增加工程项目的货币资金，主要包括营业收入、回收固定资产余值、回收流动资金及其他现金流入量；而负现金流量则表示在一定建设时期内的净支出，它能够使项目的现实货币资金减少，包括建设投资、流动资金投资、经营成本、各项税款及其他现金流出项目。

3.2.2 现金流量图与现金流量曲线图

现金流量图是描述现金流量作为时间函数的图形，表示资金在不同时间点流入与流出的情况。它包括三个要素，即大小、流向和时间点。现金流量图以横轴表示时间，向右延伸表示时间的延续，轴线等分为若干段，每一间隔表示一个计息期，在轴线的下方以数字 0～n 表示计息期，通常以年为计息单位，特殊情况也以月、季、半年为计息单位；以与横轴垂直的箭线表示现金流入与流出，箭线的长短表示现金流量值的大小。现金流入画在横轴的上方，现金流出画在横轴的下方，箭线上注明的数字表明现金流量的金额，如图 2.1 所示。

图 2.1 中，P 表示发生在第零年（期）末或第一年（期）初的现金流出，A_1，A_2，A_3，…，A_n 表示第 1，2，3，…，n 年（期）末的现金流入与流出，F 表示发生在未来某一时间的金额［图 2.1 指发生在第 n 年（期）末的现金流］。

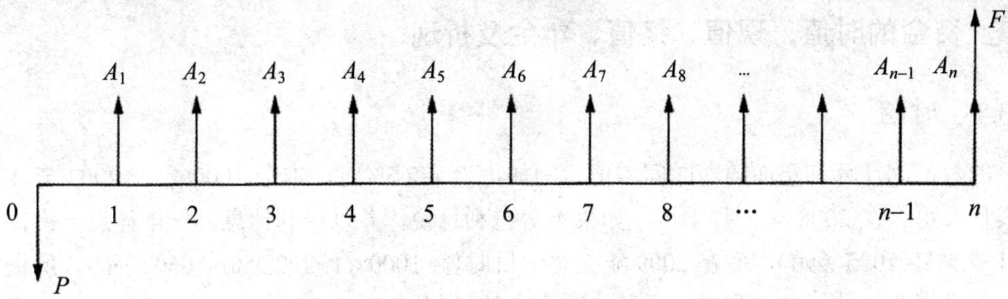

图 2.1 现金流量图

现金流量图具有以下几个方面的作用：一是有助于阐述人们的经济观点；二是主要表示本单位与外单位的现金流量，而不包括本单位各部门的现金流量及折旧费、杂项开支等非实际现金流量；三是现金流量图是表示经济分析中一切现金流量信息的有效而明晰的方法，利用它便于查找、复核数据，可以减少计算利息时发生的误差。

当分析某一具体工程项目的现金流量时，经常还需绘制该工程项目从开始建设至寿命终结时的累计现金流量曲线图，即要把项目研究周期内将要发生的现金流量做出预估与测算（包括建设期各年发生的投资和投产后历年的销售收入与费用支出以及经济寿命终结的残值），然后把所有测算好的现金收支的结果绘制在时间坐标轴上，使分析计算者对项目在整个研究周期中的现金收支一目了然，便于校对和避免出差错，如图 2.2 所示。

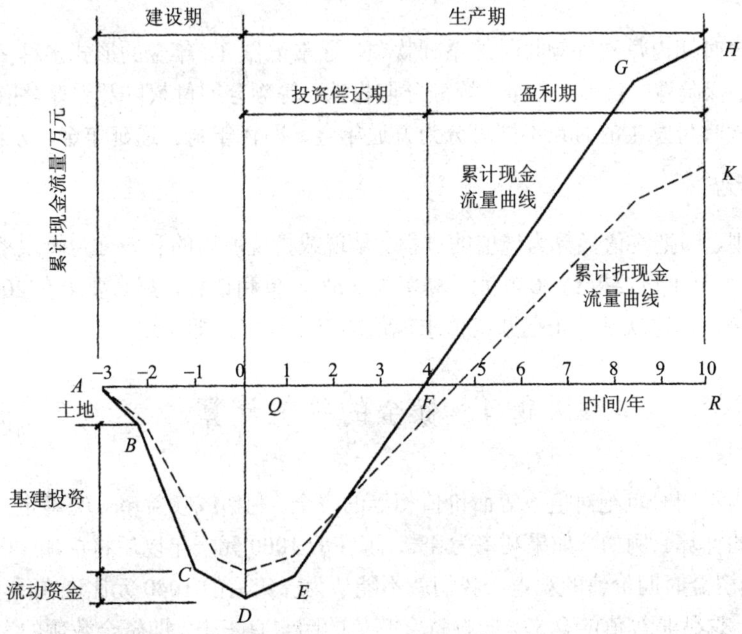

图 2.2 累计现金流量曲线图

图 2.2 中，*AR* 轴为工程项目经济活动寿命，*AB* 段为前期（研究、开发、可行性研究、设计、土地）费用，*BC* 段为基建投资，*CD* 段为流动资金，*DE* 段为试车合格产品销售收入，*EFGH* 段为获利性生产，*F* 为收支平衡点，*QD* 为累计最大投资额或累计最大债务。

3.3 资金的时值、现值、终值、年金及折现

3.3.1 时值

资金的数值因计算利息而随着时间增值。例如，当 i=2.5%时，本金 1000 元于 2007 年 1 月 1 日存入银行，那么在 2008 年 1 月 1 日，如果不考虑利息税，并以单利计息，一年计息一次，时值=1000×(1+2.5%)=1025（元），而在 2009 年 1 月 1 日时值=1000×(1+2×2.5%)=1050（元）。所谓资金的时值，就是资金在其运动过程中处于某一时点上的价值。

3.3.2 现值

现值又称为初值，常用 P 来表示，即在资金运动过程中把未来一定时间收支的货币折算成计息周期开始时的数值。如上述的 2007 年 1 月 1 日时的 1000 元就是 2008 年 1 月 1 日时的 1025 元资金的现值。

3.3.3 终值

终值是指一笔资金在若干个计息期末的价值，即整个计息期的本利和，也称为未来值，常用 F 来表示。如上述的 2007 年 1 月 1 日的一笔资金，其他条件同上，其在 2008 年 1 月 1 日的终值就是 1025 元，在 2009 年 1 月 1 日的终值是 1050 元。

3.3.4 年金

年金是指一定时期内每次等额收付的系列款项，通常记作 A。年金的形式多种多样，在现实生活中经常涉及，如保险费、折旧、租金、等额分期收款、等额分期付款以及零存整取或整存零取储蓄等。年金按每次收付发生的时点不同可分为普通年金、即付年金、递延年金、永续年金等。

3.3.5 折现

折现也叫贴现，即把终值换算为现值的过程。贴现或折现所用的利率称为折现率或贴现率。例如，已知 2010 年 1 月 1 日要得到 1050 元，利率为 2.5%，单利计息，那么要求在 2008 年 1 月 1 日必须存入银行多少钱，这就是一个已知终值求现值的资金运算，即贴现。

课题 4 资金的等值计算

资金等值是指不同时点绝对值不等而价值相等的资金。利率或收益率一经确定，即可对资金的时间因素做定量的计算。例如，如果利率为 4%，现在的 1000 元一年以后将增加 40 元，本利和将为 1040 元，根据资金时间价值的观点，我们就不能认为一年后的 1040 元比现在的 1000 元多，而应视为是相当的，这就是等值的含义。影响资金等值的因素有三个，即资金数额的大小、资金运动时间的长短及资金利率的高低。不同时点上数额不等的资金如果等值，则它们在任何相同时点上的数额必然相等。而所谓的资金等值折算，就是在进行多个现金流量方案的比较时，由于每个方案的资金支出或收入发生的时间与数额不尽相同，因此必须将每个方案的所有资金支出与收入以一定的资金时间价值率（利率）折算到某一规定的时间，在价值相等的前提下进行比较，这种折算称为等值计算，也叫资金的等值换算，它是工程技术经济分析、比较和评价不同时期资金使用效果的重要依据。

4.1 计息制度

4.1.1 单利与复利

利息是资本所有者出让资本的使用权而获取的收益，换个角度讲，是因占有资金而支付的费用。出让资本所有权之所以能获取收益，是出于三个方面的原因：一是通货膨胀，通货膨胀致使货币贬值，将来的同等数量的货币在经济价值上小于现在；二是风险因素，经济学上讲“两鸟在林不如一鸟在手”，意思是指现在拥有一笔货币比将来拥有更为可靠，所以资本所有者出让资本即时使用权需要得到补偿；三是由于资本在运动中的增值，通过投资或经营活动，受让者获得了利益，而资本对此利益的产生起着关键的作用。

利率是在规定时间内所支付的利息与本金之比，一般分为年利率、月利率和日利率三种。年利率常以百分数表示，如年息 3.975%，表示本金 100 元，一年到期利息为 3.975 元；月利率常以千分数表示，如月息 3‰，表示本金 1000 元，一个月到期的利息为 3 元；日利率常以万分数来表示，如日息 2/10000，表示本金 10000 元，一天的利息为 2 元。年利率、月利率和日利率之间的换算关系为

$$年利率=月利率\times12=日利率\times360$$

$$日利率=月利率\div30=年利率\div360$$

$$月利率=年利率\div12=日利率\times30$$

资金具有时间价值，除风险与通胀因素外，更主要的原因在于资金转变为生产资料后，在劳动的作用下会产生超出投入的收入，即利润。正因为如此，有时将利息的含义扩展为利润，而利率就相当于利润率。当然，从广义上讲，把资金存入银行或借贷与他人也是一种投资。

利息的计算有三个要素，即本金、时间和利率。本金可以是存款金额，也可以是贷款金额；时间就是存贷款的实际时间；利率是规定的一定时间内利息与本金之比。利息计算的方法分为单利与复利两种。

所谓单利法，是以本金为基数计算资金的利息，上期利息不计入本金，即利息不再生息。支付的利息与占用资金的时间、本金及利率成正比，其计算公式为

$$I=Pni \tag{2.1}$$

$$F=P(1+ni) \tag{2.2}$$

式中：

I——利息；

F——本利和或终值；

P——本金或现值；

n——计息期数或存贷期限，即资金占用的时间；

i——利率。

【例 2.3】用户将 1000 元存入银行 5 年，年利率为 2.5%，求存款到期时的利息及本利和。

【解】利息为

$$1000\times5\times2.5\%=125（元）$$

本利和为

$$1000+125=1125（元）$$

复利法即经过一定期间，将本金所生利息即本利和作为下一期计算利息的本金，逐期滚算，也

就是通常所说的“利滚利”，其计算公式为

$$F=P(1+i)^n \tag{2.3}$$

【例 2.4】某工程投资需贷款 10 万元，年利率为 2.5%，5 年还清，求本利和。

【解】本利和为

$$10\times(1+2.5\%)^5=11.314\text{（万元）}$$

单利法和复利法在计算利息时存在较大的差别。同样的利率和相同数额的本金，计息时间相同，而利息是不相等的，复利的利息要大于单利的利息，而且时间越长差别越大。由于利息是资金时间价值的体现，而时间是连续不断的，所以利息也可不断地发生。从这个意义上讲，复利计算方法比单利计算方法更能体现资金的时间因素，也更符合客观实际，因此国外普遍采用复利法来计算资金的时间价值，在国内的工程技术经济分析及评价中也大都采用此方法。本课题中介绍的资金的时间价值均以复利计算为前提。

4.1.2 名义利率与实际利率

许多情况下，我们研究讨论的利率是年利率，且假定每年复利一次，但实际上，复利的计息周期不一定是一年，有可能是季度、月或日，比如某些债券半年计息一次，有的抵押贷款每月计息一次，银行之间的拆借资金每天计息一次。当利率的时间单位与计息周期不一致时，在同样的年利率下，不同计息周期所得的利息不同，这是名义利率与实际利率不同所致。例如，每月存款利率为 3‰，则名义利率为 3‰×12=3.6%，而实际利率=$(1+3‰)^{12}-1$=3.66%。

所谓名义利率，是指按年计息的利率，即计息周期为一年；而有效利率是指按实际计息期计息的利率。

对于一年内多次复利的情况，可采取两种方法计算时间价值。

第一种方法是将名义利率调整为实际利率，然后按实际利率计算资金的时间价值，其计算公式为

$$i=(1+r/m)^m-1 \tag{2.4}$$

式中：

r——名义利率；

m——每年计息次数；

i——实际利率。

【例 2.5】某企业于年初存款 10 万元，当年利率为 10%，半年复利一次，求到第 10 年末该企业可得的本利和。

【解】其实际利率为

$$i=(1+r/m)^m-1=(1+\frac{10\%}{2})^2-1=10.25\%$$

则

$$F=P(1+i)^n-10\times(1+10.25\%)^{10}=26.53\text{（万元）}$$

第二种方法是不计算实际利率，而是相应调整有关指标，即利率变为 r/m，计息期数变为 mn（n 为计息年数），其计算公式为

$$F=P(1+r/m)^{mn} \tag{2.5}$$

例 2.5 用第二种方法计算的本利和为

$$F=P(1+r/m)^{mn}=10\times(1+\frac{10\%}{2})^{2\times10}=26.53\text{（万元）}$$

实际利率代表了所获得的实际效益，因而可用它来比较不同名义利率的效益。

【例 2.6】某工程项目为了筹集资金，决定向银行贷款。甲银行年利率为 16%，每年计息一次；乙银行年利率为 15%，每月计息一次。试问：哪个银行的贷款对项目有利？

【解】计算两银行的实际利率：

$$i_{甲}=16\%$$

$$i_{乙}=(1+r/m)^m-1=(1+\frac{15\%}{12})^{12}-1=16.075\%$$

显然，$i_{甲}<i_{乙}$，故甲银行的贷款条件比乙银行对项目更有利，工程建设筹集资金应从甲银行贷款。

在工程经济及技术分析中，计算资金的时间价值必须考虑通货膨胀率。同时，在方案的比较中要注意，当各方案的计息周期不同时采用相同的计算期限和名义利率，还要将名义利率换算为实际利率后再进行计算和比较。

4.2 整付类型的等值换算公式

整付又称为一次性支付，是指所分析的现金流量无论是流入还是流出，均在某一时点上一次支付。对于所考虑的系统来讲，如果在考虑资金时间因素的条件下其现金流入恰恰能补偿其现金流出，则终值与现值是等值的。整付分为整付终值和整付现值两类，其典型的现金流量图如图 2.3 所示。

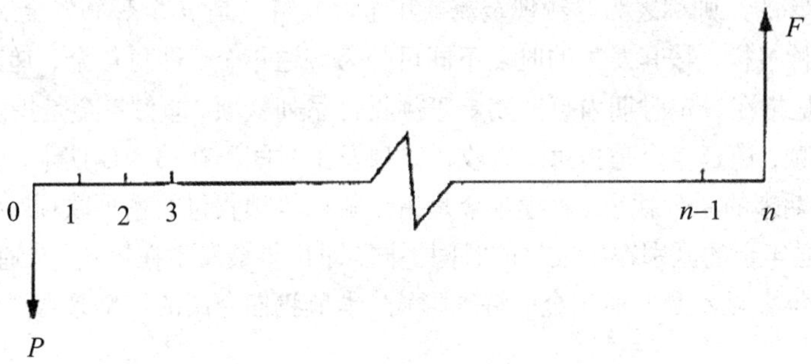

图 2.3 整付类型的现金流量图

4.2.1 整付终值公式

整付终值公式根据采用的计息方法不同也分为两种，即单利的整付终值与复利的整付终值公式。

单利的整付公式为

$$F=P(1+ni) \tag{2.6}$$

复利的整付公式为

$$F=P(1+i)^n \tag{2.7}$$

公式（2.7）表示在利率为 i 的条件下现值与终值的等值关系。显然，F 表示终值，P 表示现值，式中的$(1+i)$称为一次支付终值系数，也称为一次支付复利因子，用符号$(F/P, i, n)$表示，可查复利系数表或直接计算取得。

【例 2.5】一笔基建贷款 100 万元，年利率为 12%，试求其 5 年后的本利和。

【解】以单利计算，有

$$F = P(1+ni) = 100\times(1+5\times12\%) = 160 \text{（万元）}$$

以复利计算，查复利系数表得$(F/P,i,n)$=1.762，则

$$F=P(F/P,i,n)=100\times1.762=176.2\text{（万元）}$$

显然，二者有较大的差别。

4.2.2 整付现值公式

整付现值公式就是已知终值求现值的资金等值计算公式，是一次支付终值公式的逆运算。同样，因计息方法不同，分为单利现值公式和复利整付现值公式，分别为

$$P=F/(1+ni) \tag{2.8}$$

$$P=F(1+i)^{-n} \tag{2.9}$$

公式（2.9）中的$(1+I)^{-n}$称为一次性收付款项的现值系数，记作$(P/F, i, n)$，也称为一次支付现值系数，同样可查表或计算求得。

【例 2.8】某投资项目预计 6 年后可获得收益 800 万元，按年利率 12%计算，求其现值。

【解】$P=F(1+i)^{-n}=800\times(1+12\%)^{-6}=800\times0.5066=405.28$（万元）

4.3 等额分付类型

等额分付即等额序列现金流，是多次支付形式中的一种。多次支付是指现金流入和流出在多个时点上发生，而不是集中在某个时点上，现金流量的大小可以是不等的，也可以是相等的。当现金流序列是连续且相等的，则称之为等额现金流或年金，其特点是 n 个等额资金 A 连续地发生在每期。年金的形式多种多样，按其发生的时点不同可分为普通年金、即付年金、递延年金、永续年金等几种。普通年金是指在一定时期内每期期末等额收付系列款项；即付年金是指发生在每期期初的等额收付的系列款项；递延年金是指第一次收付款项发生时间不在第一期期末，而是隔若干期后才开始发生在相应期期末的系列款项；永续年金是指无限期等额收付的系列款项。从上述概念可以看到，即付年金和普通年金的区别在于发生的时间不同，即付年金发生在期初，普通年金发生在期末，而递延年金和永续年金显然是普通年金的特殊形式。本节我们介绍的年金是普通年金，其现金流量图如图 2.4 所示。

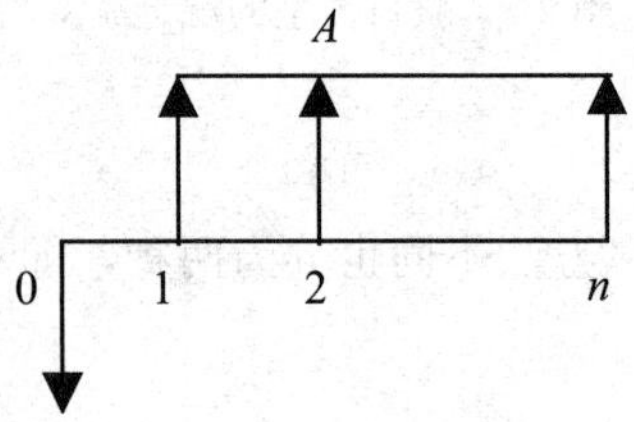

图 2.4 普通年金现金流量图

等额分付有年金终值公式、偿债（存储）基金公式、年金现值公式、资金回收（还原）公式四个类型，下面分别加以介绍。

4.3.1 年金终值公式

年金的终值犹如等额零存整取的本利和，它是一定时期内每期期末收付款项的复利终值之和，其计算公式为

$$F=A(F/A,i,n)$$

式中：

$(F/A,i,n)$——年金终值系数或年金终值因子，可直接查表求得。

下面介绍$(F/A,i,n)$的计算。

已知年金为 A，即每期（假设以年为单位）期末收付的款项为 A 元，利率为 i，总期限为 n 年，现金流量图如图 2.4 所示。

首先，将各年的支出 A 用一次支付复利公式分别计算其到 n 年年末的终值，第一年年末的终值为 $A(1+i)^{n-1}$，第二年年末的终值为 $A(1+i)^{n-2}$，…，第 n–1 年的终值为 $A(1+i)$，第 n 年的终值为 A，上述各项的总和就是年金的终值，故有

$$F = A(1+i)^{n-1} + A(1+i)^{n-2} + \cdots + A(1+i) + A \tag{2.10}$$

这是一个等比数列，两边同时乘以$(1+i)$，得

$$(1+i)F = A(1+i)^{n} + A(1+i)^{n-1} + \cdots + A(1+i)^{2} + A(1+i) \tag{2.11}$$

令公式（2.11）减公式（2.10），得

$$Fi = A(1+i)^{n} - A = A[(1+i)^{n} - 1]$$

整理得

$$F = A\frac{(1+i)^{n}-1}{i} = A(F/A,i,n) \tag{2.12}$$

这里

$$(F/A,i,n) = \frac{(1+i)^{n}-1}{i}$$

【例 2.9】建筑公司在建设某工程项目时，由于自有资金紧张，在 5 年内每年年末需向银行借款 100 万元，以保证项目的顺利完工，借款利率为 10%。问：该公司在第 5 年年末向银行应付的本利和是多少？

【解】由公式（2.12）得

$$F = 100\times(F/A,10\%,5) = 100\times 6.1051 = 610.51\text{（万元）}$$

必须注意：普通年金是在每期期末收付等额的资金，收付的时点是在每期期末，如果不注意这一点，在计算和运用的过程中就容易出错。

4.3.2 偿债（存储）基金公式

偿债基金是指为了在未来偿还一定数额的债务而预先需准备的年金。它是年金终值的逆运算，即已知未来某一时点的终值 F，求为在将来得到这样一笔货币资金，每期应收付的等额的货币数额 A。其计算公式为

$$A = F\frac{i}{(1+i)^{n}-1} = F(A/F,i,n) \tag{2.13}$$

式中：

$\frac{i}{(1+i)^{n}-1}$——偿债基金因子或系数，用符号$(A/F, i, n)$表示，可在复利系数表中直接查得。

下面举例说明偿债基金的计算。

【例 2.10】 某项目的资金收益率为 30%，为了在第 6 年年末得到 100 万元资金，问：从现在起每年应将多少资金投入生产？

【解】首先在复利系数表中查得利率为 30%、期限为 6 年的偿债基金因子，得$(A/F,i,n) = 0.07839$，代入公式（2.13）求得每年应投入的资金，即年金为

$$A = 100 \times 0.07839 = 7.839 \text{（万元）}$$

4.3.3 年金现值公式

年金的现值公式是用来研究考虑在资金时间因素的情况下几年内系统的总现金流出或流入（当然是等额的）应等于第 0 期期末的多少货币量，即反映的是第 0 期期末的现金流出或流入和从第 1 期期末到第 n 期期末的等值关系。显然，其计算公式应为年金终值公式乘以$(1+i)^{-n}$。

$$P = A\frac{(1+i)^n - 1}{i}(1+i)^{-n} = A\frac{(1+i)^n - 1}{i(1+i)^n} = A(P/A,i,n) \tag{2.14}$$

式中：

$(P/A, i, n)$——年金现值系数或年金现值因子，可以在复利系数表中直接查得。

【例 2.11】有一项目建成后每年可收益 100 万元，项目的寿命周期为 10 年，如果折现率以年利率 8%计算，计算相当于交付使用时的货币值。

【解】可直接查复利系数表中 i 为 8%、n 为 10 时的年金现值系数，得其值为 6.71008，则

$$P = A(P/A,8\%,10) = 100 \times 6.71008 = 671.008 \text{（万元）}$$

4.3.4 资金回收（还原）公式

资金回收公式用于研究期初借到的一笔款项，在每个计息期末等额偿还本利和，求每期期末应偿还的数额，如房地产购买中的抵押贷款就是一个很好的例子。它的实质是已知 P、i、n，求 A，是年金现值的逆运算，其公式为

$$A = P\frac{i(1+i)^n}{(1+i)^n - 1} = P(A/P,i,n) \tag{2.15}$$

式中：

$(A/P, i, n)$——资金回收系数或资金还原系数。

【例 2.12】某建筑公司从银行借得 100 万元资金，年利率为 5%，要求在借款后的 5 年内每年等额偿还本利和，求每年偿还的金额。

【解】查表得

$$(A/P,i,n) = 0.23097$$

$$A = P(A/P,i,n) = 100 \times 0.23097 = 23.097 \text{（万元）}$$

4.4 变额分付类型

在经济活动中收益经常是变化的，即不等额的，等额的现金流只是一种特殊情况。不等额现金流的现金流量图如图 2.5 所示。其等值计算的一般公式分为终值计算公式和现值计算公式。不等额支付的终值公式为

$$F = K_n + K_{n-1}(1+i) + \cdots + K_1(1+i)^{n-1} = \sum_{t=1}^{n} K_t(1+i)^{(n-t)} \tag{2.16}$$

显然，不等额支付的现值公式为

$$P = \frac{K_1}{1+i} + \frac{K_2}{(1+i)^2} + \cdots + \frac{K_n}{(1+i)^n} = \sum_{t=1}^{n} \frac{K_t}{(1+i)^t} \tag{2.17}$$

注意：公式（2.16）和公式（2.17）中的 K_t 有正负之分。

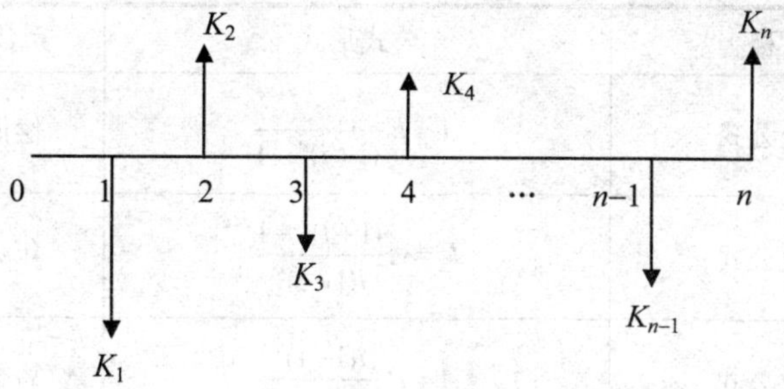

图 2.5 不等额现金流的现金流量图

在工程建设中每年的投资不一定相等，因此可利用上述公式将工程的计划投资额换算成现值，比较其工程预算投资的大小，进行投资决策；也可计算工程的实际投资额，进行经济效果的评价。

【例 2.13】一项工程预算为 3000 万元，按工程进度，按计划第一年投资 1200 万元，第二年投资 1000 万元，第三年投资 800 万元，银行贷款利率为 8%，计算工程投资的现值总额。

【解】根据公式（2.17），该项工程投资现值总额为

$$P=\frac{1200}{(1+0.08)}+\frac{1000}{(1+0.08)^2}+\frac{800}{(1+0.08)^3}$$

$$=1111.11+857.34+635.07=2603.52 \text{（万元）}$$

工程建设实际所花的资金只有 2603.52 万元，比预算要少 396.48 万元。可见，缩短工程周期对降低工程建造成本有着相当重要的意义。

对于上例，也可计算其实际投资额，即

$$F=K_n+K_{n-1}(1+i)+\cdots+K_1(1+i)^{n-1}$$

$$=1200\times(1+0.08)^2+1000\times(1+0.08)+800$$

$$=1399.68+1080+800=3279.68 \text{（万元）}$$

也就是说，到工程建成时，实际所花投资为 3279.68 万元。

不等额支付的两个特殊形式是等差序列现金流量和等比序列现金流量，下面仅扼要介绍等差序列现金流量的概念及计算公式。

等差序列的现金流是指按等额增加或减少的现金流量数列，比如设备维护费用一般是逐年增加的，若每年按一个相对稳定的常数（假设为 G）增加，就构成了一个等差递增现金流量。

综上所述，资金等值计算的公式归纳如表 2.3 所示。

表 2.3 资金等值计算的基本公式

序号	公式名称	公式形式	系数名称及符号系数代号
1	整付终值公式	$F=P(1+i)^n$	一次支付终值系数 $(F/P,i,n)$
2	整付现值公式	$P=F(1+i)^{-n}$	一次支付现值系数 $(P/F,i,n)$
3	年金终值公式	$F=A\frac{(1+i)^{-n}-1}{i}$	年金终值系数 $(F/A,i,n)$

（续表）

序号	公式名称	公式形式	系数名称及符号系数代号
4	偿债基金公式	$A=F\frac{i}{(1+i)^n-1}$	偿债基金系数 $(A/F,i,n)$
5	年金价值公式	$P=A\frac{(1+i)^n-1}{i(1+i)^n}$	年金现值系数 $(P/A,i,n)$
6	资金回收公式	$A=P\frac{i(1+i)^n}{(1+i)^n-1}$	资金回收系数 $(A/P,i,n)$
7	等差现金流量现值公式	$P=\frac{G}{i}\left[\frac{(1+i)^n-1}{i(1+i)^n}-\frac{n}{(1+i)^n}\right]$	等差序列终值系数 $(P/G,i,n)$

4.5 资金等值公式应用中应注意的问题

资金的等值公式对于工程方案的决策与经济效果的评价具有重要的作用。然而，上述的资金等值基本公式是在标准条件下推演而得的，而实际情况往往是比较复杂的。一般而言，工程投资的借款的偿付方式不外乎以下几种情况：第一，所借本金在还本期前并不偿还，每年计息期末仅偿付利息，在最后一次偿付利息时，本金一次偿还；第二，所借本金有计划地分期等额偿还，在付息期偿还相应的利息，同时按计划偿还本金，由于本金是逐渐减少的，故支付的利息并不相同，而是递减的；第三，等额偿还本利和；第四，在借款期中本金及利息不进行偿还，在借款到期时一次还本付息。在具体运用资金等值公式时应注意下列问题。

（1）方案的初始投资假定发生在方案的寿命期初，即第一年年初，而方案的经常性支出假定在计息期末。

（2）P 是在当前年度开始发生的，F 是在当前以后第 n 年年末发生的，A 是考察期各年年末的发生额。当问题包括 P 和 A 时，系列的第一个 A 是在 P 发生一个期间后的期末发生的；当问题包括 F 和 A 时，系列的最后一个 A 与 F 同时发生。

（3）要注意弄清公式的原理及其应用条件，能够灵活应用公式。在工程经济分析的实践中有时可能很难直接套用公式，而需要根据具体情况进行具体分析。

比如，有时等额支付（年金）是发生在期初的，这种年金称为预付年金；而我们介绍的等值计算公式中的年金是普通年金，这时就要对现金流量进行调整，调整为普通年金后再利用公式进行计算。对于比较复杂的情况，可以根据资金等值的原理进行推导与计算。此外，利率的选用也很重要，因为它直接影响了计算的结果，而计算结果是我们评价与决策的依据，因此在选用利率时，通常自有资金可以企业自身的基准收益率作为折现率，借款要以借款合同中确定的偿还利率作为折现率，而银行或信托投资公司等的贷款则要以银行或信托投资公司等的贷款利率作为折现率来计算。对于利率的形式也要注意，即使各方案采用的计算期和名义利率相同，只要它们的计息期不同，那么彼此也不可比较。此时，一定要注意先将名义利率转化为实际利率后再进行计算和比较。

现值 P、将来值 F 和年值 A 之间的相互关系如图 2.6 所示。

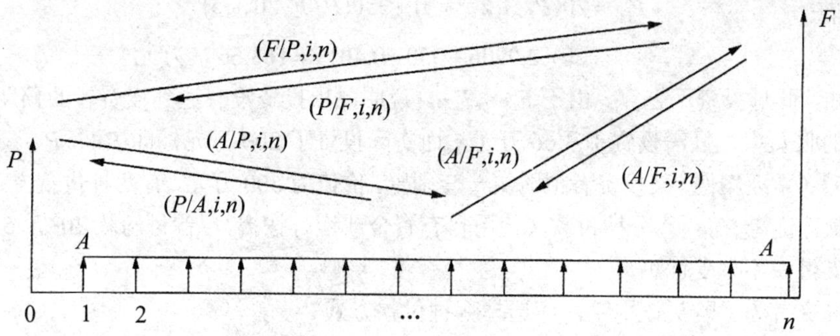

图 2.6　基本公式的相互关系

4.6　资金等值计算应用案例

【例 2.14】年利率为 10%，每半年计息 1 次，从现在起连续 3 年年末等额支付 500 元，试求年实际利率和与其等值的现值。

【解】年实际利率为

$$i=\left(1+\frac{r}{m}\right)^{m}-1=\left(1+\frac{10\%}{2}\right)^{2}-1=10.25\%$$

与其等值的现值为

$$P=A\frac{(1+i)^{n}-1}{i(1+i)^{n}}=A(P/A,i,n)=A(P/A,10\%,3)$$

$$=500\times2.4869=1243.45\ （元）$$

【例 2.15】(重要案例)某投资者 5 年前以 200 万元价格买入一房产，在过去的 5 年内每年获得年净现金收益 20 万元，现在该房产能以 350 万元出售，其现金流量图如图 2.7 所示。若投资者要求的年收益率为 20%，问：此项投资是否合算？（假设该投资者过去 5 年的年净现金收益率等于其自有资金的机会成本）

【解】判断该项投资是否合算的标准是其年收益率至少要达到 20%。

方法一，按 20%的年收益率，投资 200 万元现在应该获得

预期收益 $F_{预}=200(F/P,20\%,5)=200\times2.4883=497.66$ （万元）

实际收益 $F_{实}=20(F/A,10\%,5)+350=20\times6.1051+350=472.10$ （万元）

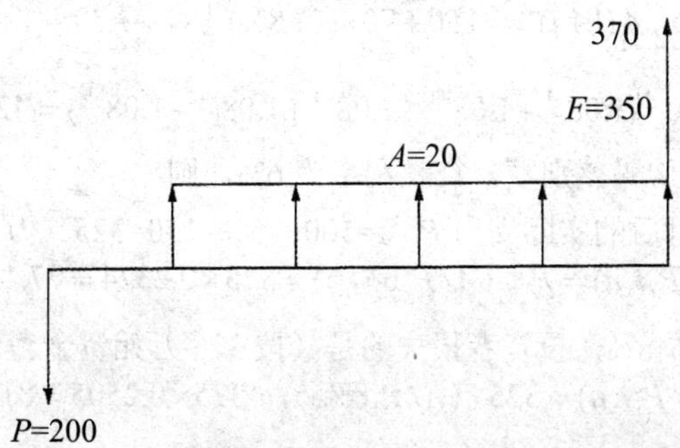

图 2.7　现金流量图（单位：万元）

方法二，将 5 年的收益折算成现值，则

$$P_{预}=20(P/A,20\%,5)+350(P/F,20\%,5)$$

$$=20\times 2.9906+350\times 0.4019=163.66\text{（万元）}$$

由上可知，此项投资不合算。由于$F_{实}<F_{预}$，说明此项投资没有达到投资者的预期收益；或者要获得20%的收益率，只需投资163.66万元，而实际投资了200万元，即$P_{实}>P_{预}$。

【例2.16】（重要案例）某投资者拟购买一套别墅，价值为500万元，有两种付款方式可供选择：①一次性付款，优惠5%；②分期付款（使用自有资金或银行按揭），首付房款30%，5年付清，每年年末等额支付，不享受优惠。

试问：投资者为了购买该别墅，应选择哪种付款方式？

1）采用自有资金时，自有资金的机会成本为8%。

2）采用商业贷款进行银行按揭时，贷款利率为6%；采用公积金进行银行按揭时，贷款利率为4%。

【解】该项目的现金流量图如图2.8所示。

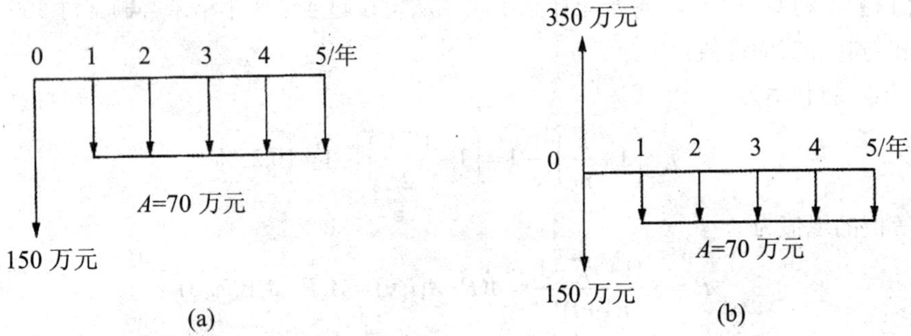

图2.8　投资的现金流量图

1）若自有资金的机会成本为8%，则

①一次性付款，实际支出

$$P_{次}=500\times 95\%=475\text{（万元）}$$

②分期付款（首付150万元，余款350万元投资者使用自有资金），则相当于一次性付款

$$P=150+A(P/A,i,n)=150+70\times(P/A,8\%,5)$$

$$=150+70\times 3.9927=429.49\text{（万元）}$$

或

$$P=150+\sum_{i=1}^{5}A_i(1+i)^{-i}=150+70\times(1+8\%)^{-1}+\cdots+70\times(1+8\%)^{-5}$$

$$=150+70\times(1.08^{-1}+1.08^{-2}+1.08^{-3}+1.08^{-4}+1.08^{-5})=429.49\text{（万元）}$$

2）当投资者用银行按揭购买该别墅，贷款利率为6%，则

①一次性付款，扣除首付后的实际支出$P_{一次}$=500×95%−150=325（万元），则

$$A_{一次}=P_{一次}(A/P,i,n)=P_{一次}(A/P,6\%,5)=325\times 0.2374=77.16\text{（万元）}$$

但一次性付款按机会成本8%，投资者损失的是（按325万元资金考虑）

$$A_{一次损}=P_{一次损}(A/P,i,n)=325\times(A/P,8\%,5)=325\times 0.2505=81.41\text{（万元）}$$

②分期付款（首付150万元，余款350万元采用银行按揭），则

$$A_{银行分期}=P_{银行分期}(A/P,i,n)=350\times(A/P,6\%,5)=350\times 0.2374=83.09\text{（万元）}$$

若投资者采用公积金进行银行按揭，此时贷款利率为4%，则

$$A_{公积金分期}=P_{公积金分期}(A/P,i,n)=350\times(A/P,4\%,5)=350\times0.2246=78.61\text{（万元）}$$

由上可知，对投资者来说，若自有资金的机会成本为8%，则应选用自有资金分期付款。对投资者来说，若采用银行按揭购买该别墅，在不考虑自有资金的机会成本时，则不论贷款利率为多少，都应选择一次性付款，以便获得贷款优惠；在考虑自有资金的机会成本时则要进行比较。本题由于81.41万元小于83.09万元，故选择一次性付款。若采用公积金进行银行按揭，本题由于78.61万元小于81.41万元，故选择分期付款。

习　题

1．计息制度有哪几种？如何表示？

2．利息、利率、现金流量、现值、终值、时值、贴现的含义各是什么？

3．简述名义利率和实际利率的含义及区别。

4．什么是现金流量？现金流量图如何绘制？

5．简述资金为何具有时间价值。

6．简述资金等值的含义。

7．什么是资金平均成本？如何计算（写出一般公式）？

8．有一笔50000元的借款，借期5年，按每年8%的单利计息，试求到期时的本利和。若按复利计息，到期时的本利和又为多少？

9．某公司设立退休基金，每年年末存入银行2万元，若存款利率为10%，按复利计算，第5年年末基金总额为多少？

10．某企业6年后需要一笔500万元的资金，以作为某项目的投资款项，若知年利率为8%，那么现在企业应在银行存入多少资金？如果从现在开始每年年末存入银行等额的资金，每年年末应存入多少？

11．一套运输设备价值30000元，希望在5年内等额收回全部投资，若基准贴现率为8%，那么每年至少应回收多少？

12．某项目融资采取银行借入长期借款的方式，已知企业可选择两种计息方式，其一是年利率5%、按月计息，其二是年利率6%、按半年计息，那么企业应选择哪一种计息方式？（提示：应计算实际利率，以实际利率较小者作为选择对象）

13．某项目建设期为5年，第1年贷款500万元，第2年贷款100万元，第3年贷款200万元，均在项目建设完成后一次还本付息，试计算项目建设期贷款的利息总额（年利率为10%）。

14．例2.16中，当采用贷款利率为6%的银行贷款购买该别墅，每年年末支付当年利息，5年到期后一次偿还本金，计算5年的利息总额。

项目单元三　工程经济分析的基本方法

经济效果评价是投资项目评价的核心内容。按照是否考虑资金的时间价值可将评价方法分为静态评价方法和动态评价方法两类。在工程实践中，我们还将遇到多方案的比选问题和所选方案的不确定性问题。对于多方案的比选，首先要分析各方案之间的可比性，然后确定方案之间的关系类型，再根据相应的类型选择不同的经济评价方法和判断准则进行比选。本项目单元对单方案、多方案的静态、动态评价方法、评价指标及评价准则进行了详细介绍和分析，列举了大量工程实例，最后还介绍了盈亏平衡分析和敏感性分析两种不确定性分析方法。

工程经济分析与评价可以根据不同的评价目标、评价深度、方案的特点和可获得的数据资料等情况，选用不同的评价指标。经济效益是一个综合性指标，一个评价指标仅能反映它的某一个方面。所以，为了系统、全面地评价技术方案的经济效益，从多种可行方案中选择出最优方案，需要同时选用多种评价指标。根据经济评价指标所考虑因素及使用方法的不同，可将这些指标分为三大类：第一类是以时间单位计量的时间型指标，它反映的是一个时间周期；第二类是以货币单位计量的价值型指标，它反映的是货币绝对值；第三类是反映资金利用效率的效率型指标，它反映的是一个比例概念。由于这三类指标是从不同角度考察项目的经济性和可行性，所以，在对方案进行经济效益评价时，应当尽量同时选用这三类指标而不仅仅是使用单一指标。又由于方案决策结构的多样性，各类指标的适用范围和应用方法也是不同的。

所谓评价，其实就是衡量客观事物的作用或是价值的大小，而这些结果的取得都是通过对事物比较得来的。在对事物进行比较和判断时，有时可以进行量化，有时就不能进行定量计算，只能进行定性分析。

项目的经济分析与评价是对建设项目的各方案从技术、经济、资源、环境、政治、国防和社会等多方面进行全面、系统、综合的技术经济计算、分析、比较、论证和评价，从多种可行方案中选择出最优方案，是项目投资可行性研究的核心内容。为了确保投资决策的正确性和科学性，必须研究项目的经济分析与评价方法及其指标。

根据经济效益评价方法是否考虑了资金的时间价值，可将经济分析与评价方法分为静态评价方法和动态评价方法两类。

课题 1　静态评价方法

在经济效益评价中，不考虑资金时间价值的评价方法称为静态评价方法。静态评价方法主要有投资回收期法、投资收益率法、差额投资回收期法等。它们常用于可行性研究初始阶段的粗略分析和评价以及方案的初选阶段。

1.1　静态投资回收期法

1.1.1　概念

投资回收期法又叫投资返本期法或投资偿还期法。它是指用项目的净收益抵偿全部投资所需的时间长度，一般以年为计算单位，从项目投建之年算起，如果从投产年或达产年算起，应予注明。投资回收期有静态和动态之分。

静态投资回收期是反映项目方案在财务上投资回收能力的指标，是一个表明投资得到补偿的速度指标，是一个时间的限值。

1.1.2 计算

静态投资回收期的计算公式为

$$\sum_{t=0}^{P_t}(CI-CO)_t=0 \tag{3.1}$$

式中：CI 为现金流入量，CO 为现金流出量，$(CI-CO)_t$ 为第 t 年的净现金流量。

满足上式的 P_t 值就是静态投资回收期（年）。

静态投资回收期也可根据全部投资的财务现金流量表中累计净现金流量计算求得，其详细计算公式为

$$P_D=\begin{bmatrix}\text{累计净现金流量开始}\\\text{出现正值的年份数}\end{bmatrix}-1+\frac{\text{上年累计净现金流量的绝对值}}{\text{当年净现金流量}} \tag{3.2}$$

用投资回收期评价投资项目时，需要与根据同类项目的历史数据和投资者意愿确定的基准投资回收期相比较。设基准投资回收期为 P_c，判别准则为：若 $P_t<P_c$，则项目可考虑接受；若 $P_t>P_c$，则项目应予以拒绝。

【例 3.1】（重要案例）某项目现金流量如表 3.1 所示，基准投资回收期为 9 年，试用投资回收期法评价方案是否可行。

表 3.1　现金流量表　　单位：万元

年份	0	1	2	3	4	5	6	7	8～n
净现金流量	–6000	0	0	800	1200	1600	2000	2000	2000
累计净现金流量	–6000	–6000	–6000	–5200	–4000	–2400	–400	1600	3600

【解】解法 1，用公式（3.1）计算投资回收期

$$\sum_{t=0}^{n}(CI-CO)_t=-600+0+0+800+1200+1600+2000+400/2000=0$$

$$P_t=6.2<P_c=9\text{（年）}$$

方案可行。

解法 2，用公式（3.2）计算投资回收期，有

$$P_t=7-1+400/2000=6.2<P_c=9\text{（年）}$$

方案可以接受。

1.1.3 投资回收期法的优点与不足

投资回收期法的最大优点是计算比较简单。通过与标准投资回收期比较，能够判别投资方案是否可行，并且能够判别方案的优劣程度。投资回收期越短，说明项目能在较短的时间内收回投资额，在未来承担的风险也就小。但以上这些优势只是对单方案评价而言。由于这种方法没有考虑方案收回投资以后的收益及经济效果情况，容易使人接受短期效益好的方案，忽视短期效益低而长期效益高的方案。例如，有 A、B、C 三个方案，其现金流量如表 3.2 所示。

表 3.2　各方案的现金流量表　　单位：万元

年份	0	1	2	3	4	5	6	现金流量总和
方案 A	–1000	500	500	0	0	0	0	0
方案 B	–1000	500	300	200	200	200	200	600
方案 C	–1000	100	200	300	400	1000	2000	3000

比较 A、B、C 三个方案，其投资额均为 1000 万元，投资回收期分别为 2 年、3 年和 4 年，若仅依据投资回收期的长短取舍方案的话，A 方案首先被接受，然而 A 方案投资回收以后的净收益为 0，是三个方案中最差的。

由此可见，投资回收期只能判别方案是否可行，不能用于多方案比较择优。

1.1.4　追加投资回收期法

追加投资回收期又称差额投资回收期，用符号 P_a 表示，是指在比较两个方案时，投资大的方案用每年净收益的增加额或用年经营成本的节约额（假定两方案的销售收入相同）来回收增加的投资所需要的时间。计算公式为

$$P_a = (K_{\text{II}} - K_{\text{I}})/(NB_{\text{I}} - NB_{\text{II}}) = \Delta K / \Delta NB \tag{3.3}$$

或

$$P_a = (K_{\text{II}} - K_{\text{I}})/(C_{\text{I}} - C_{\text{II}}) = \Delta K / \Delta C \tag{3.4}$$

式中：

K_{I}、K_{II}——方案 I 和方案 II 的投资额，$\Delta K = K_{\text{II}} - K_{\text{I}}$；

NB_{I}、NB_{II}——方案 I 和方案 II 的净现金流量，即净收益额，$\Delta NB = NB_{\text{I}} - NB_{\text{II}}$；

C_{I}、C_{II}——方案 I 和方案 II 的年经营成本额，$\Delta C = C_{\text{I}} - C_{\text{II}}$。

评价准则：若 $P_a < P_c$，应选取投资额大的方案，说明在规定的投资回收期限内，多增加的投资能够用净收益的增加额或成本的节约额加以回收；若 $P_a > P_c$，应选取投资额较小的方案。

【例 3.2】（重要案例）某工程项目有甲、乙两个方案，数据如表 3.3 所示，试比较方案优劣，假设 P_c 为 6 年。

表 3.3　甲、乙两方案数据　　单位：万元

指标	总投资	年销售收入	年经营成本	年税金	年净收益
甲方案	1000	850	400	100	350
乙方案	500	600	350	50	200

【解】甲、乙两方案的投资回收期分别为

$$P_{a甲}=1000/350=2.86\text{（年）}$$

$$P_{a乙}=500/200=2.5\text{（年）}$$

$P_{a甲}$、$P_{a乙}$ 均小于基准投资回收期 P_c，说明两方案都是可行的。

甲、乙两方案的 $P_{a(甲-乙)}$ 为

$$P_{a(甲-乙)}=(1000-500)/(350-200)=3.33\text{（年）}$$

$P_a < P_c$，应选取投资额大的方案。其经济意义为甲方案比乙方案多投资的 500 万元能够利用每年多增加的净收益在 3.33 年内回收。

例 3.2 是两方案的比较问题。在进行多方案比较时就有一个比较顺序问题，通常采用“环比法”，其步骤如下。

①把各可行方案的投资按从小到大的顺序排列，依次编号 I、II、III 等，并增设 0 方案。0 方案又称为不投资方案或基准方案，其投资和净收益也均为 0。选择 0 方案的经济涵义是指不投资于当前的方案。在一组互斥方案中增设 0 方案可避免选择一个经济上并不可行的方案作为最优方案。

②比较零方案和 I 方案，从中选出一个较好方案。

③用这个较好方案和方案 II 比较，再从中选出一个较好方案。如此依次进行比较，逐步淘汰，直至最后选出最优方案。

【例 3.3】现有四个方案，产品产量完全相同，各投资和年经营费用如表 3.4 所示，假设每个方案都是可行的，若 P_c 为 5 年，试选取最优方案。

表 3.4　四个方案的指标参数　　单位：万元

指标	I 方案	II 方案	III 方案	IV 方案
投资	28	30	36	42
年经营费用	14	12	11	10

【解】$P_{a(\text{I}-0)}=(28-0)/(14-0)=2<P_c=5$（年）

因为 $P_{a(\text{I}-0)}<P_c$，根据评价准则，选择 I 方案，淘汰 0 方案。

同理，$P_{a(\text{II}-\text{I})}=(30-28)/(14-12)=1<P_c$，选 II 方案。

$P_{a(\text{III}-\text{II})}=(36-30)/(12-11)=6>P_c$，选 II 方案。

$P_{a(\text{IV}-\text{II})}=(42-30)/(12-10)=6>P_c$，选 II 方案。

结论：II 方案为最优方案。

必须指出，方案比较时一定要使各方案具有可比性，否则将导致错误的结论。

1.2　投资收益率法

1.2.1　基准收益率

基准收益率 i_c 又称基准投资收益率、基准贴现率、基准折现率、目标收益率、最低期望收益率，是方案经济评价中的主要经济参数，是决策者对技术方案投资的资金时间价值的估算或行业的平均收益率水平，是企业或者部门所确定的投资项目应该达到的收益率标准。根据投资者意图和项目的具体情况，项目最低可接受收益率的取值可高于、等于或低于行业基准收益率，但若考虑项目的盈利水平，一般不低于行业基准收益率。通常，若 i_c 定得太高，可能使某些投资经济效益好的方案被拒绝；i_c 定得太低，则可能会使某些投资经济效益差的方案被采纳。需要注意的是：基准收益率的最终取值是综合权衡的结果，而不是简单计算的结果。但不论如何，基准收益率要高于银行贷款利率才值得投资。确定基准收益率时主要考虑以下因素。

（1）资金成本和机会成本。投资的机会成本是指投资者将有限的资金用于拟建项目而放弃其他投资机会所能获得的其中最好收益。机会成本不是实际支出。

（2）投资风险。

（3）通货膨胀。通货膨胀是指由于货币的发行量超过商品流通所需要的货币量而引起的货币贬值和物价上涨现象。

基准收益率的确定有以下两种方法。

1）按当年价格预测项目现金流量时，有

$$i_c = (1+i_1)(1+i_2)(1+i_3) - 1 \approx i_1 + i_2 + i_3 \qquad (3.5)$$

式中：

i_1——单位资金成本和单位投资的机会成本之和；

i_2——风险贴补率，风险越大，风险贴补率越高；

i_3——通货膨胀率。

2）按不变价格预测项目现金流量时，有

$$i_c = (1+i_1)(1+i_2) - 1 \approx i_1 + i_2 \qquad (3.6)$$

总之，资金成本和机会成本是确定基准收益率的基础，而投资风险和通货膨胀是确定基准收益率必须考虑的影响因素。另外，也可直接选用行业或部门的基准收益率。

1.2.2 投资收益率法

投资收益率 R 也叫投资效果系数，是指项目达到设计生产能力后的一个正常年份的净收益额与项目总投资的比率。对生产期内各年净收益额变化幅度较大的项目，则应计算生产期内年平均净收益额与项目总投资的比率。其计算公式为

$$R=NB/K \qquad (3.7)$$

式中：

K——投资总额，包括固定资产投资和流动资金等；

NH——正常年份的年净收益额或年平均净收益额，包括企业利润和折旧。

当项目投产后各年的净收益为一稳定值时，显然有

$$R=1/P_t \qquad (3.8)$$

即投资回收期与投资收益率互为倒数。

投资收益率指标既没有考虑资金的时间价值，也没有考虑项目建设期、寿命期等众多经济数据，故一般仅用于技术经济数据尚不完整的初步可行性研究阶段。用投资收益率指标评价投资方案的经济效果，需要与根据同类项目的历史数据及投资者意愿等确定的基准投资收益率 i_c 做比较。其判别准则为：若 $R>i_c$，则项目可考虑接受；若 $R<i_c$，则项目予以拒绝。

【例 3.4】某项目现金流量如表 3.5 所示，假定全部投资中没有借款，现已知 i_c=20%，试以投资收益率指标判断项目取舍。

【解】由表中数据可得

$$NB = (400+300+200\times6)/8 = 237.5 \text{（万元）}$$

$$R = 237.5/1300 = 0.183 < i_c = 20\%$$

故项目应予以拒绝。

表 3.5 现金流量表 单位：万元

年份	0	1	3	4	5	6	7	8
投资	1300							
收入	0	400	300	200	200	200	200	200

当用下面的方法计算静态投资回收期 P_t 时：

$$\sum_{t=0}^{P_t}(CI-CO)_t = 1300+400+300+200+200+200=0$$

P_t为 5 年，代入公式（3.8），得

$$R=1/P_t=1/5=0.2=20\%=i_c$$

由于 $R=i_c$，故项目可以考虑接受。这里两种方法评价结果不一致，其原因是使用公式（3.8）时要求各年的净收益为一稳定值。但此例也说明投资回收期法对早期效益好的方案有利。

1.3 静态评价方法小结

静态投资回收期的优点是：第一，概念清晰，直观性强，计算简单，主要适用于方案的粗略评价；第二，也是最重要的，该指标不仅在一定程度上反映项目的经济性，而且反映项目的风险大小，这就是回收期法之所以被广泛使用的主要原因。对一些资金筹措困难的公司，希望能尽快地将资金回收，回收期越长，其风险就越大，反之则风险小。因此，能够反映一定经济性和风险性的投资回收期指标可以作为项目评价的辅助性指标，在项目评价中具有独特的地位和作用，如当未来的情况很难预测，而投资者又特别关心资金的补偿速度时，投资回收期法是很有用的。

静态投资回收期和投资收益率只能判断方案可行与否，对多方案的评价比较，可用追加投资回收期法。

静态投资回收期指标的缺点是：第一，它没有反映资金的时间价值，当项目运行时间较长时不宜采用；第二，由于没有考虑回收期以后的收入与支出数据，故不能全面反映项目在寿命期内的真实效益。此外，在对项目评价时这种方法对早期效益好的方案有利。

课题 2　动态评价方法

考虑资金时间价值的评价方法叫动态评价方法。动态评价方法主要有现值法、年值法、动态投资回收期法、内部收益率法等。动态评价方法是以等值计算公式为基础，采用复利计算方法，把投资方案中发生在不同时点的现金流量转换成同一时点的值或等值序列，计算出方案的特征值（指标值），然后依据一定的标准在满足时间可比的条件下进行评价比较，确定满意方案。动态评价方法主要用于详细可行性研究中对方案的最终决策，它是经济效益评价的主要评价方法。

2.1 动态投资回收期法

动态投资回收期法即在计算投资回收期时考虑资金的时间价值，其表达式为

$$\sum_{t=0}^{P_D}(CI-CO)_t(1+i_c)^{-t}=0 \tag{3.9}$$

式中：

P_D——动态投资回收期，是按基准收益率将各年净收益和投资折现，使净现值刚好为 0 的计算期期数。

P_D 也可用全部投资的财务现金流量表中的累计净现值计算求得，即

$$P_D = \text{累计净现值开始出现正值的年份数} - 1 + \frac{\text{上年累计净现值的绝对值}}{\text{当年净现值}} \tag{3.10}$$

判别准则：设基准动态投资回收期为 P_b，若 $P_D<P_b$，项目可被接受；若 $P_D>P_b$，项目应予拒绝。

【例 3.5】（重要案例）用例 3.1 的数据计算动态投资回收期，并对项目的可行性判断取舍（i_c=10%）。

【解】计算过程如表 3.6 所示。将数据代入公式（3.10）中，得

$$P_D = 9-1+(497.6/848.2) \approx 8.59 < 9 \text{（年）}$$

故该方案可以接受。

表 3.6　现金流量表

项目	年份										
	0	1	2	3	4	5	6	7	8	9	10～n
净现金流量	−6000	0	0	800	1200	1600	2000	2000	2000	2000	2000
累计净现金流量	−6000	−6000	−6000	−5200	−4000	−2400	−400	1600	3600	5600	
现值系数	1.0	0.9091	0.8264	0.7513	0.6830	0.6209	0.5645	0.5132	0.4665	0.4241	
净现值	−6000	0	0	601	819.6	993.5	1128.9	1026.3	933.0	848.2	
累计折现值	−6000	−6000	−6000	−5399	−4579.3	−3585.8	−2456.9	−1430.6	−497.6	350.6	

动态投资回收期也没有考虑回收期以后的经济效果，因此不能全面反映项目在寿命周期内的真实效益，通常只用于辅助性评价。

2.2　净现值法

2.2.1　概念及计算

净现值法是通过对互斥方案的净现值比较来评价方案的优劣，是建设项目财务评价中计算投资经济效果的一种常用的动态分析方法。净现值 *NPV* 是指按一定的折现率（基准收益率 i_c）将方案寿命期内各年的净现金流量折现到计算基准年（通常是期初，即第 0 年）的现值的代数和。净现值 *NPV* 的计算公式为

$$NPV = \sum_{t=0}^{n}(CI-CO)_t(1+i_c)^{-t} \tag{3.11}$$

式中：

n——项目计算期。

净现值的判别准则：对单一方案，若 $NPV>0$，表示项目实施后的实际收益率不小于 i_c，方案予以接受；若 $NPV<0$，表示项目的实际收益率未达到 i_c 或小于通常资金运用机会的收益率，应拒绝方案；多方案比较时，在投资额相等的前提下，以净现值大的方案为优。

【例 3.6】（重要案例）某企业基建项目可有 A、B 两个设计方案。其建设期为 1 年，计算期为 5 年，i_c 为 10%。其中 A 方案的初期投资为 1750 万元，年经营成本为 500 万元，年销售额为 1500 万元，第 3 年年末工程项目配套追加投资 1000 万元，残值为 0；B 方案的初期投资为 2700 万元，年经营成本为 700 万元，年销售额为 2100 万元，第 3 年年末工程项目配套追加投资 1300 万元，残值为 100 万元。试计算投资方案的净现值，并用净现值法对方案进行评价选择。

【解】第一步，计算两方案的 *NPV*。

A、B 方案的现金流量如图 3.1 所示。

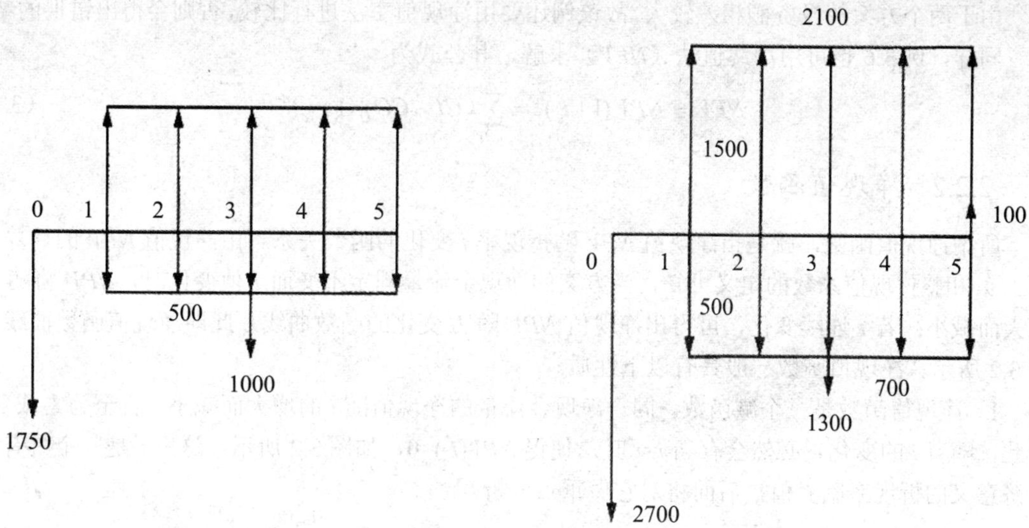

(a)A 方案　　(b)B 方案

图 3.1　项目现金流量图（单位：万元）

NPV_A=– 1750+(1500–500)(P/A, 10%, 5)–1000(P/F, 10%, 3)

=–1750+1000×3.7908–1000×0.7513

=1750+3790.8–751.3

=1289.5＞0（万元）

NPV_B=–2700+(2100–700)(P/A, 10%, 5)–1300$(1+10\%)^{-3}$–100$(1+10\%)^{-5}$

=–2700+1400×3.7908–1300×0.7513+100×0.6209

=–2700+5307.12–976.69+62.09

=1692.52＞0（万元）

净现值也可用现金流量表来计算，本例 A 方案的净现值计算过程如表 3.7 所示。

表 3.7　A 方案财务现金流量表　　单位：万元

年限①	费用		销售收入④	净现金流量⑤=④–③–②	现值系数(P/F, 10%, n)⑥	第 t 年净现值⑦=⑤×⑥	累计净现值⑧
	投资②	经营成本③					
0	1750	0	0	–1750	1.0000	–1750.0	–1750.0
1		500	1500	1000	0.9091	909.1	–840.9
2		500	1500	1000	0.8264	826.4	–14.5
3	1000	500	1500	0	0.7513	0.0	–14.5
4		500	1500	1000	0.6830	683.0	668.5
5		500	1500	1000	0.6209	620.9	1289.4

第二步，比较。

因为 NPV_A＞0，NPV_B＞0，所以 A、B 两个方案除均能达到 10%的基准收益率外，在服务期末还能分别获得 1289.5 万元和 1692.52 万元的超额净现值收益（抵偿投资后的净收益），即较通常的资金运用机会获得的收益要大，说明两个方案在经济上都是可行的。

由于两个方案的投资额相差较大，故该例还要用净现值率法进行比较，否则会得出错误的结论。

同样，例 3.6 也可用净终值法（*NFV*）求解，其公式为

$$NFV = NPV(1+i_c)^n = \sum_{t=0}^{n}(CI-CO)_t(1+i_c)^{n-t} \tag{3.12}$$

2.2.2 净现值函数

所谓净现值函数，就是指净现值 *NPV* 随折现率 *i* 变化的函数关系。由净现值 *NPV* 的计算公式（3.11）和整付现值系数的定义可知，当方案的净现金流量固定不变而 *i* 值变化时，*NPV* 将随 *S* 的增大而减小；若 *i* 连续变化，可得出净现值 *NPV* 随 *L* 变化的函数曲线，此即净现值函数曲线，如图 3.2 所示。净现值函数一般具有以下性质。

1）净现值函数是一个减函数。同一净现金流量的净现值随 *i* 的增大而减小，直至为零或负值。因此，随着 *i* 的变化，必然会有当 $i=i^*$ 时，使得 $NPV(i^*)=0$，如图 3.2 所示。这里 i^* 是一个具有重要经济意义的折现率临界值，后面将对它做重点分析。

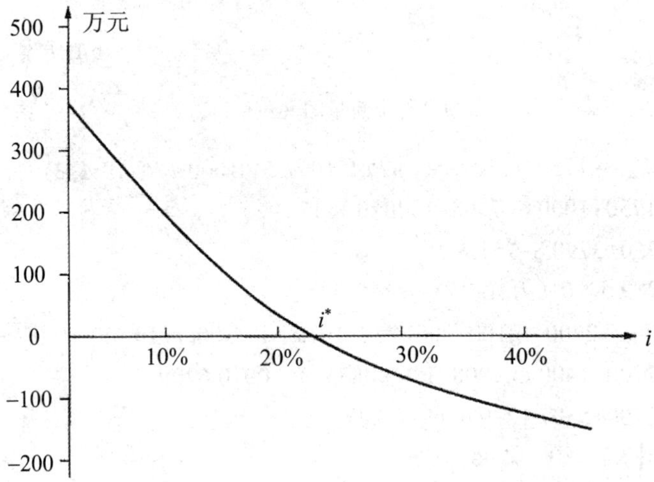

图 4.2　净现值函数曲线

2）随着 *i* 的增大，现金流量发生的时点距现时点越远，则对现值的影响越小。因而，在多方案比选时，投资额小的方案较投资额大的方案显得更为有利，如表 3.8 所示。

表 3.8　A、B 方案在 i_c 变动时的净现值　　　　**单位：万元**

年份	0	1	2	3	4	5	*NPV*（10%）	*NPV*（20%）
方案	−230	100	100	100	50	50	83.91	24.81
方案	−100	30	30	60	60	60	75.40	33.58

净现值是反映方案投资盈利能力的一个重要指标，广泛应用于方案的经济评价中。其优点是考虑了资金时间价值和方案在整个计算期内的费用和收益情况。它以金额表示投资收益的大小，且反映的是纳税后的投资效果，比较直观。但净现值指标存在以下不足：

1）需先确定一个符合经济现实的基准收益率 i_c，而 i_c 的确定有时是比较难的；

2）不能说明项目在运营期间各年的经营成果；

3）不能直接反映项目投资中单位投资的使用效率。

在计算净现值时应注意以下两点：

1）各年净现金流量的估计，其预测的准确性至关重要。

2）折现率 i 的选取。

净现值曲线是条以 K_0 为渐近线的曲线，K_0 是方案开始时的投资额。通常，曲线与横轴有唯一的交点，并在(0，∞)范围内。

2.2.3 费用现值法

在对多个方案比较选优时，如果诸方案产出的价值相同或者诸方案能够满足同样需要，但其产出效益难以用价值形态计量时（如环保、教育、保健、国防等），可以通过对各方案费用（成本）现值或费用（成本）年值的比较进行选择，其值越小，说明方案的经济效益越好。所谓费用现值，就是把不同方案计算期内的各年年成本按 i_c 换算成基准年的现值和，再加上方案的总投资现值。

考虑资金时间价值的费用现值 PC 公式为

$$PC=\sum_{t=0}^{n}CO_t(P/F,i_c,t)=\sum_{t=0}^{n}(K+C-S_v-W)_t(\text{p}/F,i_c,t) \tag{3.13}$$

式中：

K——投资总额，包括固定资产投资和流动资金等；

C——年经营成本；

S_v——计算期末回收的固定资产余值；

W——计算期末回收的流动资金。

2.3 净现值率法

净现值率 $NPVR$ 反映了投资资金的利用效率，常作为净现值的辅助指标。净现值率是指按 i_c 求得的方案计算期内的净现值与其全部投资现值的比率。

$NPVR$ 的计算公式为

$$NPVR=NPV/K_p \tag{3.14}$$

式中：

K_P——项目总投资现值。

净现值率的经济含义是单位投资现值所取得的净现值额（或超额净收益）。

净现值率的最大化将有利于实现有限投资取得净贡献的最大化。

净现值率法的判别准则：当 $NPVR\geqslant 0$ 时，方案可行；当 $NPVR<0$ 时，方案不可行；用净现值率法进行多方案比较时，以 $NPVR$ 较大的方案为优，它体现了投资资金的使用效率。该法主要适用于多方案的优劣排序。

【例 3.7】用净现值率法对例 3.6 的 A、B 方案进行比较择优。

【解】由例 3.6 知，A、B 方案的净现值分别为

$$NPV_A=1289.5\text{（万元）}$$

$$NPV_B=1692.52\text{（万元）}$$

总投资的现值分别为

$$K_{PA}=1750+751.3=2501.3\text{（万元）}$$

$$K_{PB}=2700+976.69-62.09=3614.6\text{（万元）}$$

根据公式（3.14）按 $NPVR$ 判断，有

$$NPVR_A=1289.5/2501.3=0.5155$$

$$NPVR_B=1692.52/3614.6=0.4682$$

$NPVR_A>NPVR_B$，故 A 方案为优选方案，与净现值法的结论相反。由此可见，当投资额不相同时，需对方案的投资效率进行比较，才能对方案进行评价和决策。

这里，$NPVR=0.5155$ 的含义是：A 方案除保证 i_c 达 10%的基准收益率外，每万元现值投资还可获得 0.5155 万元的超额净收益；B 方案每万元现值投资仅可获得 0.4682 万元的超额净收益，故 A 方案为优。

2.4 差额净现值法

2.4.1 差额现金流量

两个互斥方案之间的现金流量之差(通常为投资额较大方案的现金流量减去投资额较小方案的现金流量）构成新的现金流量，称为差额现金流量。例如，有 A、B 两个方案，其差额现金流量如图 3.3 所示，称之为差额方案(B–A)，其含义是 B 方案比 A 方案多投资 11 万元，而 B 方案每年净收益比 A 方案多 2 万元。

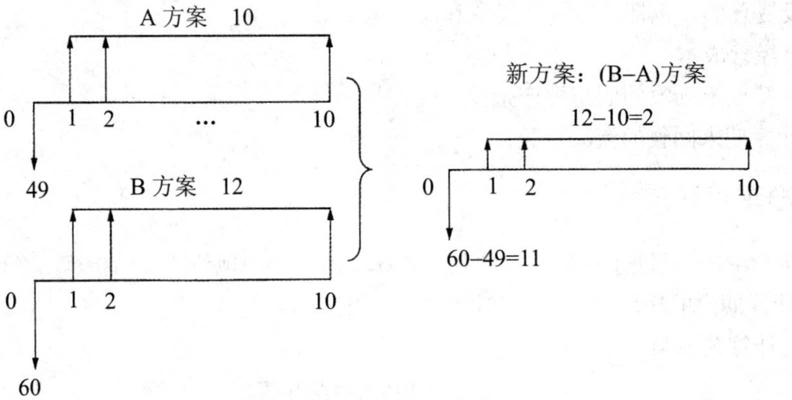

图 4.3 差额现金流量与差额方案（单位：万元）

这里将差额现金流量称为差额方案是企图强调差额现金流量并不仅存在于理论的分析计算中，而且更主要的是它具有重要的实用意义。在实际工作中，经常会遇到难以确定每个具体方案的现金流量的情况，但方案之间的差异却是易于了解的，这就形成差额方案。例如，用一新设备（一方案）代替生产流程中某一老设备（另一方案），这时如果要确定各方案各自的现金流量，特别是方案的收益，是很困难的，但可以较容易地确定用新设备代替老设备而引起现金流量的变化。

2.4.2 差额净现值及其经济涵义

差额净现值就是指两互斥方案构成的差额现金流量的净现值，用符号ΔNPV表示，它体现了差额净现金流量的投资效果（与基准收益率相比较）。设两个互斥方案为 j 和 k，寿命期皆为 n，基准收益率为 i_c，第 t 年的净现金流量分别为 c_k^j 、 c_t^k (t=0, 1, 2, …, n)，则

$$\Delta NPV_{k-j}=\sum_{t=0}^{n}(C_t^k-C_t^j)(1+i_c)^{-t} \tag{3.15}$$

根据ΔNPV 的概念及 NPV 的经济涵义，ΔNPV 的大小表明下面几方面的涵义。

(1) 当$\Delta NPV=0$，表明投资大的方案比投资小的方案（分别设为 k 方案和 j 方案，下同）多投

资的资金可以通过 k 方案比 j 方案多得的净收益回收，并恰好取得既定的收益率（基准收益率），说明两个方案在经济上等值，这时可认为投资大的方案较优。

（2）当 $\Delta NPV>0$，表明 k 方案比 j 方案多投资的资金可以通过 k 方案比 j 方案多得的净收益回收，并取得超过既定的收益率的收益，其超额收益的现值即为 ΔNPV，说明经济上 k 方案优于 j 方案。

（3）当 $\Delta NPV<0$，表明 k 方案比 j 方案多得的净收益与多投资的资金相比达不到既定的收益率，甚至不能通过多得的收益收回多投资的资金，说明经济上 k 方案劣于 j 方案。

所以，可以根据 ΔNPV 数值的大小来比较两个方案在经济上的优劣。例如，图 3.3 中 A 方案与 B 方案的差额净现值为

$$\Delta NPV_{B-A}=-11+2\times(P/A, 10\%, 10)=1.29>0\text{（万元）}$$

则 B 方案在经济上优于 A 方案。

用 ΔNPV 法比较多方案时，通常采用前述的“环比法”。

【例 3.8】用差额净现值法对例 3.6 的 A、B 方案进行比较择优。

【解】由图 3.1 知，B 方案与 A 方案的差额净现值为

$$\begin{aligned}\Delta NPV_{B-A}&=-(2700-1750)-(1300-1000)(P/F, 10\%, 3)\\&\quad+(1400-1000)(P/A, 10\%, 5)+100(P/F, 10\%, 5)\\&=-2700-300\times0.7513+400\times3.7908+100\times0.6209\\&=-950-225.39+1516.32+62.09\\&=403.02>0\text{（万元）}\end{aligned}$$

$\Delta NPV_{B-A}>0$，表明 B 方案比 A 方案多投资的资金（差额）可以通过 B 方案比 A 方案多得的净收益（差额）回收，B 方案可取得超过既定收益率（i_c=10%）的收益，其超额收益的现值即为 403.02 万元，说明经济上 B 方案优于 A 方案。

由此可见，当两个互斥方案的投资额不同且相差较大时，除了用净现值法对投资方案进行比较外，还需用净现值率法和差额净现值法分别对投资资金的使用效率和投资效果进行比较，并综合考虑项目的实际背景和投资资金的应用要求后，才能对方案进行评价和决策。

2.5 年值法

年值（金）法是把每个方案在寿命期内不同时点发生的所有现金流量都按设定的收益率（如 i_c）换算成与其等值的等额支付序列年值（金）。由于换算为各年的等额现金流量，所以满足了时间上的可比性，故可据此进行不同寿命期方案的评价、比选。

2.5.1 净年值法

净年值法是将方案各个不同时点的净现金流量按 i_c 折算成与其等值的整个寿命期内的等额支付序列年值后再进行评价、比选的方法。净年值的计算公式为

$$NAV=NPV(A/P,\ i_c,\ n)\left[\sum_{t=0}^{n}(CI-CO)_t(P/F,i_c,n)\right](A/P,\ i_c,\ n) \tag{3.16}$$

净年值的判别准则：当 $NAV<0$ 时，拒绝接受方案；当 $NAV>0$ 时，方案可行。此时净年值的经济意义是方案在寿命期内除每年获得按 i_c 计算的收益外，还可获得与 NAV 等额的超额净收益。若为多方案比较时，在投资额相等的前提下，净年值越大，方案经济效果越好。

将公式（3.16）与公式（3.11）相比较可知，净年值与净现值两个指标的比值为一常数，故在评价方案时，结论总是一致的。因此，就项目的评价结论而言，净年值与净现值是等效评价指标，

具有相同的基本性质。净现值给出的信息是项目在整个寿命期内获取的超出最低期望盈利的超额净收益现值；净年值则给出项目在寿命期内每年的等额超额净收益。由于在某些决策结构形式下，采用净年值法比采用净现值法更为简便和易于计算，特别是净年值指标可直接用于寿命期不等的多方案比较，故净年值指标在经济评价指标体系中占有相当重要的地位。

【例 3.9】某投资方案的净现金流量如图 3.4 所示，设 i_c=10%，求该方案的净年值 *NAV*。

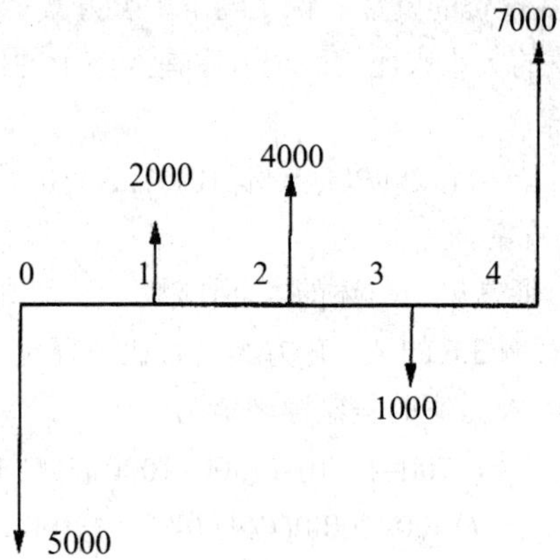

图 3.4　投资方案现金流量（单位：万元）

【解】用现值求：

$$
\begin{aligned}
NAV=&[-5000+2000(P/F, 10\%, 1)\\
&+4000(P/F, 10\%, 2)\\
&-1000(P/F, 10\%, 3)\\
&+7000(P/F, 10\%, 4)](A/F,10\%,4)\\
=&1311\text{（万元）}
\end{aligned}
$$

用终值求：

$$
\begin{aligned}
NAV=&[-5000(P/F, 10\%, 4)+2000(P/F, 10\%, 3)+4000(P/F, 10\%, 2)\\
&-1000(P/F, 10\%, 1)+7000](A/F, 10\%, 4)\\
=&1311\text{（万元）}
\end{aligned}
$$

2.5.2　费用年值法

与净现值和净年值指标的关系类似，费用年值 *AC* 与费用现值也是一对等效评价指标。费用年值是将方案计算期内不同时点发生的所有费用支出，按 i_c 折算成与其等值的等额支付序列年费用。费用年值的计算公式为

$$
\begin{aligned}
AC &= \left[\sum_{t=0}^{n} CO_t(P/F, i_c, t)\right](A/P, i_c, n)\\
&= \sum_{t=0}^{n}(K+C-S_v-W)_t(P/F, i_c, n)
\end{aligned}
\tag{3.17}
$$

【例 3.10】某建筑工程公司欲购置大型的施工机械。现有 A、B 两个互斥的方案，两个方案的效益和质量都是相同的，但每年（已拆算到年末）的作业费用不同，寿命期限也不同，如表 3.9 所示，设 i_c=12%，应选择哪种机械为好？

表 3.9　两个互斥的投资方案

投资方案	初期投资额（万元）	作业费用（万元/年）	寿命期（年）
A	20	4.5	4
B	30	4	6

【解】由于该机械的两个投资方案效率和质量相同，因而使用时的收益应该是完全相同的，不同的是每年的作业费用和寿命期。

$$AW_A=20(A/P, 12\%, 4)+4.5=11.08\text{（万元）}$$

$$AW_B=30(A/P, 12\%, 6)+4.0-11.30\text{（万元）}$$

故 A 方案为较优方案。

2.6　内部收益率法

内部收益率又称内部报酬率，是除净现值以外的另一个最重要的动态经济评价指标。内部收益率是求所得与所耗的相对值，而净现值是求所得与所耗的绝对值，两个指标同出一辙。

2.6.1　概念

【例 3.11】（重要案例）某施工企业投资 1000 万元购置了一部重型塔吊，该设备 3 年后报废，残值为 0，各年末的净收益如图 3.5 所示。如果将该投资问题加以抽象，看作是向银行存款 1000 万元（复利），此后 3 年每年年末分别取出 600 万元、500 万元和 400 万元，第 3 年年末其存款的余额为 0。显然，这样做并不改变问题的实质。那么，若要达到上述目的，银行存款的利率是多少？

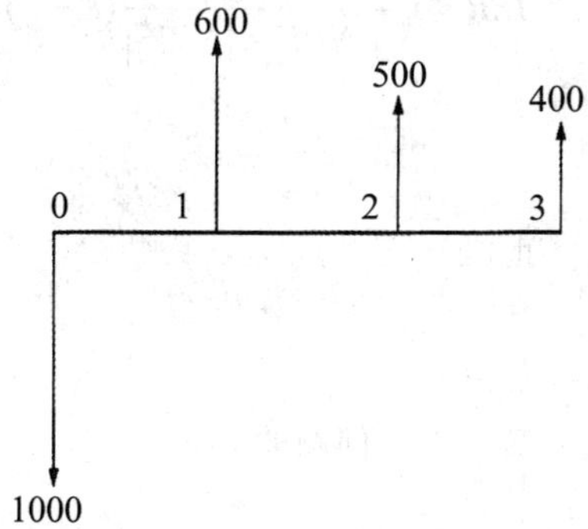

图 3.5　净现金流量图（单位：万元）

【解】设该银行的利率为 i，则各年末存款的余额分别如下。

第 1 年年末：$-1000(1+i)+600$

第 2 年年末：$[-1000(1+i)+600](1+i)+500$

第 3 年年末：$\{[-1000(1+i)+600](1+i)+500\}(1+i)+400$

因第 3 年年末存款的余额为 0，故有下式成立：

$$-1000(1+i)^3+600(1+i)^2+500(1+i)+400=\sum_{t=0}^{3}(CI-CO)_t(1+i)^t=0$$

上式左边恰是该方案现金流量的净将来值。如果用 $(1+i)^3$ 去除上式的两边，则得到该方案现金流量的净现值，即

$$-1000+600/(1+i)+500/(1+i)^2+400/(1+i)^3$$
$$=\sum_{t=0}^{3}(CI-CO)_t(1+i)^{-t}=0$$

同样，对净年值也可得出类似上面的结论。因此，所谓内部收益率是指项目在寿命期内可使现金流量的净现值（净将来值或净年值）等于 0 时的折现率（或利率），记为 *IRR*。从投入的角度讲，*IRR* 反映项目投资贷款所能承受的最高利率；从产出的角度讲，*IRR* 代表项目能得到收益的程度。因此，内部收益率与净现值、净将来值、净年值的评价结论是一致的。

2.6.2 内部收益率的求法

由内部收益率的定义可知，当用净现值等于 0 的概念求解时，*IRR* 可由下式求得：

$$NPV(IRR)=\sum_{t=0}^{3}(CI-CO)_t(1+IRR)^{-t}=0 \tag{3.18}$$

由于求解 *IRR* 的公式（3.18）是一个一元高次方程，因此，在实际应用中通常采用“线性插值法”求 *IRR* 的近似解，其求解步骤如下。

第一步，计算方案各年的净现金流量。

第二步，在满足下列两个条件的基础上预估两个适当的折现率，且 $i_1 \neq i_2$：

①$i_1 < i_2$，且$(i_1-i_2) \leqslant 5\%$；

②$NPV(i_1)>0$，$NPV(i_2)<0$。

如果预估的 i_1 和 i_2 不满足这两个条件，则要重新预估，直至满足条件。

第三步，用线性插值法计算 *IRR* 的近似值，其公式为

$$IRR=i_1+\frac{NPV_1}{NPV_1+|NPV_2|}(i_2-i_1) \tag{3.19}$$

式中：

i_1——插值用的低折现率；

NPV_1——用 i_1 计算的净现值（正值）；

i_2——插值用的高折现率；

NPV_2——用 i_2 计算的净现值（负值）。

以例 3.10 为例，根据净现值函数，求该问题的 *IRR*。

首先取 i_1=25%，则有

$$NPV(i_1)=-1000+600/(1+0.25)+500/(1+0.25)^2+400/(1+0.25)^3$$
$$=4.8\text{（万元）}$$

因 $NPV(25\%)>0$，说明 25%取小了，应加大 i。

取 i_2=27%，则有

$$NPV(i_2)=-1000+600/(1+0.27)+500/(1+0.27)^2+400/(1+0.27)^3$$
$$=-22.283\text{（万元）}$$

因 $NPV(27\%)<0$，说明使 *NPV*(IRR)=0 的 *IRR* 值（内部收益率）在 25%～27%之间。此时利用公式（3.18）可求得 *IRR* 值为

$$IRR=25\%+2\%\times[4.8/(4.8+22.283)]=25.35\%$$

即上述投资方案的内部收益率为 25.35%。

2.6.3 内部收益率与方案评价

内部收益率 *IRR* 实质上描述的是投资方案本身的“效率”，当求得的投资方案的效率较进行其他投资的效率（例如基准收益率 i_c 或设定的收益率）大时，说明前者较后者好。因而，有下述关系成立：当 $IRR > i_c$ 时，该方案可接受；当 $IRR < i_c$ 时，该方案应予拒绝。但内部收益率法不能直接用于多方案的比选。

2.6.4 内部收益率的经济涵义

内部收益率是用以研究项目方案全部投资的经济效益问题的指标，其数值大小与项目初始投资和项目在寿命期内各年的净现金流量的大小有关。内部收益率表达的不是一个项目初始投资在整个寿命期内的盈利率，而是尚未回收的投资余额的年盈利率。仍以例 3.10 为例，根据求出的 *IRR*=25.35%，表示尚未偿还的（即仍在占用的）资金在 25.35%的利率情况下，第 3 年年末可以使占用资金全部偿还，具体偿还过程如图 3.6 所示。

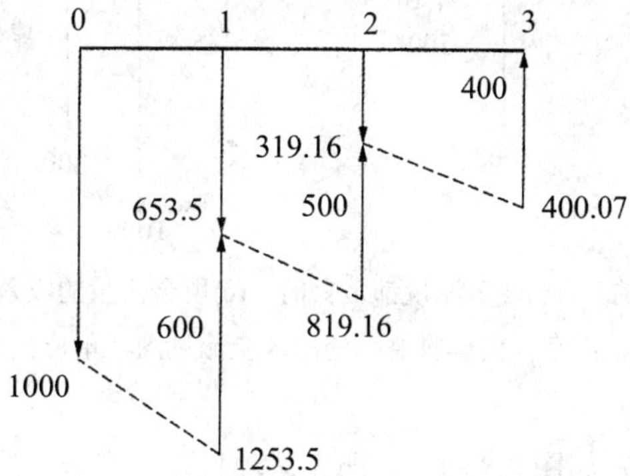

图 3.6 资金偿还过程（单位：万元）

如果第 3 年年末的净收益不是 400 万元而是 440 万元，那么按 25.35%的利率，到期末除全部偿还占用的资金外，还有 40 万元的富余。为了期末刚好使资金全部偿还，利率还可高于 25.35%，即 *IRR*＞25.35%。

内部收益率的经济涵义也可以这样理解：在项目的整个寿命期内按利率 $i=IRR$ 计算，始终存在未能收回的投资，而在寿命期结束时，投资恰好被完全收回。也就是说，在项目寿命期内，项目始终处于“偿付”未被收回的投资的状况。因此，*IRR* 可以理解为工程项目对占用资金的一种偿还能力，这种能力完全取决于项目内部，其值越高，一般来说方案的经济性越好，故有“内部收益率”之称谓。

2.6.5 与内部收益率有关的几个问题的讨论

（1）内部收益率具有多个解的情况

内部收益率公式（3.18）是一个高次方程，求内部收益率实际是求方程的根。一个 n 次方程必有 n 个根（包括复数根和重根），故其正实数根可能不止一个。因此，内部收益率方程可能有多个解。

净现金流序列符号只变一次的项目称作常规项目；净现金流序列符号变化多次的项目称作非常规项目。可以证明，对于非常规项目，只要内部收益率方程存在多个正根，则所有的根都不是真正的项目内部收益率，这时内部收益率法失效。但若非常规项目的内部收益率方程只有一个正根，则这个根就是项目的内部收益率。

例如，对表 3.10 中的净现金流量序列，内部收益率方程的实数根为 i_1=12.97%，i_2=−230%，

i_3=–142%，这里大于 0 的 i 只有 i_1，根据 i_1 各年末回收的投资余额计算结果如表 3.10 所示。很容易判定 12.97%是项目的内部收益率。

表 3.10　符号变化多次的净现金流量表　　单位：万元

年末	0	1	2	3	4	5	备注
净现金流量	–100	60	50	–200	150	100	
未回收的投资	–100	–52.97	–9.84	–211.12	–88.5	0	i_1=12.97%

（2）内部收益率不存在

如图 3.7 所示的三种现金流量都不存在有明确经济涵义的内部收益率。

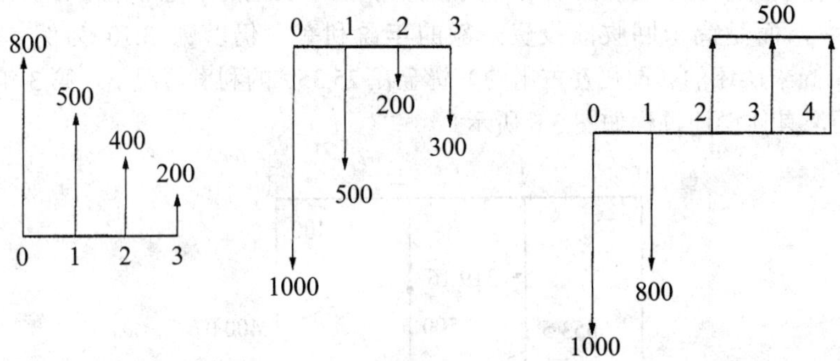

(a)现金流量都是正的　(b)现金流量都是负的　(c)现金流量的收入代数和小于支出代数和

图 3.7　不存在内部收益率的净现金流量图（单位：万元）

（3）非投资的情况

这是一种较特殊的情况，如图 3.8 所示，即先从项目取得资金，然后偿付项目的有关费用，如现有项目的转让。

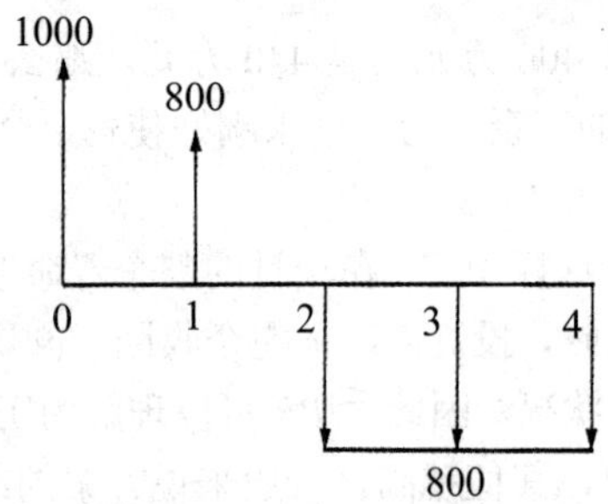

图 3.8　非投资情况（单位：万元）

2.6.6　内部收益率法的优缺点

（1）优点

1）反映了投资的使用效率，概念清晰、明确。

2）内部收益率仅根据工程项目本身的现金流量就可求出来，避免了像计算净现值或净年值时需要事先给定既困难又易引起争议的基准收益率。

（2）缺点

1）不能在所有情况下给出唯一的确定值。

2）在多方案比较时不能按内部收益率的高低直接决定方案的取舍，而要用差额投资内部收益率指标进行比选。

2.7 差额投资内部收益率法

差额投资内部收益率是两方案各年净现金流量差额的现值之和等于 0 时的折现率或是两方案净现值相等时的折现率，用符号ΔIRR表示，其表达式为

$$\sum_{t=0}^{n}\left[(CI-CO)_2-(CI-CO)_1\right]_t(1+\Delta IRR)^{-t}=0$$

或

$$\sum_{t=0}^{n}(CI-CO)_{2t}(1+\Delta IRR)^{-t}=\sum_{t=0}^{n}(CI-CO)_{1t}(1+\Delta IRR)^{-t} \tag{3.20}$$

式中：

$(CI–CO)_2$——投资大的方案年净现金流量；

$(CI–CO)_1$——投资小的方案年净现金流量。

进行方案比较时，当$\Delta IRR > i_c$（基准收益率或要求达到的收益率）或$\Delta IRR > i_s$（社会折现率）时，投资大的方案所耗费的增量投资的内部收益要大于要求的基准值，以投资大的方案为优；反之则以投资小的方案为优。当$\Delta IRR=i_c$时，两方案在经济上等值，一般考虑选择投资大的方案。

对于 3 个以上（含 3 个）的方案，通常采用“环比法”进行比较，即首先将各方案按投资额现值的大小从低到高进行排序，然后按照差额投资内部收益率法比较投资额为最低和次低的方案，当$\Delta IRR_{大-小} > i_c$时以投资大的方案为优，反之则以投资小的方案为优。选出的方案再与下一个（投资额第三低的）方案进行比选。以此类推，直至最后一个保留的方案即为最优方案。

【例 3.12】A 与 B 两个投资方案各年的现金流量如表 3.11 所示。试进行方案的评价选择，设i_c=10%。

表 3.11　A 与 B 两方案净现金流量表

年份	0	1～10
A 方案的净现金流量（万元）	–200	39
B 方案的净现金流量（万元）	–100	20

【解】1）求 NPV：

$$NPV_A=-200+39(P/A, 10\%, 10)=39.62（万元）$$
$$NPV_B=-100+20(P/A, 10\%, 10)=22.88（万元）$$

2）求 IRR：

由

$$-200+39(P/A, IRR_A, 10)=0$$

解得

$$IRR_A=14.4\%$$

由

$$-100+20(P/A, IRR_B, 10)=0$$

解得

$$IRR_B=15.1\%$$

由于 $NPV_A > NPV_B$，按净现值最大准则，A 方案优于 B 方案。但如何解释 $IRR_B > IRR_A$ 呢？对此，要用差额投资内部收益率指标进行比选。

$$\Delta NPV=(200-100)+(39-20)(P/A, 10\%, 10)=16.75\text{（万元）}$$

由公式（3.20）可得

$$(200-100)+(39-20)(P/A, \Delta IRR, 10)=0$$

求得$\Delta IRR=13.84\%$。

由于$\Delta IRR=13.84\%>i_c=10\%$，表明 A 方案的总投资 200 万元之中有 100 万元的 *IRR* 与 B 方案的 *IRR* 相同，都是 15.1%；另有 100 万元的收益率较低，*IRR* 为 13.84%，但仍然大于 i_c（10%）。因此，投资大的 A 方案优于投资小的 B 方案。而$\Delta NPV>0$ 也印证了结论的正确性。

当寿命期不同的方案采用差额投资内部收益率法进行方案比较时，采用两方案年值相等时的折现率计算差额投资内部收益率更为方便。

【例 3.13】某建筑公司可用两种新设备来更换现有旧设备，设备 A 的使用寿命为 5 年，设备 B 的使用寿命为 8 年，两方案的投资及年经营费用如图 3.9 所示。设 i_c=12%，试分析选择哪个方案。

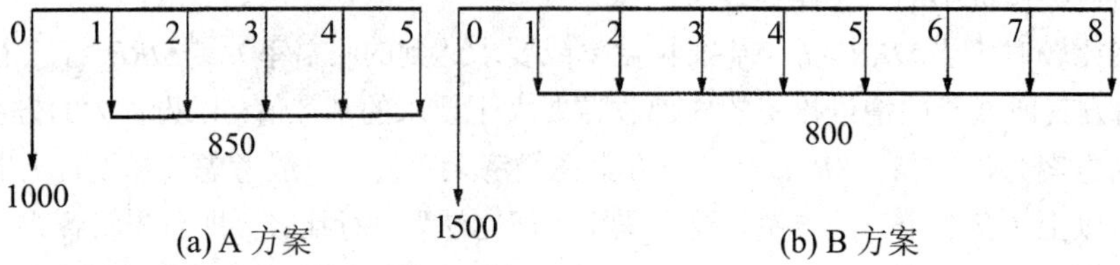

图 3.9　A、B 方案费用流量图（单位：万元）

【解】本例中 A、B 两方案的效益是相同的，年值可用年费用 *AC* 来代替，两方案的年费用分别为

$$AC_A = 1000(A/P, \Delta IRR, 5)+850$$

$$AC_B = 1500(A/P, \Delta IRR, 8)+800$$

求两个方案年值相等的折现率，可得

$$1000(A/P, \Delta IRR, 5)+850=1500(A/P, \Delta IRR, 8)+800$$

通过试算，求得$\Delta IRR=18.36\%>i_c=12\%$，故投资大的 B 方案较优。

2.8　*IRR*、Δ*IRR*、*NPV*、Δ*NPV* 之间的关系

通过 *NPV* 函数图来说明 *IRR*、Δ*IRR*、*NPV*、Δ*NPV* 之间的关系。例如，有 D、E 两个互斥方案，现金流量图如图 3.10(a)、图 3.10(b)所示，两者形成的差额现金流量图如图 3.10(c)所示。

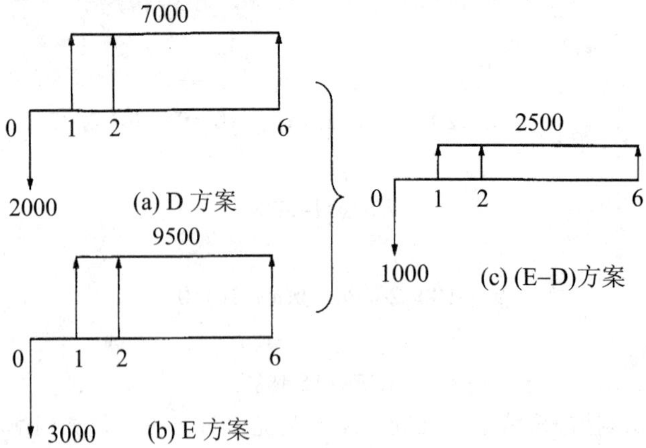

图 3.10　D、E 方案现金流量图（单位：万元）

根据现金流量，分别计算 D、E 两方案的内部收益率，得 IRR_D= 26.4%，IRR_E= 22.1%。两方案的 NPV 函数曲线如图 3.11 所示。两线的交点位于 i^*，则

$$NPV_D(i^*)=NPV_E(i^*)$$

即

$$-2000+7000(P/A, i^*, 6)=-3000+9500(P/A, i^*, 6)$$

求得

$$i^*=13\%$$

若以各方案的内部收益率来看，则 $IRR_D > IRR_E$。然而从图 3.11 中可发现：

1）当 $i_c < i^*$时，$IRR_D(i_c) < IRR_E(i_c)$，则 E 方案优于 D 方案；

2）当 $i_c > i^*$时，$IRR_D(i_c) > IRR_E(i_c)$，则 D 方案优于 E 方案。

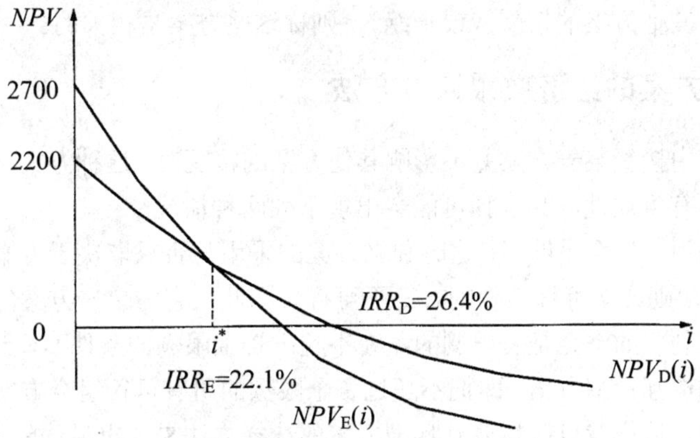

图 3.11　D、E 方案的 NPV 函数图

所以，正如在前文中所述，不能简单地直接以 IRR 的大小来对互斥方案进行经济上的比较。根据图 3.10(c)所示的 D 与 E 方案所形成的差额方案的现金流量图，差额净现值函数为

$$\Delta NPV_{E-D}(i)=-1000+2500\times(P/A, i, 6)$$

令上式等于 0，则求得差额内部收益率ΔNPV_{E-D}= 13%，如图 3.12 所示。

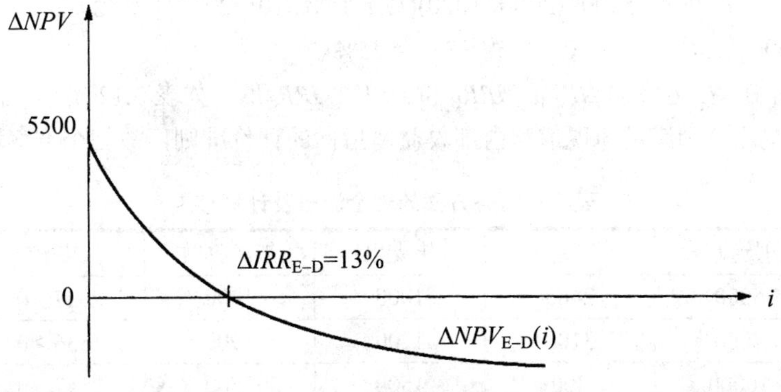

图 3.12　D、E 方案的ΔNPV 函数图

比较图 3.11 和图 3.12，可发现ΔIRR 就是使两个方案净现值相等的折现率，或者说是使两个方案优劣相等的折现率。显然：

1）当 $i_c=\Delta NPV_{E-D}$=13%时，必有$\Delta NPV_{E-D}=0$，则 D、E 方案在经济上等值；

2）当 $i_c < \Delta NPV_{E-D}$= 13%时，必有$\Delta NPV_{E-D} > 0$，则 E 方案在经济上优于 D 方案；

3）当 $i_c > \Delta NPV_{E-D}$= 13%时，必有$\Delta NPV_{E-D} < 0$，则 E 方案在经济上劣于 D 方案。

因此，用Δ*NPV* 法和Δ*IRR* 法判断方案优劣的结论是一致的。Δ*NPV* 法是常用的方法，Δ*IRR* 法适用于无法确定基准收益率的情况。

课题 3　投资方案的类型与评价方法

通常，投资方案有三种不同类型：一是互斥（互不相容）的投资方案，即在一组投资方案中接受了某一方案便不能再接受其他的方案；二是相互独立的投资方案，即在一组方案中采纳了某一方案并不影响再采纳其他的方案，只要资金充裕，可以同时兴建几个项目，它们之间互不排斥；三是相关的投资方案，即在多个方案之间，如果接受（或拒绝）某一方案，会显著改变其他方案的现金流量，或者会影响对其他方案的接受（或拒绝），则称这些方案是相关的。

3.1　独立型方案的经济效果评价方法

当在一系列方案中接受某一方案并不影响其他方案的接受时，这种方案称为独立型方案。独立型方案之间的效果具有可加性，其选择可能会出现下列两种情况。

一种是企业可利用的资金足够多，这时独立方案的采用与否只取决于方案自身的经济性，即只要 $NPV > 0$，$IRR > i_c$，则方案可行，否则方案不可行。因此，它与单一方案的评价方法是相同的。

另一种是企业可利用的资金是有限制的，在不超出资金限额的条件下，选出最佳的方案组合。这类问题的处理是构造互斥型方案，即把不超过资金限额的所有可行组合方案排列出来，使得各组合方案之间是互斥的，这样就可以按照互斥型方案的选择方法来选出最佳的方案组合。

【例 3.14】（重要案例）有三个相互独立的方案 A、B、C，其寿命期均为 10 年，现金流量如表 3.12 所示，设 i_c=15%。

1）当资金无限额时，试判断各方案的经济可行性；

2）当资金限额为 18000 万元，应如何选择方案？

【解】1）以 A 方案为例，NPV_A、IRR_A 的计算过程和结果如下：

$$NPV_A=-5000+(2400-1000)(P/A, 15\%, 10)=2027\text{（万元）}$$

由$-5000+1400(P/A, IRR_A, 10)=0$，解得 $IRR_A = 25\%$。

同理，可求得 B、C 方案的 NPV_B、IRR_B 和 NPV_c、IRR_c 值，如表 3.12 所示。由表 3.12 可知，A、B、C 三个方案均分别满足净现值和内部收益率指标的评价准则，故三个方案均可接受。

表 3.12　各方案的现全流量及计算结果　　　　**单位：万元**

方案	初始投资	年收入	年支出	年净收益	*NPV*	*IRR*
A	5000	2400	1000	1400	2027>0	$25\% > i_c$
B	8000	3100	1200	1900	1536>0	$20\% > i_c$
C	10000	400	1500	2500	2547>0	$22\% > i_c$

由表 3.12 可见，对于独立方案，不论采用净现值还是内部收益率评价指标，评价结论都是一样的。同时也可看出，内部收益率评价指标不能用于方案比选，方案比选应采用差额内部收益率法。

2）列出所有的互斥方案组合，共 2^3=8 个（包括全不投资方案）。如果本题采用净现值法，在资金限额不超过 18000 万元的方案组合中，以净现值最大选取最佳方案组合，如表 3.13 所示。

表 3.13 方案组合计算表 单位：万元

序号	1	2	3	4	5	6	7	8
方案组合	0	A	B	C	A+B	A+C	B+C	A+B+C
初始投资	0	5000	8000	10000	13000	15000	18000	23000
年净收益	0	1400	1900	2500	3300	3900	4400	5800
净现值	0	2027	1536	2547	3563	4574	4083	6110

从表 3.13 可看出，资金不超过 18000 万元限额的方案组合有 7 个，即 0、A、B、C、A+C、A+B 和 B+C，其中 A+C 方案组合的净现值最大，故选 A、C 两方案。

3.2 互斥型方案的经济效果评价方法

在互斥型方案中，经济效果评价包含了两部分内容：一是考察各个方案自身的经济效果，称为绝对效果检验；二是考察哪个方案相对最优，称为相对效果检验。通常两种检验缺一不可。互斥型方案经济效果评价的特点是要进行方案比选，因此，必须使各方案在使用功能、定额标准、计费范围及价格等方面满足可比性。

互斥型方案评价中使用的评价指标有净现值、净年值、费用现值、费用年值和差额内部收益率等。下面分三种情况讨论互斥型方案的经济效果评价。

3.2.1 寿命相等的互斥型方案的经济效果评价

（1）净现值法和差额内部收益率法

仍以例 3.14 的背景为例，将例 3.14 改为以下条件。

【例 3.15】（重要案例）有三个等寿命的互斥方案，现金流量如表 3.14 所示，其寿命期均为 10 年，设 i_c=15%，试选择最佳方案。

表 3.14 各方案的现金流量及计算结果 单位：万元

方案	初始投资	年净收益	*NPV*	*IRR*	ΔIRR	方案取舍
A	5000	1400	2027＞0	25%＞i_c		
B	8000	1900	1536＞0	20%＞i_c	ΔIRR_{B-A}=10.59%＜i_c	①舍弃 B
C	10000	2500	2547＞0	22%＞i_c	ΔIRR_{C-A}=17.86%＞i_c	②舍 A 选 C

【解】由表 3.14 可知，A、B、C 三个方案均分别满足净现值和内部收益率指标的评价准则，即通过了绝对经济效果检验，故三个方案均可行。

下面进行相对效果检验，即考察选出相对最优的方案。由于净现值、净年值、内部收益率指标的评价结论的一致性，现用差额内部收益率法和环比法对三个方案进行评价，如表 3.14 所示，计算过程如下：

由$-(8000-5000)+(1900-1400)(P/A, \Delta NPV_{B-A}, 10)=0$，解得

$$\Delta NPV_{B-A}=10.59\%<i_c=15\%$$

故应拒绝投资额大的 B 方案而选择投资额小的 A 方案。

再由$-(10000-5000)+(2500-1400)(P/A, \Delta IRR_C, 10)=0$，解得

$$\Delta NPV_{C-A}=17.86\%>i_c=15\%$$

这表明 C 方案中有 5000 万元的 IRR 与 A 方案的 IRR 相同，都是 25%，另外 5000 万元的 $IRR=17.86\%>15\%$。

最后决策：由于 C 方案的净现值（或净年值）最高，且 $IRR=22\%$，$\Delta IRR_{C-A}=17.86\%$，均大于 i_c，故最终选择 C 方案为最优方案。

对于仅有费用现金流量的互斥方案的比选，可采用差额内部收益率法进行。在这种情况下，实际上是把增量投资所导致的对其他费用的节约看成是增量收益。

【例 3.16】两个收益相同的互斥方案 A 与 B 的费用现金流量如表 3.15 所示，寿命期均为 15 年，试选择最佳方案，设 $i_c=10\%$。

表 3.15　互斥方案的费用现全流亮表　　单位：万元

方案	A	B	增量费用现金流量（B–A）
初始投资	150	225	75
年费用支出	17.520	9.825	–7.695

【解】1）采用差额内部收益率法。

$$75-7.695(P/A, \Delta NPV_{B-A}, 15)=0$$

解得$\Delta NPV_{B-A}= 6.14\%$。

由于$\Delta NPV_{B-A}<i_c=10\%$，故可断定投资额小的 A 方案优于投资额大的 B 方案。

2）采用费用现值法。

$$PC_A= 150+17.52(P/A, 10\%, 15)= 150+17.52\times7.606= 283.257\text{（万元）}$$

$$PC_B= 225+9.825(P/A, 10\%, 15)= 225+9.825\times7.606= 299.73\text{（万元）}$$

由于 $PC_A<PC_B$，根据费用现值（或年值）的选优准则，费用现值或费用年值最小者为最优方案，可判定 A 方案优于 B 方案，故应选择 A 方案。

从比选结果可见，费用现值法与差额内部收益率法的比选结论一致。

（2）投资回收期法

用投资回收期法评价互斥方案的步骤如下：

1）把方案按投资额从小到大的顺序排列；

2）计算每个方案的投资回收期，淘汰投资回收期大于基准投资回收期的方案；

3）依次计算各对比方案间的差额投资回收期，凡差额投资回收期小于基准投资回收期者应舍弃投资较小的方案而保留投资较大的方案，最后一个保留的方案即为被选方案。

【例 3.17】某项目有两种备选方案，A 方案的总投资额为 1300 万元，估计每年净收益为 299 万元；B 方案的总投资额为 1820 万元，估计每年净收益为 390 万元。试用投资回收期法确定最优方案，基准折现率为 6%，基准投资回收期为 8 年。

【解】1）计算 A、B 方案的投资回收期。

A 方案：

$$-1300 + 299(P/A, 6\%, P'_{DA})= 0$$

$$(P/A, 6\%, P'_{DA})=1300/299=4.35$$

用线性内插法求得 $P'_{DA}=5.2<8$（年），可行。

B 方案：

$$-1820+390(P/A, 6\%,\ P'_{DB})=0$$

$$(P/A, 6\%,\ P'_{DB})=1820/390=4.67$$

用线性内插法求得 $P'_{DB}=5.6<8$（年），可行。

2）计算差额投资回收期。

$$-(1820-1300)+(390-299)[P/A, 6\%,\ P'_{D(B-A)}]=0$$

$$[P/A, 6\%,\ P'_{D(B-A)}]=520/91=5.71$$

用线性内插法求得 $P'_{D(B-A)}=7.2$（年）。

由于 B 方案对 A 方案的差额投资回收期为 7.2<8（年），故应选择投资较大的 B 方案。

3.3.2 寿命不等的互斥型方案的经济效果评价

寿命期不等的互斥方案的比较主要采用净现值法和净年值法。

（1）净现值法

当互斥方案寿命不等时，通常各方案在各自寿命期内的净现值不具有可比性，这时必须设定一个共同的分析期。分析期的设定一般有以下两种方法。

1）最小公倍数法。此法取备选方案寿命期的最小公倍数作为共同的分析期，同时假定备选方案可以在其寿命结束后按原方案重复实施若干次。例如，有两个备选方案，A 方案的寿命期为 6 年，B 方案的寿命期为 9 年，则共同的寿命期为 6 和 9 的最小公倍数 18 年，这时 A 方案和 B 方案需分别重复 3 次和 2 次。

2）分析期法。根据对未来市场状况和技术发展前景的预测直接选取一个合适的分析期，假定寿命期短于此分析期的方案重复实施。在备选方案寿命期比较接近的情况下一般取最短的方案寿命期作为分析期。

【例 3.18】试对表 3.16 中三项寿命不等的互斥投资方案做出取舍决策。基准收益率 i_c=15%，各方案的现金流量如图 3.13 所示。

表 3.16　寿命不等互斥方案的现金流量表

方案	初始投资（万元）	残值（万元）	年度支出（万元）	年度收入（万元）	寿命（年）
A	6000	0	1000	3000	3
B	7000	200	1000	4000	4
C	9000	300	1500	4500	6

【解】用最小公倍数法按净现值法对方案进行评价，计算期为 12 年。

$$\begin{aligned}NPV_A=&-6000-6000(P/F, 15\%, 3)-6000(P/F, 15\%, 6)\\&-6000(P/F, 15\%, 9)+(3000-1000)(P/A, 15\%, 12)\\=&-3402.6\text{（万元）}\end{aligned}$$

$$\begin{aligned}NPV_B=&-7000-7000(P/F, 15\%, 4)-7000(P/F, 15\%, 8)\\&+(4000-1000)(P/F, 15\%, 12)+200(P/F, 15\%, 4)\\&+200(P/F, 15\%, 8)+200(P/F, 15\%, 12)\\=&3189.22\text{（万元）}\end{aligned}$$

$$\begin{aligned}NPV_C=&-9000(P/F, 15\%, 6)-9000+(4500-1500)\times(P/A, 15\%, 12)\\&+300(P/F, 15\%, 6)+300(P/F, 15\%, 12)\\=&3558.06\text{（万元）}\end{aligned}$$

由于 $NPV_C > NPV_B > NPV_A$，故选取 C 方案。

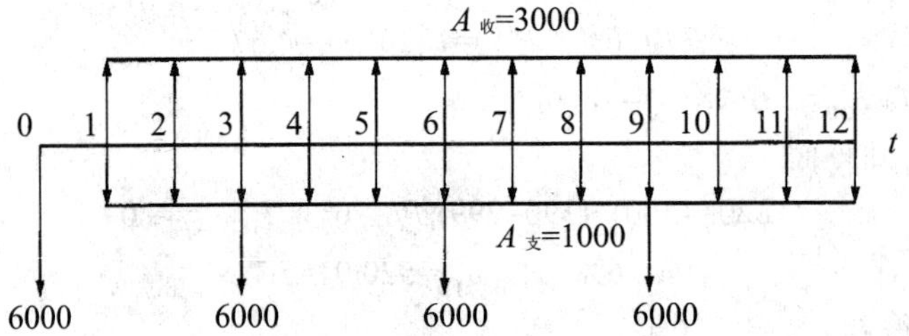

(a) A 方案

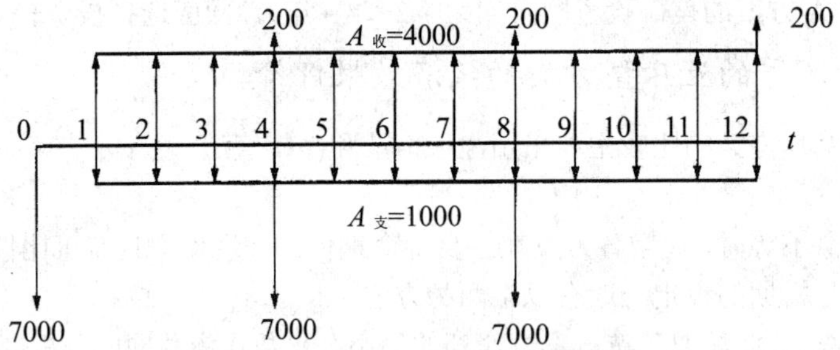

(b) B 方案

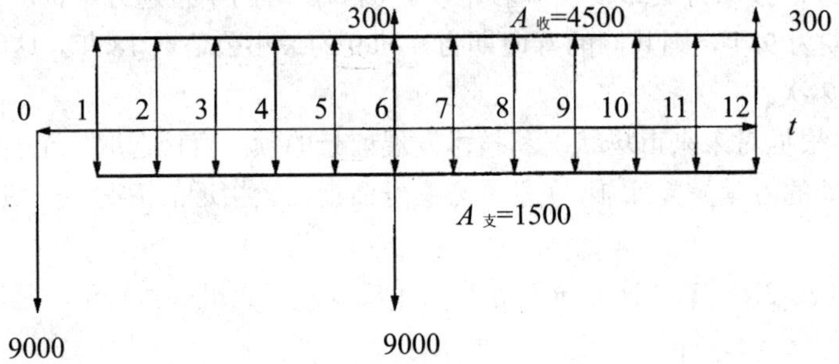

(c) C 方案

图 3.13　三个方案的现金流量图

（2）净年值法

在对寿命不等的互斥方案比选时，净年值法是最为简便的方法。净年值法以“年”为时间单位比较各方案的经济效果，从而使寿命不等的互斥方案具有可比性。

净年值法的判别准则为：$NAV>0$，且该值最大的方案是最优可行方案。

【例 3.19】对例 3.18 中的三个方案用净年值法进行评价，i_c=15%。

【解】如图 3.14 所示。

A 方案：

$$\begin{aligned} NAV_A &= -6000(A/P, 15\%, 3)+3000-1000 \\ &= -6000\times 0.43789+3000-1000 \\ &= -627.34\text{（万元）} \end{aligned}$$

B 方案：

$$\begin{aligned} NAV_B &= -7000(A/P, 15\%, 4)+4000-1000+200(A/F, 15\%, 4) \\ &= 588.164\text{（万元）} \end{aligned}$$

C 方案：

$$NAV_C=-9000\ (A/P,15\%,6)+4500-1500+300(A/F,15\%,6)$$
$$=656.11\ (\text{万元})$$

由于 $NAV_C>NAV_B>NAV_A$，故 C 方案最优，与净现值法结论一致。

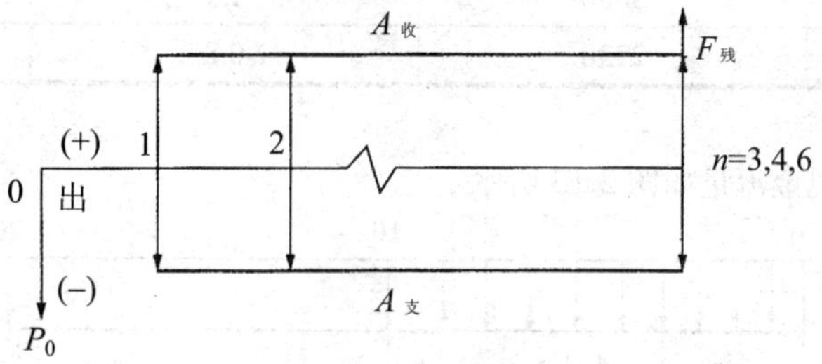

图 3.14　现金流量图

对于仅有或仅需要计算费用现金流量的寿命不等的互斥方案，可以比照净现值法或净年值法用费用现值法或费用年值法进行比选。判别准则是：费用现值或费用年值最小的方案为优。

3.2.3　无限寿命的互斥型方案的经济效果评价

有些项目（如铁路、公路、桥梁、涵洞、水库、机场等）的服务年限可视为无限长。即使项目的服务年限不是无限长，但当服务年限比较长时（如超过 50 年），动态分析对遥远的未来已经不太敏感。例如，当 i=4%时，45 年后的 1 元现值约为 0.171 元，50 年后的 1 元现值约为 0.141 元。当 i=6%时，30 年后的 1 元现值约为 0.174 元，50 年后的 1 元现值约为 0.0543 元。在这种情况下，项目寿命可视为无限长。

（1）现值法

按无限长寿命计算出的现值 P 一般称为资金成本或资本化成本。资本化成本 P 的公式为

$$P=A/i \tag{3.21}$$

证明：

$$P=A\left[\frac{(1+i)^n-1}{i(1+i)^n}\right]=A\left[\frac{1}{i}-\frac{1}{i(1+i)^n}\right]$$

当 n 趋近于无穷大时，有

$$P=\lim_{n\to\infty}\left[\frac{1}{i}-\frac{1}{i(1+i)^n}\right]=\frac{A}{i}$$

资本化成本的含义是指与一笔永久发生的年金等值的现值。资本化成本从经济意义上可以解释为一项生产资金需要现在全部投入并以某种投资效果系数获利，以便取得一笔费用来维持投资项目的持久性服务。这时只消耗创造的资金，而无须耗费最初投放的生产资金，因此该项生产资金在下一周期内可以继续获得同样的利润，用以维持所需的费用，如此不断循环下去。

对无限期互斥方案进行净现值比较的判别准则是：$NPV>0$，且该净现值最大的方案是最优方案。

对于仅有费用现金流量的互斥方案，可以比照净现值法用费用现值法进行比选。判别准则是：费用现值最小的方案为优。

【例 3.20】某河上欲建大桥，有 A、B 两个选点方案，如表 3.17 所示，若基准折现率 i_c=10%，试比较何者为优。

表 3.17　选点方案　　单位：万元

方案	一次投资	年维护费	再投资
A	3080	1.5	5（每 10 年一次）
B	2230	0.8	4.5（每 5 年一次）

【解】两方案的现金流量如图 3.15 所示。

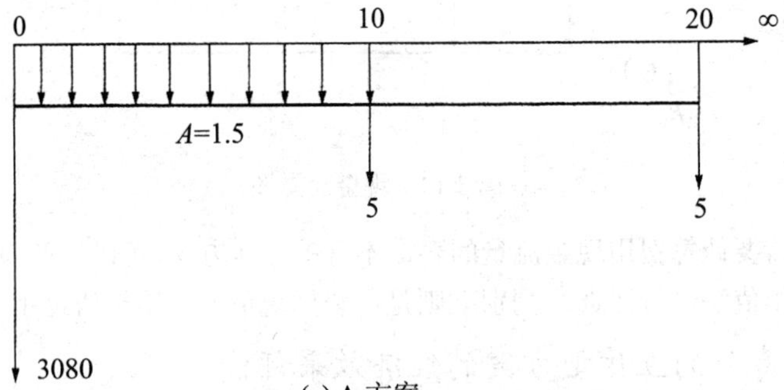

(a) A 方案

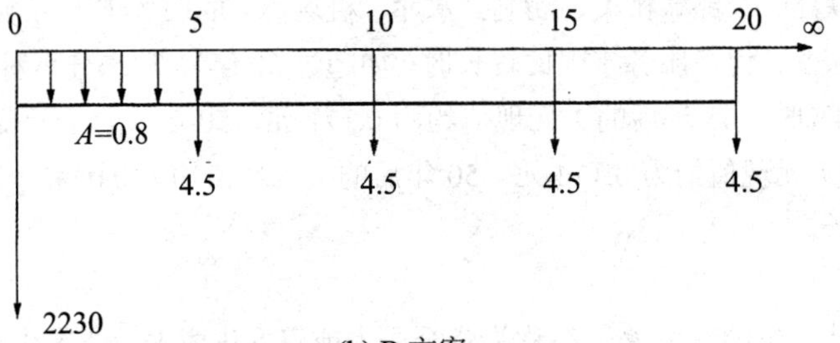

(b) B 方案

图 3.15　现金流量图（单位：万元）

$$PC_A = 3080 + \frac{A}{i} = 3080 + \frac{1.5 + 5(A/F,10\%,10)}{10\%} = 3098.13 \text{（万元）}$$

$$PC_B = 2230 + \frac{A}{i} = 2230 + \frac{0.8 + 4.5(A/F,10\%,5)}{10\%} = 2245.37 \text{（万元）}$$

由于 $PC_B < PC_A$，故 B 方案为优。

（2）净年值法

无限寿命的年值可以用下面的公式为依据计算：

$$A=P\times i \tag{3.22}$$

对无限期互斥方案进行净年值比较的判别准则是：$NAV>0$，且该值最大的方案是最优方案。

对于仅有或仅需计算费用现金流量的互斥方案，可以比照净年值法，用费用年值法进行比选。判别准则是：费用年值最小的方案为优。

课题 4　不确定性分析

4.1　投资项目决策分析与评价中的不确定性

4.1.1　不确定性的由来

客观事物发展多变的特点以及人们对客观事物认识的局限性使得技术经济分析中各因素的实际情况很难准确测定，像技术进步和革新指标、价格浮动指标、生产能力指标等，加上政治、社会、道德、文化、风俗习惯等因素的共同作用，并且这些因素随着时间的推移又不断发生变化，因而客观事物的发展结果可能会偏离人们的预期。可见，技术经济分析的结论并非是绝对的，投资项目也不例外。

尽管在投资项目决策分析与评价工作中已就项目市场、采用技术、设备、工程方案、环境保护、配套条件、投融资和投入产出、价格等方面做了尽可能详尽的研究，但项目经营的未来状况仍然可能与设想状况发生偏离，项目实施后的实际结果难免会与预测的基本方案产生偏差，投资项目因而有可能面临潜在的风险。这是由于上述投资项目决策分析与评价工作所采用的各项数据都是根据历史数据和经验对将来相当长一段时期进行预测得到的。项目经济评价的数据多数来自预测和估算，而预测的不确定性已为人所共知。因此，这些数据都或多或少带有某种不确定性，致使投资项目的决策分析与评价结果具有不确定性。为了尽量避免投资决策失误，有必要进行不确定性分析。

4.1.2　不确定性分析的概念

不确定性分析是对决策方案受到各种事前无法控制的外部因素（如人力、物力、资金、固定资产投资、生产成本、产品售价等）变化与影响所进行的研究与估计，是研究技术方案中主要不确定性因素对经济效益影响的一种方法。这些因素变化给项目经济效果评价所带来的影响越强烈，表明所评价的项目及其方案对此因素越敏感。对于这些敏感因素，要求项目决策者和投资者予以充分的重视和考虑。

在完成对投资项目基本方案的财务评价和国民经济评价之后，为了了解在不确定性条件下投资项目效益的可能变化，以提供充分的信息为决策服务，在投资项目决策分析与评价过程中必须进行不确定性分析。不确定性分析包括盈亏平衡分析（损益平衡分析）、敏感性分析（灵敏度分析）和概率分析（风险分析）等方法和内容。盈亏平衡分析一般只用于财务评价，敏感性分析和概率分析可同时用于财务评价和国民经济评价。

4.1.3　不确定性分析的目的及应对风险的策略

进行不确定性分析是为了分析不确定因素，尽量弄清和减少不确定因素对经济效果评价的影响，以预测项目可能承担的风险，确定项目在财务上、经济上的可靠性，避免项目投产后因不能获得预期的利润和收益而致使投资不能如期收回或给企业造成亏损。在项目评价中，不确定性就意味着项目带有风险性。风险性大的工程项目必须具有较大的潜在获利能力。

任何经济活动都可能有风险，风险通常有四种基本方式：①风险回避（即完全规避风险）；②风险降低；③风险转移；④风险自留。投资者必须清楚风险和收益是相伴的，不能将风险应对行动视为资源浪费，而应将其作为会产生收益的一种投资。

4.2 盈亏平衡分析法

4.2.1 盈亏平衡点及盈亏平衡分析的概念

各种不确定因素的变化会影响投资方案的经济效果，当这些因素的变化达到某一临界值时，就会影响方案的取舍，如价格、产量（销售量）等。盈亏平衡分析的目的就是找出这些参数变化的临界值，即盈利与亏损的转折点，称为盈亏平衡点 *BEP*（break even point），或称为保本点。盈亏平衡点越低，说明项目盈利的可能性越大，亏损的可能性越小，因而项目有较大的抗风险能力。通过盈亏平衡分析找出不发生亏损的经济界限，以便判断投资方案对不确定因素变化的承受能力，为投资者决策提供依据。

盈亏平衡分析又叫损益平衡分析，在投资分析中有广泛的用途。它不仅可对单个方案进行分析，而且还可用于对多个方案进行比较。它是根据拟建项目正常生产年份的产量（销售量）、投资、成本、产品价格、项目寿命期、税金等，研究拟建项目以上参数发生变化与平衡关系的方法。最常见的是研究产量、成本和利润之间的关系，即“量、本、利分析”。

4.2.2 固定成本与变动成本

盈亏平衡分析是将成本划分为固定成本与变动成本。假定产销量一致，根据项目正常年份的产量、成本、售价和利润四者之间的函数关系，分析产销量对项目盈亏的影响。

固定成本是指在一定的产量范围内不随产量的增减变动而变化的成本，如辅助人员工资、折旧及摊销费、维修费等；而变动成本是指随产量的增减变动而成正比例变化的成本，如原材料的消耗、直接生产用辅助材料、燃料、动力等。

在盈亏平衡分析中分离固定成本和变动成本的常用方法有以下三种。

（1）费用分解法

费用分解法就是按会计项目的费用属性进行归类分离的方法。

（2）高低点法

高低点法就是取历史资料中产量最高和最低两个时期的成本数据为样本，求出单位变动成本后，推求固定成本和变动成本的方法，即

$$C_v=\frac{C_{\max}-C_{\min}}{Q_{\max}-Q_{\min}} \tag{3.23}$$

式中：

C_v——单位产品变动成本；

$C_{\max}$——最高产量时期的成本额；

$C_{\min}$——最低产量时期的成本额；

$Q_{\max}$——最高产量；

$Q_{\min}$——最低产量。

求出单位变动成本 C_v 后，便可得到

$$V=C_vQ \tag{3.24}$$

$$F=C-V \tag{3.25}$$

式中：

V——变动成本；

F——固定成本；

C——成本总额；

Q——产品销售量（产量）。

（3）回归分析法

回归分析法就是采用一无线性回归方程 $C=F+C_vQ$（即 $y=a+bx$）来描述成本与产量之间的线性相关关系的方法。根据回归分析法的基本原理，系数 C_v、F 可由下面的式子求得：

$$C_v=\frac{\sum AC_A-\overline{Q}\sum C_A}{\sum Q^2-\overline{Q}\sum Q} \tag{3.26}$$

$$F=\overline{C}_A-C_v\overline{Q} \tag{3.27}$$

$$C_A=F+C_vQ \tag{3.28}$$

式中：

C_A——年成本；

$\overline{C}_A$——统计期各年成本的平均值，$\overline{C}_A=\frac{1}{n}\sum_{t=1}^{n}C_{At}$；

$\overline{Q}$——统计期各年产量的平均值，$\overline{Q}=\frac{1}{n}\sum_{t=1}^{n}Q_t$；

n——统计期数。

由于回归分析考虑了统计期各年的所有数据，因此比高低点法更合理、更准确，所以在成本分离方面应用较普遍。

4.2.3 线性盈亏平衡分析

独立方案盈亏平衡分析的目的是通过分析产品产量、成本与方案盈利能力之间的关系，找出投资方案盈利与亏损在产量、产品价格、单位产品成本等方面的界限，即盈亏平衡点，以判断在各种不确定因素作用下方案的风险情况。

（1）销售收入、成本费用与产品产量的关系

进行分析的前提是：

1）产品按销售量组织生产，即产品销售量等于产量；

2）产量变化，其他指标（如单位可变成本、产品售价等）不变，从而总成本费用（或销售收入）是产量（或销售量）的线性函数；

3）只生产单一产品，或者生产多种产品但可以换算为单一产品计算，也即不同产品负荷率的变化是一致的，即

$$TR=PQ \tag{3.29}$$

式中：

TR——销售收入；

P——单位产品价格（不含销售税）。

项目投产后，其总成本费用可分为固定成本和变动成本两部分。在经济分析中，一般可以近似地认为变动成本与产品产量成正比例关系。因此，总成本费用与产品产量的关系也可以近似地认为是线性关系，即

$$TC=F+C_vQ \tag{3.30}$$

式中：

TC——总成本费用；

F——固定成本。

（2）盈亏平衡点的确定

盈亏平衡点可以用计算法或图解法确定。

1）计算法

根据盈亏平衡点的定义，当达到盈亏平衡状态时，总成本=总收入，即

$$TR=TC$$

$$PQ^*=F+C_vQ^*$$

$$Q^*=F/(P-C_v) \tag{3.31}$$

式中：

Q^*——盈亏平衡点的产量。

若用含税价格 p 计算，则计算公式为

$$Q=F/[(1-r)p-C_v] \tag{3.32}$$

式中：

r——产品销售税率，$P=(1-r)p$。

【例 3.21】（重要案例）某项目设计总产量为 3 万吨，单位产品的含税价格为 630.24 元/吨，年生产成本为 1352.18 万元，其中固定成本为 112.94 万元，单位可变成本为 413.08 元/吨，销售税率为 8%，求项目投产后的盈亏平衡产量。

【解】p=630.24（万元），F=112.94（万元），r=8%，C_v=413.08（元/吨），代入公式（3.32）：

$$Q^*=112.94/[(1-8\%)\times 630.24-413.08]=0.68\text{（万吨）}$$

计算表明，项目投产后只要有 0.68 万吨的订货量，就可以保本。

盈亏平衡点除可用产量表示外，还可用其他指标参数来表示，以下列举一些常用指标。

①以销售收入表示的盈亏平衡点是指项目不发生亏损时必须达到的最低销售收入额，其计算公式为

$$TR^*=P\times Q^*=P\times F/(\mathrm{P}-C_v) \tag{3.33}$$

式中：

TR^*——盈亏平衡时的销售收入。

②生产能力利用率的盈亏平衡点是指项目不发生亏损时至少达到的生产能力利用率，用公式表示为

$$q^*=\frac{Q^*}{Q_C}\times 100\%=\frac{F}{Q_C(P-C_v)}\times 100\% \tag{3.34}$$

式中：

q^*——盈亏平衡点的生产能力利用率，q^*值越低，项目的投资风险度就越小；

Q_C——设计年产量。

③若按设计能力进行生产和销售，则盈亏平衡销售价格 P^*为

$$P^*=TR/Q_C=(F+C_vQ_C)/Q_C \tag{3.35}$$

④若按设计能力进行生产和销售，且销售价格已定，则盈亏平衡点单位产品变动成本 C_v^* 为

$$C_v^*=P-F/Q_C \tag{3.36}$$

【例 3.22】（重要案例）某项目年生产能力为 120 万吨，单位产品含税销售价 p 为 150 元/吨，单位产品变动成本 C_v 为 40 元/吨，固定成本总额 F 为 6000 万元，综合税率为 13.85%，试计算盈

亏平衡点产量及生产能力利用率和盈亏平衡点价格。

【解】$Q^*=\dfrac{60000000}{150\times(1-13.85\%)-40}=\dfrac{60000000}{89.225}=67.25$（万吨/年）

$$q^*=\frac{67.25}{120}=56\%$$

$$1-q^*=44\%$$

即若项目减产幅度不大于44%，项目不会亏损。

$$p^*=\frac{\dfrac{6000}{120}+40}{1-13.85\%}=104.47\text{（元）}$$

当降价幅度在30.35%$\left(\dfrac{150-104.47}{150}\times100\%=30.35\%\right)$以内，该项目仍不会出现亏损局面。

2）图解法

盈亏平衡点也可以采用图解法求得。

将公式（3.32）和公式（3.33）表示在同一坐标图上，就得出线性盈亏平衡分析图，如图3.16所示。图中销售收入线（如果销售收入和成本费用都是按含税价格计算的，销售收入中还应减去增值税）与总成本费用线的交点即为盈亏平衡点，这一点所对应的产量即为*BEP*(产量)，也可换算为*BEP*(生产能力利用率)。由图3.16还可看出企业处于亏损状态或盈利状态的区域。

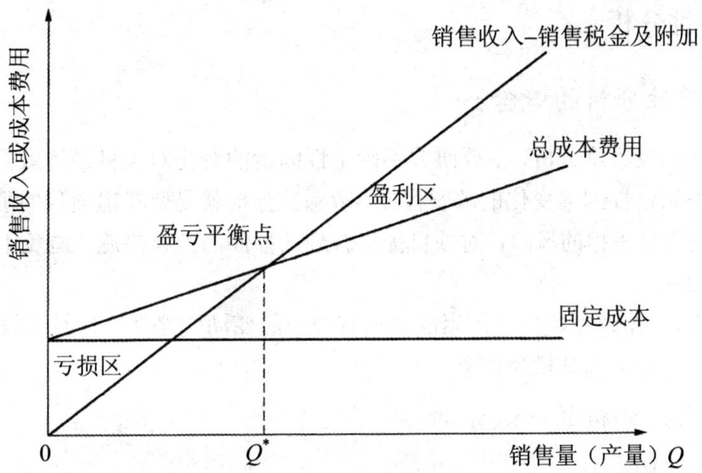

图3.16 线性盈亏平衡分析图

4.2.4 多方案比较时的优劣盈亏平衡分析

盈亏平衡分析也可用于两个以上方案的优劣比较与分析。如果两个或两个以上的方案其成本都是同一变量的函数，便可以找到该变量的某一数值，恰能使两个对比方案的成本相等，该变量的这一特定值称为方案的优劣平衡点。

设有一组互斥方案，其成本函数决定于同一个共同变量X，以共同变量建立每个方案的成本费用函数方程，即

$$C_i=f_i(x),\ i=1,\ 2,\ \cdots,\ n \tag{3.37}$$

式中：

C_i——i方案的成本费用；

n——方案数。

若令 $C_i=C_{i+1}$，即 $f_1(x)=f_2(x)$，此时求出的 x 值即为两个方案费用平衡时的变量值，据此可以判断方案的优劣。

【例 3.23】（重要案例）现有一挖土工程，有两个挖土方案：一是人力挖土，单价为 3.5 元/米^3，另一是机械挖土，单价为 1.5 元/米^3，但需机械购置费 10 万元。问：在什么情况下（土方量为多少时）应采用人力挖土？

【解】设土方量为 Q（米^3），则人力挖土费用

$$C_1 = 3.5Q$$

机械挖土费用

$$C_2 = 1.5Q+100000$$

令 $C_1=C_2$，解得

$$Q^* = \frac{100000}{3.5-1.5} \approx 50000 \text{（米}^3\text{）}$$

可见，当土方量小于 50000 米^{3}时应采用人力挖土方案。

对于两个以上方案的优劣分析，其原理与两个方案的优劣分析相同。不同之处在于求优劣平衡点时要每两个方案均进行求解，分别求出两个方案的平衡点，然后再两两比较，选择其中最经济的方案。

4.3 敏感性分析

4.3.1 敏感性分析的概念

敏感性分析又叫灵敏度分析，主要研究不确定性因素的变化对项目经济效益的影响程度，即经济效益评价值对不确定性因素变化的敏感程度。敏感性分析就是要找出项目的敏感因素，并确定其敏感程度，以预测项目承担的风险，对项目提出合理的控制与改善措施，避免不利因素的影响，以便达到最佳经济效益。

所谓敏感因素，是指该不确定性因素的数值有很小的变动就能使项目经济效益评价值出现较显著改变的因素，反之则称为非敏感因素。

4.3.2 敏感性分析的一般步骤

敏感性分析的步骤如下：

1）确定敏感性分析的指标，如净现值、净年值、费用年值、内部收益率、投资收益率等；

2）选择影响项目指标的不确定性因素，如投资额、建设工期、销售单价、年运营成本、基准收益率、项目经济寿命周期等，并设定它们的变化范围；

3）按照预先给定的变化幅度（±10%、±15%、±20%等），先变动一个（或一组）变量因素，而其他因素不变，计算该（组）因素的变化对经济效益指标的影响程度，如此逐一进行，对所有的变量因素进行考察；

4）在逐步计算的基础上，将结果加以整理分析，选择其中对经济效益指标影响变化幅度大的因素即为敏感因素，影响变化幅度小的因素则为非敏感因素；

5）综合分析，采取对策。

4.3.3 敏感性分析的方法

根据每次所考虑的变动因素的数目多少，敏感性分析可分为单因素敏感性分析和多因素敏感性分析。

（1）单因素敏感性分析

敏感性分析的方法主要是因素替换法，又称逐项替换法。它是先将方案中的其他因素固定不变，按照预先给定的变化幅度，逐一变动、替换该变动因素，以求得该因素敏感性的一种方法。计算时只变动某个因素，而令其他因素固定不变，观察该变动因素对方案经济效果的影响程度，从而确定其是否是敏感因素；然后逐次用其他因素来替换该因素，进而计算出其他影响因素的敏感性，直到得出方案全部影响因素的敏感性为止。

下面用一个具体的例子说明敏感性分析的具体做法和过程。

【例 3.24】（重要案例）某地区最近发现铁矿石矿床，如果该矿床有开发价值，则进行投资。根据调查和分析，其基本情况是：初期投资（设备、铁路、公路、基础设施等）约需 5.4 亿美元；矿石品质（含铁量）为 60%以上有开采价值的铁矿石储量为 30 亿吨。根据市场预测，每年的销售量可达 1000 万吨，即该矿床可持续开采 300 年；按现在的物价水平，作业费用（以年生产并销售 1000 万吨计）每年约为 2.4 亿美元。其中，固定费用为 1.2 亿美元，产品的销售价格为 30 美元/吨。若该矿床开发后有支付利息和偿还能力，则银行可予以贷款，贷款的利率 i 为 10%。试对该投资方案进行敏感性分析。

【解】按现在的预测值，每年折旧和支付利息前的净收益为

$$0.1\times30-2.4=0.6\text{（亿美元）}$$

现金流量如图 3.17 所示。由于 n=300（年）（视为寿命无限），当所有数值都与预测值相同时，该投资方案的净现值为

$$NPV=NAV/i-5.4=0.6/0.1-5.4=0.6\text{（亿美元）}$$

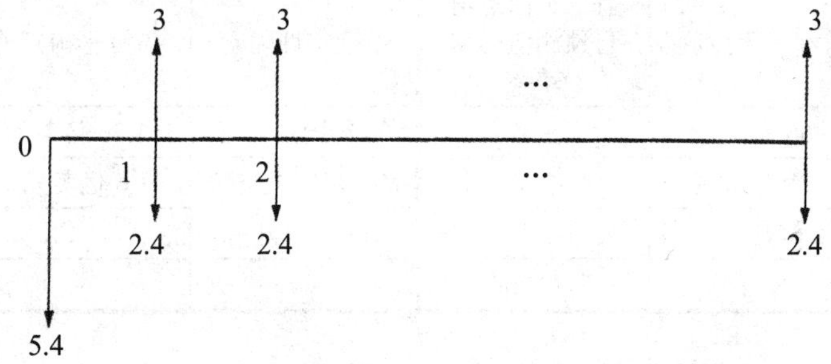

图 3.17 开发矿床的现金流量图（单位：亿美元）

对于长期投资方案而言，不确定性是难免的。其中储量和市场的年需求量预测值是最令人不安的。对此，对以上两个因素进行敏感性分析，看各个因素单独变化时对经济评价指标值（此处为净现值）的影响程度。

当储量比预测值小，例如仅为 3 亿吨时，该投资方案的净现值为

$$\begin{aligned}NPV&=0.6\times(P/A,10\%,30)-5.4=0.6\times9.4269-5.4\\&=0.25614>0\text{（亿美元）}\end{aligned}$$

上述结果表明，当储量发生了不利于投资方案的重大变化，即储量由 30 亿吨降为 3 亿吨，而其他预测数值不变时，该投资项目仍然可行，因而储量因素是非敏感因素，方案对储量变化的风险

抵抗能力很强。

当销售量比预测值 1000 万吨少 10%时，销售收益为 2.7 亿美元，此时的作业费用为

$$1.2+1.2\times0.9 =2.28\text{（亿美元）}$$

假如其他所有量值都保持预测值不变，则此时投资方案的净现值为（n 为 300 年）

$$NPV=(2.7-2.28)/0.1-5.4 =-1.2<0\text{（亿美元）}$$

可见，此时方案将由可行变为不可行。说明销售量是敏感因素，即使有10%的偏差也会给投资方案以致命的打击。

按照以上的思路，也可对其他不确定性因素进行类似的分析，从而搞清哪些因素是敏感因素，哪些因素是非敏感因素，以此判定投资方案对各个不确定性因素的风险抵抗能力。

为了对该投资方案的特点有更为清醒的认识，求出各个不确定性因素的盈亏平衡点，这将给投资方案对各因素的抗风险能力的分析带来极大的方便。下面就进行这种分析。

设年销售量为 X，单位产品销售价格为 P，年固定经费为 f，可开采年限为 n，初期投资额为 K_0，资本利率为 i，则本题的预测值分别为：X 为 1000 万吨，P 为 30 美元/吨，q 为 12 美元/吨，f 为 1.2 亿美元，n 为 300 年，$i = 10\%$，此时应有下式成立，即

$$NAV =(P-q)X-f-K_0i$$

以年销售量 X 为例，求其盈亏平衡点。此时设除 X 值之外，所有的其他量值都与预测值相同，则有下述等式成立，即

$$NAV=(30-12)X-1.2-5.4\times10\%$$

由上式解得 X 为 966.7 万吨，即当每年的销售数量小于 966.7 万吨时该投资方案将变为不可行。

同理，可分别求出 P、q、n、f、K_0、i 等参数的盈亏平衡点值。为使问题的分析方便、清晰，将上述的结果和该值与预测值偏差率列成表格，如表 3.18 所示。

表 3.18　开发矿床的现金流量图

不确定性因素	盈亏平衡点值	盈亏平衡点值与预测值的偏差率	不确定性因素	盈亏平衡点值	盈亏平衡点值与预测值的偏差率
X：年销售量	966.7 万吨	–3.3%	f：年固定费用	1.26 亿美元	+5%
P：销售单价	29.4 美元/吨	–2.0%	K_0：初期投资额	6 亿美元	+11%
q：作业费用	12.6 美元/吨	+3.3%	i：资本利率	11.1%	+11%
n：寿命期	24 年	–92%			

根据表 3.18 即可判定投资方案对各个不确定性因素的抗风险的能力。表中盈亏平衡点值与预测值的偏差率是盈亏平衡点值减去预测值后的差值与预测值的比值。例如，年销售量的该值为 $(966.7-1000)/1000=-3.3\%$。该值越大，说明该不确定性因素的变化对经济评价指标值的影响越小，方案越安全且抗该因素的风险能力越强；反之，该值越小，说明该不确定性因素越敏感，方案对该因素变化的抗风险能力越差。

【例 3.25】（重要案例）某投资方案的现金流量如表 3.19 所示，表中数据是对未来最可能出现的情况预测估算得到的。由于未来经济环境的不确定性，预计某些参数可能会发生一定的变化，项目寿命期为 10 年，基准折现率为 12%。

1）试通过计算净现值分析投资额、年收益、年成本变化超过多少百分比时，项目变得不可行；

2）本项目对投资额、年收益、年成本三个因素的敏感性由强到弱的排序是什么？

表 3.19　投资方案现金流量的未来预测数据表　　单位：元

参数	投资额 P	年收益 AR	年成本 AC	残值 L
预测值	150000	38000	9000	6000

【解】1）设投资额变动的百分比为 X，分析投资额变动对方案净现值的影响。

$$NPV=-P(1+X)+(AR-AC)(P/A, 12\%, 10)+L(P/F, 12\%, 0)$$

当净现值为 0 时，可以求出 X=10.5%，表示其他因素不变时，投资额增加超过 10.5%，净现值将小于 0，即项目不可行。

同理，设年收益变动的百分比为 Y，分析年收益变动对方案净现值的影响。

$$NPV=-P+[AR(1+Y)-AC](P/A, 12\%, 10)+L(P/F, 12\%, 10)=0$$

解得 Y=–7.35%，表示其他因素不变时，年收益减少超过 7.35%，净现值将小于 0，即项目不可行。

设年支出变动的百分比为 Z，分析年支出变动对方案净现值的影响。

$$NPV=-P+[AR-AC(1+Z)](P/A, 12\%, 10)+L(P/F, 12\%, 10)=0$$

解得 Z=31.0%，表示其他因素不变时，年成本增加超过 31.0%，净现值将小于 0，即项目不可行。

2）比较上述 X、Y、Z 的绝对值大小，可以知道年收益变化（减小）一个较小幅度，就可以使得项目由可行变为不可行，项目对此因素最敏感。因此，本例中敏感性由强到弱的因素依次为年收益、投资额、年成本。

单因素敏感性分析方法适合于分析项目方案的最敏感因素，但它忽略了各个变动因素综合作用的结果。无论是哪种类型的技术项目方案，各种不确定因素对项目方案经济效益的影响都是相互交叉综合发生，而且各个因素的变化率及其发生的概率是随机的。因此，研究分析经济评价指标受多个因素同时变化的综合影响、研究多因素的敏感性分析更具有实用价值。

（2）多因素敏感性分析

多因素敏感性分析要考虑可能发生的各种因素不同变动幅度的多种组合，分析多个因素同时变化对方案的综合影响，计算起来要比单因素敏感性分析复杂得多。在这里就不做具体介绍了。

根据项目国民经济评价指标，如经济净现值或经济内部收益率等所做的敏感性分析叫经济敏感性分析；而根据项目财务评价指标所做的敏感性分析叫财务敏感性分析。

（3）敏感性分析的特点

敏感性分析具有分析指标具体、能与项目方案的经济评价指标紧密结合、分析原理简单、分析方法容易掌握和应用、便于对方案进行分析和决策等优点，有助于找出影响项目方案经济效益的敏感因素及其影响程度，对于提高项目方案经济评价的可靠性具有重大意义。但是，敏感性分析没有考虑各种不确定因素在未来发生变动的概率，这可能会影响分析结论的准确性。实际上，各种不确定因素在未来发生某一幅度变动的概率一般是不同的。可能有这样的情况：通过敏感性分析找出的某一敏感因素未来发生不利变动的概率很小，因而实际上所带来的风险并不大，以至于可以忽略不计；而另一非敏感因素未来发生不利变动的概率很大，实际上带来的风险比那个敏感因素更大。这种问题是敏感性分析方法所无法解决的，必须借助于概率分析方法。

习　题

1．某工程项目各年净现金流量如表 3.20 所示。如果基准折现率为 10%，试计算该项目的静态投资回收期和动态投资回收期。

表 3.20　净现金流量

年份	1	2	3
净现金流量/元	–250000	–200000	120000

2．某厂将购买一台机床，已知该机床的制造成本为 6000 元，售价为 8000 元，预计运输费为 200 元，安装费为 200 元，该机床运行投产后，每年可加工工件 2 万件，每件净收入为 0.2 元。该机床的初始投资几年可以回收？如果基准投资回收期为 4 年，则购买此机床是否合理？（不计残值）

3．方案 A、B 在项目计算期内的现金流量如表 3.21 所示。试分别采用静态和动态评价指标比较其经济性（i_0=10%）。

表 3.21　方案 A、B 的现金流量　　单位：万元

方案	年份					
	0	1	2	3	4	5
A	–500	–500	500	400	300	200
B	–800	–200	200	300	400	500

4．某工程总投资为 5000 万元。投资后，每年生产支出为 600 万元，年收益额为 1400 万元。产品经济寿命期为 10 年，在第 10 年末还能回收资金 200 万元，基准折现率为 12%。求计算期内的净现值。

5. 某桥梁工程初步拟定两个结构类型方案供备选。A 方案为钢筋混凝土结构，初始投资为 1500 万元，年维护费为 10 万元，每 5 年大修 1 次，费用为 100 万元；B 方案为钢结构，初始投资为 2000 万元，年维护费为 5 万元，每 10 年大修 1 次，费用为 100 万元。哪一个方案经济？

6．某项目建设期 1 年。A 方案：0 年投资为 5000 元，寿命期为 8 年，每年收益为 1400 元。B 方案：0 年投资为 7000 元，第一年年末再投资 3000 元；寿命期为 10 年，每年收益为 2500 元。当基准收益率为 10%时，试选择最优方案。

7．有三个互斥方案，寿命期均为 10 年，i_c 为 10%，各方案的初始投资和年净收益如表 3.22 所示。试分别用净现值法、年值法、差额净现值法及差额内部收益率法在三个方案中选择最优方案。

表 3.22　投资方案的现金流量表　　单位：万元

方案	A	B	C
初始投资	49	60	70
年净收益	10	12	13

项目单元四　建设项目的财务评价

课题1　基本建设

1.1　基本建设的概念

基本建设是指国民经济各部门用投资方式来实现以扩大生产能力和工程效益为目的的新建、扩建、改建工程的固定资产投资及其相关管理活动。其内容一般包括以下五个方面。

（1）建筑工程。如各种厂房、仓库、住宅、商店、宾馆、影剧院、教学楼、写字楼、办公楼等建筑物和矿井、公路、铁路、码头、桥梁等构筑物的建筑工程，各种管道、电力和电信导线的敷设工程，设备基础、各种工业炉砌筑、金属结构工程，水利工程和其他特殊工程。

（2）设备安装工程。如动力、电信、起重运输、医疗、实验等各种设备的装配、安装工程，与设备相连的金属工作台、梯子等的安装工程，附属于被安装设备的管线敷设工程，被安装设备的绝缘、保温和油漆工程，安装设备的测试和无荷试车等。

（3）设备购置。包括一切需要安装和不需要安装设备的购买和加工制作。

（4）工具、器具及生产用具购置。包括车间、实验室等所应配备的、形成固定资产的各种工具、器具及生产用具的选购和加工制作。

（5）其他基本建设工作。包括上述内容以外的基本建设工作，如勘察设计，土地征用，建设场地原有建筑物的拆除赔偿、机构筹建、联合试车、职工培训等。

1.2　基本建设的作用

1.2.1　创造和提高生产能力和使用效益

任何生产能力与工程效益的获得，必须通过一定量的资本与劳动投入才能实现，这个过程就是基本建设。它一方面要弥补在生产和使用过程中的自然损耗与经济损耗，以维持简单再生产；另一方面又要在此基础上增加生产规模和效益，以满足扩大再生产。因此在国民经济发展中，基本建设发挥着重要的推动作用。

1.2.2　调整产业结构和生产力布局

一个国家或地区在不同的经济发展阶段具有不同的产业结构特征。它要求基本建设投资应顺应经济发展的内在规律，通过在各部门、各行业之间的分配来建立比较合理的产业结构关系；而在经济转型期，产业结构的调整又需要以基本建设投资为引导来逐步推动。同理，一个国家或地区的空间发展也总是不平衡的，要依靠基本建设投资在地域上的分布来实现生产力的合理布局，从而促进区域的平衡发展。可见在国民经济发展中，基本建设又起着独特的调节作用。

1.2.3 改善和提高人民物质、文化生活条件

发展科教文卫和城市公用事业、为人民群众的物质文化生活服务、满足人民群众不断增长的物质和文化生活的需要，是一切生产和建设活动的最终目的。它体现为物化的生活条件在量与质上的提高，这需要通过基本建设活动来创造。因此，在社会发展中，基本建设发挥着基本的保障作用。

1.3 基本建设项目及分类

基本建设项目一般是指经批准包括在一个总体设计范围内进行建设，经济上实行统一核算，行政上有独立组织形式，实行统一管理的建设工程总体，通常情况下是由若干个有内在联系的单项工程或是一个独立的工程所构成。设计文件规定分期建设的单位，每一期工程作为一个基建项目，在这种情况下，一个基建单位不止一个基建项目。现有企业、事业单位按照规定用于基本建设单纯购置的车、船、飞机、勘察设备、施工机械等，不作为基本建设项目。全部投资在10万元以下的工程，不单独作为一个基本建设项目。

建设项目可以从不同角度进行分类。

1.3.1 按项目的目标，分为经营性项目和非经营性项目

经营性项目通过投资以实现所有者权益的市场价值最大化为目标，以投资谋利为行为趋向。绝大多数生产或流通领域的投资项目都属于这类项目。非经营性项目不以追求盈利为目标，其中包括本身就没有经营活动、没有收益的项目，如城市道路、路灯、公共绿化、航道疏浚、水利灌溉渠道、植树造林等项目，这类项目的投资一般由政府安排，营运资金也由政府支出。另外有的项目的产出直接为公众提供基本生活服务，本身有生产经营活动，有营业收入，但产品价格不由市场机制形成。在后一类项目中，有些能回收全部投资成本，项目有财务生存能力；有些不能回收全部投资成本，需要政府补贴才能维持运营；有些能够回收全部投资成本且略有节余。对于这类建设项目，国家有相应的配套政策。

1.3.2 按项目的产品（或服务）属性，分为公共项目和非公共项目

公共项目是指为满足社会公众需要，生产或提供公共物品（包括服务）的项目，如上述非经营性项目。人们一般认为，由政府生产或提供公共物品可以增进社会福利，是政府的一项合适的职能。非公共项目是指除公共项目以外的其他项目。相对于“政府部门提供公共物品”的是“私人部门提供的商品”，其重要特征是：供应商能够向那些想消费这种商品的人收费并因此得到利润。

1.3.3 按项目的投资管理形式，分为政府投资项目和企业投资项目

政府投资项目是指使用政府性资金的建设项目以及有关的投资活动。政府性资金包括：财政预算投资资金（含国债资金），利用国际金融组织和外国政府贷款的主权外债资金，纳入预算管理的专项建设资金，法律、法规规定的其他政府性资金。

政府按照资金来源、项目性质和宏观调控需要，分别采用直接投资、资本金注入、投资补助、转贷、贴息等方式进行投资。不使用政府性资金的投资项目统称企业投资项目。

1.3.4 按项目与企业原有资产的关系，分为新建项目和改扩建项目

新建项目是从无到有、新开始建设的项目，即在原有固定资产为零的基础上投资建设的项目。改扩建项目与新建项目的区别在于：改扩建项目是在原有企业基础上进行建设的，在不同程度上利

用了原有企业的资源，以增量带动存量，以较小的新增投入取得较大的新增效益，建设期内项目建设与原有企业的生产同步进行。

1.3.5 按项目的融资主体，分为新设法人项目和既有法人项目

新设法人项目由新组建的项目法人为项目进行融资，其特点是：项目投资由新设法人筹集的资本金和债务资金构成，由新设项目法人承担融资责任和风险，从项目投产后的财务效益情况考察偿债能力。

既有法人项目要依托现有法人为项目进行融资，其特点是：拟建项目不组建新的项目法人，由既有法人统一组织融资活动并承担融资责任和风险；拟建项目一般是在既有法人资产和信用的基础上进行的，并形成增量资产；从既有法人的财务整体状况考察融资后的偿债能力。

除上述几种分类外，项目还可以从其他角度进行分类。没有一种分类方法可以涵盖各种属性的项目，以上仅是为便于后面叙述而列举了几种分类。这些分类对经济评价内容、评价方法、效益与费用估算、报表设置等都有重要影响。

实际工作中可以根据管理需要的不同，从不同角度另行分类。如：按项目在国民经济中的作用划分为生产性项目和非生产性项目；按建设规模大小，基本建设项目可分为大型项目、中型项目、小型项目；更新改造项目分为限额以上项目、限额以下项目。

1.4 基本建设的程序

基本建设程序是指建设项目从设想、选择、评估、决策、设计、施工到竣工验收以及投入生产的整个建设过程，各项工作必须遵循的先后次序的法则。按照建设项目发展的内在联系和发展过程，建设程序分成若干阶段，这些发展阶段有严格的先后次序，不能任意颠倒、违反其发展规律。

目前我国基本建设程序的内容和步骤主要有：前期工作阶段，主要包括项目建议书、可行性研究、设计工作；建设实施阶段，主要包括施工准备、建设实施；竣工验收阶段和后评价阶段。

这几个大的阶段中每一阶段都包含着许多环节和内容。如图 4.1 所示为基本建设程序。

1.4.1 前期工作阶段

（1）项目建议书

项目建议书是要求建设某一具体项目的建议文件，是基本建设程序中最初阶段的工作，是投资决策前对拟建项目的轮廓设想。项目建议书的主要作用是为了推荐一个拟进行建设的项目的初步说明，论述其建设的必要性、条件的可行性和获得的可能性，供基本建设主管部门选择并确定是否进行下一步工作。

项目建议书报经有审批权限的部门批准后，可以进行可行性研究工作，但并不表明项目非建设不可，项目建议书不是项目的最终决策。

项目建议书的审批程序：首先由项目建设单位通过其主管部门报行业归口主管部门和当地发展计划部门（其中工业技改项目报经贸部门），然后由行业归口主管部门提出项目审查意见（着重从资金来源、建设布局、资源合理利用、经济合理性、技术可行性等方面进行初审），发展计划部门参考行业归口主管部门的意见，并根据国家规定的分级审批权限负责审、报批；凡行业归口主管部门初审未通过的项目，发展计划部门不予审、报批。

（2）可行性研究

项目建议书一经批准，即可着手进行可行性研究。可行性研究是指在项目决策前，通过对项目有关的工程、技术、经济等各方面条件和情况进行调查、研究、分析，对各种可能的建设方案和技

术方案进行比较、论证，并对项目建成后的经济效益进行预测和评价的一种科学分析方法。由此考查项目技术上的先进性和适用性、经济上的营利性和合理性、建设的可能性和可行性。可行性研究是项目前期工作的最重要的内容，它从项目建设和生产经营的全过程考察分析项目的可行性，其目的是回答项目是否有必要建设、是否可能建设和如何进行建设的问题，其结论为投资者的最终决策提供直接的依据。

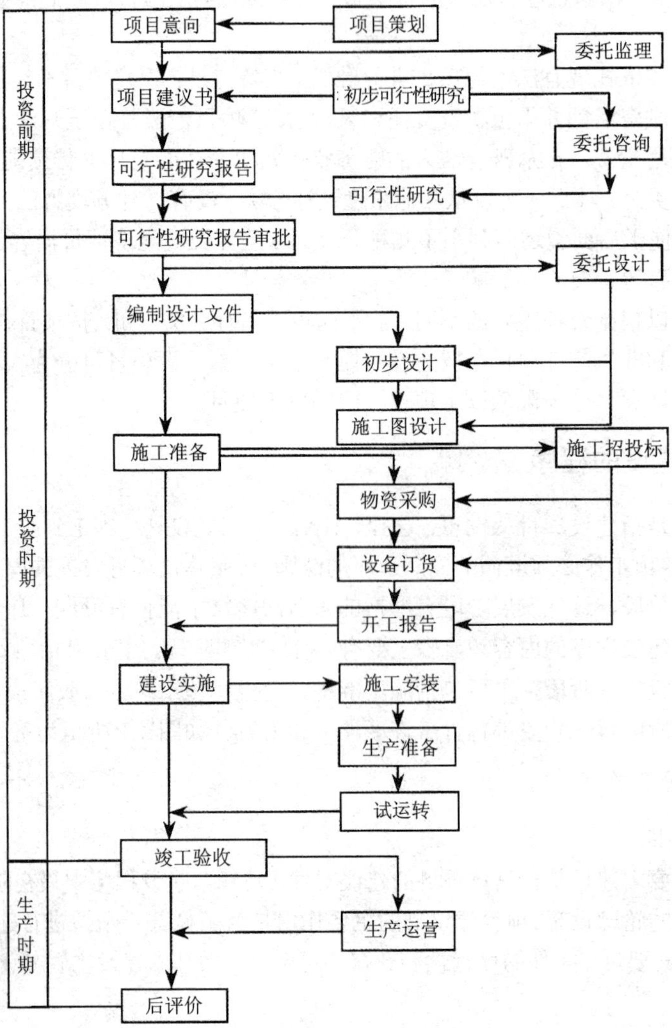

图 4.1　基本建设程序

因此，凡大中型项目以及国家有要求的项目，都要进行可行性研究，其他项目有条件的也要进行可行性研究。

1）可行性研究报告的编制

可行性研究报告是确定建设项目、编制设计文件和项目最终决策的重要依据，要求必须有相当的深度和准确性。承担可行性研究工作的单位必须是经过资格审定的规划、设计和工程咨询的单位，应有承担相应项目的资质。

2）可行性研究报告的审批

可行性研究报告经评估后按项目审批权限由各级审批部门进行审批。其中大中型和限额以上项目的可行性研究报告要逐级报送国家发展和改革委员会审批，同时要委托有资格的工程咨询公司进行评估；小型项目和限额以下项目一般由省级发展计划部门、行业归口主管部门审批。受省级发展计划部门、行业归口主管部门的授权或委托，地区发展计划部门可以对授权或委托权限内的项目进行审批。可行性研究报告批准后即表示国家同意该项目进行建设，一般先列入预备项目计划。列入预备项目计划并不等于列入年度计划，何时列入年度计划，要根据其前期工作进展情况、国家宏观经济政策和对财力、物力等因素进行综合平衡后决定。

（3）设计工作

一般建设项目（包括工业、民用建筑，城市基础设施，水利工程，道路工程等），设计过程划分为初步设计和施工图设计两个阶段。对技术复杂而又缺乏经验的项目，可根据不同行业的特点和需要，增加技术设计阶段。对一些水利枢纽、农业综合开发、林区综合开发项目，为解决总体部署和开发问题，还需进行规划设计或编制总体规划，规划审批后编制具有符合规定深度要求的实施方案。

1）初步设计（基础设计）

初步设计的内容依项目的类型不同而有所变化，一般来说，它是项目的宏观设计，即项目的总体设计、布局设计，主要的工艺流程、设备的选型和安装设计，土建工程量及费用的估算等。初步设计文件应当满足编制施工招标文件、主要设备材料订货和编制施工图设计文件的需要，是下一阶段施工图设计的基础。

初步设计（包括项目概算）根据审批权限，由发展计划部门委托投资项目评审中心组织专家审查通过后，按照项目实际情况，由发展计划部门或会同其他有关行业主管部门审批。

2）施工图设计（详细设计）

施工图设计的主要内容是根据批准的初步设计，绘制出正确、完整和尽可能详细的建筑、安装图样。施工图设计完成后，必须委托由施工图设计审查单位审查并加盖审查专用章后使用。审查单位必须是取得审查资格，且具有审查权限要求的设计咨询单位。经审查的施工图设计还必须经有权审批的部门进行审批。

1.4.2 建设实施阶段

（1）施工准备

1）建设开工前的准备。主要内容包括：征地、拆迁和场地平整；完成施工用水、电、路等工程；组织设备、材料订货；准备必要的施工图样；组织招标投标（包括监理、施工、设备采购、设备安装等方面的招标投标）并择优选择施工单位，签订施工合同。

2）项目开工审批。建设单位在工程建设项目可行性研究报告获得批准、建设资金已经落实、各项准备工作就绪后，应当向当地建设行政主管部门或项目主管部门及其授权机构申请项目开工审批。

（2）建设实施

1）项目新开工建设时间

开工许可审批之后即进入项目建设施工阶段。开工之日按统计部门规定是指建设项目设计文件中规定的任何一项永久性工程（无论生产性或非生产性）第一次正式破土开槽开始施工的日期。公路、水库等需要进行大量土方、石方工程的，以开始进行土方、石方工程作为正式开工日期。

2）年度基本建设投资额

国家基本建设计划使用的投资额指标，是以货币形式表现的基本建设工作，是反映一定时期内基本建设规模的综合性指标。年度基本建设投资额是建设项目当年实际完成的工作量，包括用当年资金完成的工作量和动用库存的材料、设备等内部资源完成的工作量；而财务拨款是当年基本建设项目实际货币支出。投资额是以构成工程实体为准，财务拨款是以资金拨付为准。

3）生产或使用准备

生产准备是生产性施工项目投产前所要进行的一项重要工作。它是基本建设程序中的重要环节，是衔接基本建设和生产的桥梁，是建设阶段转入生产经营的必要条件。使用准备是非生产性施工项目正式投入运营使用所要进行的工作。

1.4.3 竣工验收阶段

（1）竣工验收的范围

按国家现行规定，所有建设项目按照上级批准的设计文件所规定的内容和施工图样的要求全部建成，工业项目经负荷试运转和试生产考核能够生产合格产品，非工业项目符合设计要求，能够正常使用，都要及时组织验收。

（2）竣工验收的依据

按国家现行规定，竣工验收的依据是经过上级审批机关批准的可行性研究报告、初步设计或扩大初步设计（技术设计）、施工图样和说明、设备技术说明书、招标投标文件和工程承包合同、施工过程中的设计修改签证、现行的施工技术验收标准及规范以及主管部门有关审批、修改、调整文件等。

（3）竣工验收的准备

主要有三个方面的工作。一是整理技术资料。各有关单位（包括设计、施工单位）应将技术资料进行系统整理，由建设单位分类立卷，交生产单位或使用单位统一保管。技术资料主要包括土建方面、安装方面及各种有关的文件、合同和试生产的情况报告等。二是绘制竣工图。竣工图必须准确、完整、符合归档要求。三是编制竣工决算。建设单位必须及时清理所有财产、物资和未用完或应收回的资金，编制工程竣工决算，分析概预算执行情况，考核投资效益，报规定的财政部门审查。

一般非生产项目的验收要提供以下文件资料：项目的审批文件、竣工验收申请报告、工程决算报告、工程质量检查报告、工程质量评估报告、工程质量监督报告、工程竣工财务决算批复、工程竣工审计报告、其他需要提供的资料。

（4）竣工验收的程序和组织

按国家现行规定，建设项目的验收根据项目的规模大小和复杂程度可分为初步验收和竣工验收两个阶段。规模较大、较复杂的建设项目应先进行初验，然后进行全部建设项目的竣工验收；规模较小、较简单的项目可以一次进行全部项目的竣工验收。

建设项目全部完成，经过各单项工程的验收，符合设计要求并具备竣工图表、竣工决算、工程总结等必要文件资料，由项目主管部门或建设单位向负责验收的单位提出竣工验收申请报告。竣工验收的组织要根据建设项目的重要性、规模大小和隶属关系而定，大中型和限额以上基本建设和技术改造项目由国家发展和改革委员会，或由国家发展和改革委员会委托项目主管部门、地方政府部门组织验收，小型项目和限额以下基本建设和技术改造项目由项目主管部门和地方政府部门组织验收。竣工验收要根据工程的规模大小和复杂程度组成验收委员会或验收组。验收委员会或验收组负责审查工程建设的各个环节，听取各有关单位的工作总结汇报，审阅工程档案并实地查验建筑工程和设备安装，并对工程设计、施工和设备质量等方面做出全面评价。不合格的工程不予验收；对遗留问题提出具体解决意见，限期落实完成。最后经验收委员会或验收组一致通过，形成验收鉴定意见书。验收鉴定意见书由验收会议的组织单位印发各有关单位执行。

生产性项目的验收根据行业不同有不同的规定。工业、农业、林业、水利及其他特殊行业要按照国家相关的法律、法规及规定执行。上述程序只是反映项目建设共同的规律性程序，不可能反映各行业的差异性，因此，在建设实践中，还要结合行业项目的特点和条件，有效地去贯彻执行基本建设程序。

1.4.4 后评价阶段

建设项目后评价是工程项目竣工投产、生产运营一段时间后，再对项目的立项决策、设计施工、竣工投产、生产运营等全过程进行系统评价的一种技术经济活动。通过建设项目后评价以达到肯定成绩、总结经验、研究问题、吸取教训、提出建议、改进工作、不断提高项目决策水平和投资效果的目的。

我国目前开展的建设项目后评价一般都按三个层次组织实施，即项目单位的自我评价、项目所在行业的评价和各级发展计划部门（或主要投资方）的评价。

课题 2 财务评价概述

建设项目的评价包括技术、经济、环境、政治及社会等方面的评价。其中建设项目的经济评价是在做好市场需求预测及项目地址选择、工艺技术选择、工程技术研究的基础上，对拟建项目从企业财务和国民经济角度两方面来考察投资项目在经济上是否可行，并进行多方面的比较和风险分析的一项工作。建设项目的经济评价是项目的可行性研究和评估的核心内容。

项目经济评价包括企业财务评价和国民经济评价两个层次。财务评价主要是从企业经济利益的角度考虑项目的可行性和盈利性；国民经济评价主要是从整个国民经济的角度来考察项目的经济合理性。本课题只就企业财务评价加以介绍。

2.1 财务评价的概念

建设项目财务评价是工程经济分析的重要组成部分。它是依据国家现行的财税制度、价格体系和有关法规和规定，分析、计算项目直接发生的财务效益和费用，编制财务报表，计算评价指标，从项目（企业）角度考察项目建成后的盈利能力、清偿能力和外汇平衡状况，据此评价和判断项目财务可行性的一种经济评价方法。其评价结论是决定项目取舍的重要依据，是国民经济评价的基础。

财务评价是从投资者自身能否获利及获利程度的大小来取舍项目，做出评价，它并不涉及一个项目建成投产后对国民经济、社会发展的影响。因而，一个项目在企业财务上可行，只是达到了作为直接受益的投资者的要求，至于是否达到整个国民经济和社会发展要求，尚需做进一步的评价。

进行建设项目的财务评价，首先要估算或计算出项目的投资、成本、各项税金和利润等基础数据，然后据此编制必要的财务报表，计算出相应的技术经济指标，并与有关标准进行比较，判断项目是否可行或从中选择最佳方案。

2.2 财务评价的作用

2.2.1 考察项目的财务盈利能力

财务评价从企业或项目角度出发，分析投资效果，判明企业投资所获得的实际利益，衡量项目的竞争能力和抗风险能力，据以判定项目的财务可行性。

2.2.2 用于制定适宜的资金规划

使用不同来源的资金所需付出的代价是不同的。如何使用资金、选择资金的来源与数量，不仅与项目所需的资金量有关，而且与项目的经济效益有关。一般来说，在有负债资金的情况下，自有资金投资的效果与全部投资的效果是不同的。通过财务评价，可对不同的资金筹措、运用和偿还方案比较，选择最好的资金规划方案，使投资经济效果最满意；同时分析贷款的偿还能力，为向金融机构申请贷款提供条件。

2.2.3 为协调企业利益和国家利益提供依据

项目投资决策不仅要考虑企业的微观利益，还要考虑国民经济的宏观效果。在有些情况下，对企业有利的投资并不一定对国民经济有利。特别是在能源、交通、原材料价格偏低，而一般加工工业产品价格偏高的情况下，对企业有利的投资往往属于生产一些加工工业产品的长线重复建设项目，对国民经济没有多大好处。而对国民经济能带来较大经济效果的能源、交通、原材料等短线项目，往往对企业是没有多大经济利益的投资。因此，在项目投资上，必须同时兼顾企业利益和国民经济效果。当一个项目国民经济评价结论是可行，项目财务评价结论却是不可行，而该项目又是国计民生急需项目时，第一应对项目进行优化设计，使项目在财务上有生存能力；第二向国家提出采取相应的经济优惠措施，采取经济手段加以调节。在财务评价中可以考察财务评价参数（如价格、税收、利率等）的变动对评价指标的影响，据此找出向国家提出进行经济调节的方法和幅度的建议。

2.2.4 为中外合资项目提供双方合作的基础

论述略。

2.3 财务评价的内容与指标体系

2.3.1 财务评价内容

财务评价内容主要包括盈利能力评价、清偿能力评价、外汇平衡状况评价。

（1）盈利能力评价

盈利能力是反映项目财务效益的主要标志。在财务评价中，应当考察拟投资（开发）项目竣工后是否盈利、盈利能力有多大、盈利能力是否足以满足项目可行的要求条件。项目盈利主要指项目建成后能够实现的利润和税金。盈利能力是企业进行投资决策时考虑的首要因素，应从两方面进行评价。

1）项目达到设计生产能力的正常年份可能获得的盈利水平。即主要通过计算投资利润率、投资利税率、资本金利润率等静态指标，考察项目在正常生产年份年度投资的盈利能力，以判断项目是否达到行业的平均水平。

2）项目整个寿命期内的盈利水平。即主要通过计算财务净现值、财务内部收益率、财务净现值率、投资回收期等动态和静态指标，考察项目在整个计算期内盈利能力及投资回收能力，判断项目投资的可行性。

（2）清偿能力评价

清偿能力包括两个层次：一是项目的财务清偿能力，即项目收回全部投资的能力；二是债务清偿能力，主要指项目偿还借款和清偿债务的能力。清偿能力直接关系到企业面临的财务风险和企业的财务信用程度，是企业进行筹资决策的重要依据，应从两方面进行评价。

1）考察项目偿还固定资产投资国内借款所需要的时间。即通过计算借款偿还期，考察项目的还款能力，判断项目是否能满足贷款机构的要求。

2）考察项目资金流动性水平。即通过计算流动比率、速动比率、资产负债率等各项财务比率指标，对项目投产后的资金流动情况进行比较分析，用以反映项目寿命期内各年的盈亏、资产和负债、资金来源和运用、资金的流动和负债运用等财务状况及资产结构的合理性，考察项目的风险程度和偿还流动负债的能力与速度。

（3）外汇平衡状况评价

对于产品出口创汇等涉及外汇收支的项目，还应编制外汇平衡表，计算财务外汇净现值、换汇成本和节汇成本，进行外汇平衡分析，以考察项目在计算期内各年的外汇余缺，衡量项目实施后对国家外汇状况的影响。

2.3.2 财务评价指标体系

评价的内容总是要通过具体的评价指标及相应的指标体系表现出来。

评价指标是指用于衡量和比较投资项目优劣，以便据以进行方案决策的定量化标准与尺度，是由一系列综合反映投资效益、投入产出关系的量化指标构成的。

财务评价结果的好坏一方面取决于基础数据的可靠性，另一方面取决于所选取的指标体系的合理性。只有选取正确的指标体系，财务评价结果才能与客观实际情况相符合，才有实际意义。

财务评价指标体系根据不同的标准，可进行同形式的分类。

1）按是否考虑时间价值因素分为静态指标和动态指标。这是最常用的分类方法之一，如图 4.2 所示。

2）按指标的性质分为时间型指标、价值型指标和比率型指标，如图 4.3 所示。

3）按财务评价的目标分为反映盈利能力的指标、反映清偿能力的指标和反映外汇平衡能力的指标，如图 4.4 所示。

上述指标可以通过相应的基本财务报表直接或间接求得，这些指标同基本报表的关系如表 4.1 所示。

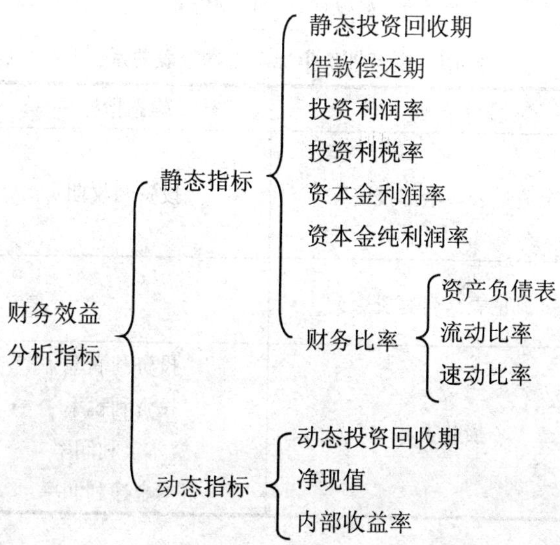

图 4.2 财务评价指标分类之一

- 财务效益分析指标
  - 时间型指标
    - 投资回收期
    - 借款偿还期
  - 价值型指标——净现值
  - 效率型指标
    - 内部收益率
    - 投资利润率
    - 投资利税率
    - 资本金利润率
    - 资本金净利润率
    - 财务比率
      - 资产负债表
      - 流动比率
      - 速动比率

图 4.3　财务评价指标分类之二

- 财务效益分析指标
  - 盈利能力指标
    - 内部收益率
    - 净现值
    - 投资回收期
    - 投资利润率
    - 投资利税率
    - 资本金利润率
    - 资本金纯利润率
  - 清偿能力指标
    - 借款偿还期
    - 财务比率
      - 资产负债率
      - 流动比率
      - 速动比率
  - 外汇平衡能力指标

图 4.4　财务评价指标分类之三

表 4.1　财务评价指标与基本报表关系

分析内容	基本报表	静态指标	动态指标
盈利能力分析	现金流量表（全部投资）	投资回收期	内部收益率 净现值 动态投资回收期
	现金流量表（自有资金）		内部收益率 净现值
	损益表	投资利润率 投资利税率 资本金利润率 资本金净利润率	

（续表）

分析内容	基本报表	静态指标	动态指标
清偿能力分析	借款还本付息估算表 资金来源与运用表 资产负债表	借款偿还期 资产负债表 流动比率 速动比率	
外汇平衡	财务外汇平衡表		
其他		价值指标或实物指标	

2.4 财务评价的基本步骤

根据财务评价的基本原理，财务评价的具体步骤如下。

2.4.1 收集、整理、分析和估算项目的财务数据

财务基础数据的估算是指在项目市场、资源、技术条件分析基础上，从项目角度出发，依据现行的财税制度和价格政策，对一系列有关的财务数据进行调查、收集、整理和测算，并编制有关财务数据估算表的工作。

投资方案提出以后，能否正确决策，关键就在于数据的收集和估算是否准确、可靠。为求数据的准确、可靠，这项工作必须有企业的各个部门参与。比如：为了估算将来的收入数据，就必须依靠销售部门进行需求预测；为了估算将来的经营成本，就必须依靠生产、技术和采购部门提供有关的成本资料。

2.4.2 编制财务报表

财务报表分为基本报表和辅助报表。它是根据上一步骤估算的基础数据填列的，是计算反映项目盈利能力、清偿能力和外汇平衡的技术经济指标的基础。所以，在分析和估算财务数据之后，需要编制财务报表。首先在对已取得的财务数据进行分析、审核、评估的基础上，编制辅助报表（总成本费用估算表、销售收入和销售税金及附加估算表、固定资产折旧费估算表等）。其次将辅助报表中的基础数据进行汇总，编制财务基本报表，主要是编制现金流量表、损益表、资金来源与运用表、资产负债表及外汇平衡表等。

2.4.3 计算与评价财务评价指标

利用财务基本报表可直接计算出一系列财务评价指标，包括反映项目盈利能力指标、反映清偿能力指标及反映外汇平衡状况等静态指标和动态指标。

2.4.4 进行不确定性分析

不确定性分析包括盈亏平衡分析、敏感性分析和概率分析三种方法，主要分析项目适应市场变化的能力和抵抗风险能力。

2.4.5 提出财务评价结论

将计算出的有关指标与国家有关部门公布的基准值，或与经验标准、历史标准、目标标准等加以比较，并从财务的角度提出项目是否可行的评价结论。

课题 3　财务评价主要基础数据的确定、估算与分析

3.1　基础数据的范围和作用

财务基础数据估算工作涉及的范围很广，需要收集大量的资料，主要有：①项目的有关批文等；②有关的政策、法令、规定、条例等；③同类项目的有关基础数据；④与项目有关的财务基础数据，包括项目总投资、资金筹措方案、计算期、生产负荷、财物价格、成本费用、销售收入等。

财务基础数据是财务评价的基础值，基础数据的准确与否直接关系到经济分析结论的正确与否。数据的估算必须真实准确、合法可行。数据的选择要注意客观性，不以假设为测算依据；在数据测算和分析时要防止主观片面性，要以相关的法规制度为依据，确保数据估算工作的合法性。

3.2　项目计算期的分析确定

项目计算期是根据经济评价要求所规定的一个计算项目净效益的年限。项目计算期包括建设期和生产期。

（1）项目建设期

建设期是指项目从开始施工到全部建成投产所需要的时间。从理论上讲，影响项目建设期的因素很多，主要有项目投资规模、项目类型、项目建设条件、工程与技术的复杂程度、施工组织管理水平、资金与物资供应状况等。实际工作中一般根据同类项目经验数据与项目的具体情况加以确定。

（2）项目生产期

生产期是指项目从建成投产到主要固定资产报废为止所经历的时间，包括投产期（投产后未达到 100%设计能力）和达产期（达到设计生产能力）。

生产期的确定主要考虑以下几方面的问题。①满足国民经济近期和长远规划的需要。②考虑科学进度的影响。现代科技飞跃发展，计算期不能考虑过长，因为很可能在这个计算期出现某些在技术上先进、经济上非常优越的新方案，使原来采用的技术方案提前报废。例如，国外有些地区为了满足电能的需要，当时建造了许多小型水电站，后来由于电力系统的扩大和发展，这些小水电站有的提前报废，有的重新建为大型水电站。③要考虑经济资料的准确性和经济发展的情况。项目评价不仅要利用近期的经济资料，同时要考虑今后一个时期的经济发展的情况来进行预测。计算期越长，经济情况发生变化的可能性越大，预测的准确性就越差，计算误差就越大。但在适当时期内，经济情况的变化还是比较小的，对评价计算精度影响不大。④考虑资金的时间价值。用动态指标计算，二三十年以后的收益折现后，数额较小，不会对评价结论产生关键性的影响。所以，计算期不应定得太长。

生产期的确定应该综合考虑上述有关的各种因素，并根据具体项目的实际情况来确定。对工业投资项目来讲，某项目生产期一般不超过 20 年；对于某些折旧年限很长的特殊项目，如某些水利、交通等项目，其项目生产期可延长至 30 年以上，需要根据行业的特点和具体情况确定。

对于不同的投资项目，其现金流量分布、资金的回收时间都会有差异。所以，在投资项目的经济评价和投资决策过程中，要根据项目实际情况和行业特点合理确定项目计算期，既不能定得太长也不能定得太短。

3.3 营销计划与运营负荷的研究确定

营销的基本任务之一是为企业经营决策提供信息依据。经营决策是企业确定目标并从两个以上的经营方案中选择一个合理方案的工作过程。经营决策要解决的基本问题是企业的发展方向，而把握方向依据之一是来自市场营销方面的信息，要根据市场信息制定出各种经营方案。

营销计划是营销活动的具体描述。它规定了各种经营活动的任务、策略、政策、目标、具体的措施。有了营销计划就可使企业的营销工作按照既定计划有条不紊地循序渐进，避免营销活动的混乱和盲目性。

营销计划的具体内容有：①根据企业的经营方针、策略，制定一定时期内的目标销售额（或数量）；②进行销售指标的分解；③制定销售预算；④制定销售实施计划。

营销计划详细说明了预期的经济效益，使企业管理者能预计到计划期末企业的销售收入，并能了解到为实现计划所需要的资源数量，预计企业未来需要投入的成本费用。所以营销计划是否科学、合理直接关系到企业的经营决策。

营销计划制定要考虑的主要因素有：①营销现状；②市场状况；③产品状况；④竞争状况；⑤财务目标。

为了有一个科学、合理、符合市场需要的营销计划，在制定营销计划时要充分考虑以上各因素，并结合企业现有生产能力及企业未来发展目标，为企业领导者进行投资决策提供依据。

运营（生存）负荷是指项目生产经营期内生产能力的发挥程度，也称生产期能力利用率，用百分数表示。一般应按项目投产期和以后正常生产年份分别设定生产负荷。

生产负荷的确定受许多因素影响，如市场竞争状况、营销手段、季节变动、技术熟练程度等。即使在各年的每个月、每一天都满负荷运转，确定正常年份的生产负荷为100%也是不行的。所以，要对企业的生产能力进行调查、估算，确定符合企业不同阶段的生产负荷，这样才能进行有效的产品销售预测、价格分析，判断产品的市场竞争能力，为企业财务评价提供依据。

3.4 基准参数的选取

经济评价参数是用于计算、衡量建设项目效益与费用以及判断项目经济合理性的一系列数值，它包括国民经济参数和财务评价参数。这些参数不代表现行的价格、汇率和利率，也不作为国家分配投资、财政核算以及部门间企业商品交换和结算的依据。它是根据国家的经济状况、资源供求状况、宏观经济调控意图、各行业投资经济效益以及项目评价的实际需要测算调整的。部门或项目评价人员可根据项目评价的需要补充测算其他参数。

基准参数是指同一行业的财务评价指标的基准值，包括财务基准收益率、基准投资回收期、平均投资利润率和投资利税率。

（1）行业财务基准收益率是指同一行业内项目的财务内部收益率的基准值，它代表着同一行业内项目所占用的全部资金应当获得的最低财务盈利水平，是同一行业内项目财务内部收益率的判断依据。

在项目经济评价中，折现率是判断项目获利能力的一个主要基准值，它用于计算项目财务净现值和评价项目的财务内部收益率。目前，国内项目评价中的折现率一般取行业财务基准收益率，当计算的项目财务内部收益率高于或等于行业的基准收益率时，认为项目在经济上是可行的。

(2)行业基准投资回收期是各行业项目财务评价投资回收期指标的基准值。在项目财务评价中，要求项目的投资回收期小于或等于行业基准投资回收期；否则，表示项目不能满足投资盈利性和风险性的要求。

(3)行业平均投资利润率和平均投资利税率是衡量项目的投资利润率和投资利税率是否达到或超过本行业平均水平的基准参数，它是根据近几年新项目和原有企业的统计分析计算得到的，反映了现行财税价格条件下各行业建设项目投资的利润率和利税率的平均水平。它只作为项目财务评价的参考依据，不作为项目投资利润率和利税率是否达到本行业最低要求的依据。

财务评价的基准参数是按照各行业现行财税条件测定的，使用时应注意国家财税、价格等条件的变化，根据现行情况做适当的调整。

工程项目财务评价用于测算各种基础数据，它的正确与否与关系到项目的正确决策和顺利实施与否。财务基础数据测算包括以下几个方面。

3.4.1 建设项目投资估算

对建设项目来说，总投资包括固定资产投资和流动资金。总投资所形成的资产，根据其特性可分为固定资产、无形资产、流动资产、递延资产。

建设项目总投资的构成如图 4.5 所示。

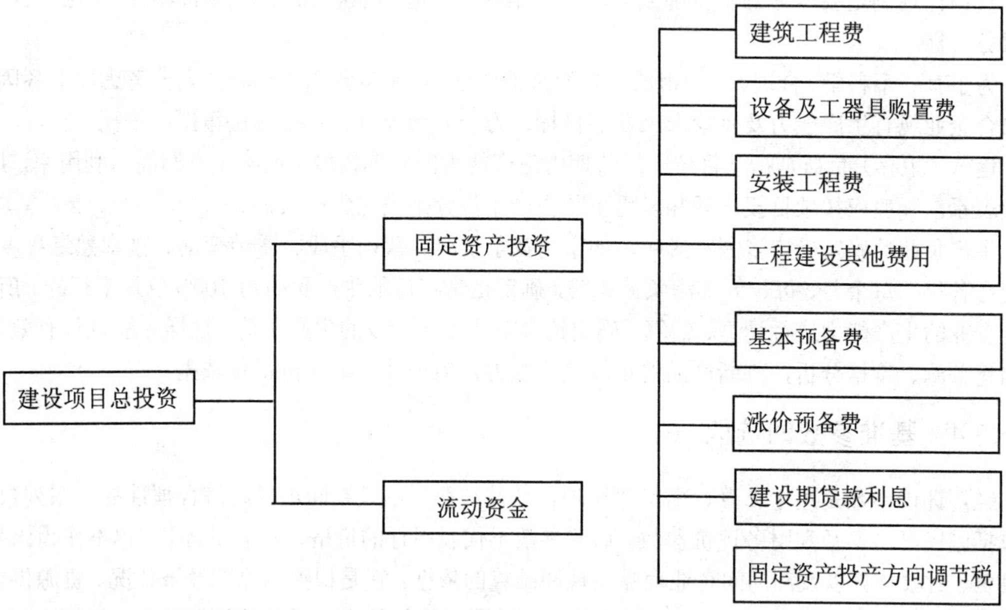

图 4.5 建设项目总投资的构成

(1) 固定资产投资的估算方法

①生产能力指数法

这种方法是根据已建成的、性质类似的工程或装置的实际投资额和生产能力，按拟建项目的生产能力推算拟建项目的投资。计算公式为

$$C_2 = C_1\left(\frac{Q_2}{Q_1}\right)^n f$$

式中：

C_1——已建项目的固定资产投资；

C_2——拟建项目的固定资产投资；

Q_1——已建项目的生产能力；

Q_2——拟建项目的生产能力；

n——生产能力指数；

f——价差系数（投资估算年份的价格水平与已建项目投资年份的价格水平之比）。

生产能力指数 n 一般不易确定。当规模的扩大是以提高主要设备的效率而达到时，n 取 0.6～0.7；当规模的扩大是以增加项目的机器设备数量而达到时，n 取 0.8～1.0。

②资金周转率法

该种方法是从资金周转的定义出发推算建设投资。

当资金周转率为已知时，则

$$C=\frac{Q\times P}{T}$$

式中：

C——拟建项目建设总投资；

Q——产品年产量；

P——产品单价；

T——资金周转率，即 $T=\frac{\text{年销售总额}}{\text{建设投资}}$。

该方法简单明了、方便易行，但不同性质的工厂或生产不同产品的车间资金周转率不同，要提高投资估算精确度，必须做好相关的基础工作。

③分项比例估算法

这种方法是以拟建项目的设备费为基数，根据已建成的同类项目的建筑安装工程费和其他费用等占设备价值的百分比，求出相应的建筑安装工程费及有关费用，其总和即为拟建项目建设投资。计算公式为

$$C=E(1+f_1P_1+f_2P_2+f_3P_3)+I$$

式中：

C——拟建项目建设投资；

E——根据设备清单现行价格计算的设备费的总和；

P_1、P_2、P_3——拟建成项目中的建筑、安装及其他工程费用分别占设备费的成分比；

f_1、f_2、f_3——由于时间因素引起的定额、价格、费用标准等变化的综合调整系数；

I——拟建项目的其他费用。

（2）流动资金估算

流动资金估算一般采用分项详细算法，个别小型项目采用扩大估算法。

①分项详细估算法

计算流动资金需要掌握的流动资产和流动负债这两类因素应分别进行估算。在可行性研究中，为简化计算，仅对存货、现金、应收账款这三项流动资产和应付账款这项流动负债进行估算，计算公式为

$$\text{流动资金}=\text{流动资产}-\text{流动负债}$$

其中：

$$\text{流动资产}=\text{应收账款}+\text{存货}+\text{现金}$$

$$\text{流动负债}=\text{应付账款}$$

$$流动资金本年增加额=本年流动资金-上年流动资金$$

$$存货=外购原材料+外购燃料+在产品+产成品$$

$$外购原材料=\frac{年外购原材料总成本}{按种类分项周转次数}$$

$$外购燃料=\frac{年外购燃料总成本}{按种类分项周转次数}$$

$$在产品=\frac{年外购原材料+年外购燃料+年工资及福利费+年其他制造费用}{在产品周转次数}$$

$$产成品=\frac{年经营成本}{产成品周转次数}$$

$$现金需要量=\frac{年工资及福利费+年其他费用}{现金周转次数}$$

年其他费用=制造费用+管理费用+销售费用

–(以上三项费用中所含的工资及福利费、折旧费、维护费、摊销费、修理费)

$$应付账款=\frac{年外购原材料+年外购燃料}{应付账款周转次数}$$

②扩大指标算法

a．按建设投资的一定比例估算；

b．按经营成本的一定比例估算；

c．按年销售收入的一定比例估算；

d．按单位产量占用流动资金的比例估算。

流动资金一般在投产前开始筹措，从投产第一年开始按生产负荷进行安排，借款部分按全年计算利息。流动资金利息应计入财务费用。项目计算期末回收全部流动资金。

3.4.2 项目计算期、折旧、摊销测算

（1）项目的寿命周期

项目寿命周期是指工程项目正常生产经营能够持续的年限，一般用年表示。项目寿命周期是工程项目投资决策分析的基本参数，寿命周期长短对投资方案的经济效益影响很大。

项目的寿命周期可以按产品的寿命周期、主要工艺设备和经济寿命，或综合分析加以确定。

（2）工程项目经济分析中的计算期

①固定资产折旧测算

项目建成时，固定资产投资、固定资产投资方向调节税和建设期利息形成固定资产、无形资产、递延资产。固定资产折旧一般采用平均年限法（直线折旧法）；企业专业车队的客货运汽车、大型设备等可采用工作量法；在国民经济中的重要地位、技术进步快的电子生产企业、船舶生产企业、飞机生产企业、化工生产企业和医药生产企业及其他经财政部批准的特殊行为的企业，其机器设备可采用双倍余额递减法或年数总和法。

②无形资产和递延资产的摊销

无形资产和递延资产均是以摊销的方式补偿和回收的。无形资产按规定期限分期平均摊入管理费用，没有规定期限的，按不小于 10 年期限分期平均摊销。递延资产包括开办费和以经营租赁方式租入的固定资产改良支出等。开办费从开始生产经营起，按不少于 5 年期限分期平均摊入管理费用；以经营租赁方式租入的固定资产改良支出在租赁有效期内分期平均摊销。

3.4.3 销售收入和税金计算

企业生产经营阶段的主要收入来源是销售收入，它是指企业销售产品或提供劳务等取得的收入，计算公式为

销售收入=产品的销售数量×销售价格

销售税金及附加是指增值税、消费税、营业税、城市维护建设税、资源费和教育费附加等，均要按照规定从销售收入中扣除。这些税金及附加的测算可按税制规定的具体方法进行。

3.4.4 产品费用成本的测算

财务评价需要计算的成本项目有生产成本、总成本费用和经营成本。

（1）生产成本

生产成本是指与生产经营最直接和最密切相关的费用。计算公式为

生产成本=外购原材料、燃料及动力费+生产人员工资及福利费+制造费用

其中：

制造费用=折旧费+修理费+其他

式中：

外购原材料、燃料及动力费按消耗定额及物料单价估算；

生产人员工资按劳动定额及工资标准估算；职工福利费按对应工资总额的14%计算；

修理费可取折旧费的一定比例估算。

（2）总成本费用

总成本费用是一定时期生产经营活动所发生的全部费用总和。计算公式为

总成本费用=生产成本+销售费用+管理费用+财务费用

式中：

销售费用——为销售产品和提供劳务而发生的各项费用，包括销售部门人员工资及福利费、折旧费、修理费及其他销售费用（如广告费、办公费、差旅费等）；

管理费用——企业行政管理部门为管理、组织生产而发生的费用，包括管理人员工资及福利费、折旧费、无形资产及递延资产的摊销费，以及其他管理费用（如办公费、差旅费、土地使用税等）；

财务费用——为筹集资金而发生的各项费用，主要指生产内发生的固定资产投资借款和流动资金借款和流动资金借款的利息支出。

（3）经营成本

经营成本是指在总成本中剔除了折旧费、摊销费及利息支出后的成本费用支出。

经营成本=总成本费用–折旧–摊销费–利息支出

3.4.5 利润、利润分配及借款还本利息的测算

（1）利润、利润分配测算

利润总额=销售收入–销售税金及附加–总成本费用

（2）借款还本付息测算

项目借款的偿债资金来源主要包括固定资产折旧、企业的未分配利润无形资产和递延资产摊销及其他还款资金来源。项目在建设期借入的全部固定资产投资贷款及在建设期的借款利息构成了项目的债务总额，在项目投产后可由上述资金来源偿还。借款的偿还可用等额利息法、等额本金法、等额摊还法、一次性偿付法和乐偿债基金法等方式来偿还。

（3）借款利息的计算

财务评价项目中的国内外借款，无论实际按年、季还是按月计息，均简化为按年计息，即将名义利率按计息时间折算成有效年利率。

①固定资产投资借款利息的计算

项目固定资产借款发生在建设期的利息计入固定资产原值。在项目建设期，由于项目正在建设而无偿还能力，可以将建设期所欠利息作为贷款资金转入本金，到投产期一并偿还。计算公式为

$$每年应计利息=(年初借款本息累计+本年借款额/2)\times年利率$$

固定资产投资借款发生在生产期各年的应付利息计入财务费用。对生产期各年的还款均按年末偿还考虑，每年应计利息公式为

$$每年应计利息=年初借款本息累计\times年利率$$

②流动资金借款利息的计算

流动资金从投产每一年开始按生产负荷用于安排生产，其借款部分按全年计算利息，即假设为年初支用。流动资金利息计入财务费用，项目计算期末回收全部流动资金，偿还流动资金借款本金。计息公式为

$$流动资金利息=流动资金借款累计金额\times年利率$$

课题 4　财务评价的基本报表

为了计算评价指标，考察项目的盈利能力、清偿能力以及外汇平衡状况等财务状况，需先编制财务报表，它是根据财务基础数据填制的，是计算财务评价指标的基础。下面我们介绍几个主要的财务基本报表的编制。

4.1　现金流量表

根据投资计算基础不同，现金流量表分全部投资现金流量表和自有资金现金流量表。

4.1.1　现金流量表（全部投资）

现金流量表（全部投资）是指不分投资资金来源，在假定全部投资为自有资金的条件下，用以计算全部投资的税前及税后财务内部收益率、财务净现值及投资回收期等经济指标的表格。编制该表格的目的是考察项目全部投资的盈利能力，为对各个投资方案（不包括其资金来源及利息多少）进行比较建立共同的基础。

现金流量表（全部投资）的现金流入包括产品销售（营业）收入、回收固定资产余值（可用净残值代替）和回收流动资金。现金流出包括建设投资、流动资金、经营成本、销售税金及附加、所得税等，如表 4.2 所示。

4.1.2　现金流量表（自有资金）

现金流量表（自有资金）是从投资者角度出发，以投资者的出资额作为计算基础，把借款本金偿还和利息支付作为现金流出，用以计算自有资金的财务内部收益率、财务净现值等分析指标的表格。编制该表格的目的是考察项目自有资金的盈利能力。

现金流量表（自有资金）与现金流量表（全部投资）的现金流入项目相同。现金流出包括自有资金（建设投资和流动资金）、借款本金偿还、借款利息支付、经营成本、销售税金及附加、所得

税等，如表 4.3 所示。

表 4.2 现金流量表（全部投资） 单位：万元

序号	项目	年份								合计
		建设期		投产期		达到设计能力生产期				
		1	2	3	4	5	6	…	*n*	
	生产负荷（%）									
1	现金流入									
1.1	产品销售（营业）收入									
1.2	回收固定资产余值									
1.3	回收流动资金									
2	现金流出									
2.1	建设投资									
2.2	流动资金									
2.3	经营成本									
2.4	销售税金及附加									
2.5	所得税									
3	净现金流量（1–2）									
4	累计净现金流量									
5	所得税前净现金流量（3+2.5）									
6	所得税前累计净现金流量									

计算指标：①内部收益率；②净现值；③投资回收期。

表 4.3 现金流量表（自有资金） 单位：万元

序号	项目	年份								合计
		建设期		投产期		达到设计能力生产期				
		1	2	3	4	5	6	…	*n*	
	生产负荷（%）									
1	现金流入									
1.1	产品销售（营业）收入									
1.2	回收固定资产余值									
1.3	回收流动资金									
2	现金流出									
2.1	自有资金									
2.2	借款本金偿还									
2.3	借款利息支出									
2.4	经营成本									
2.5	销售税金及附加									
2.6	所得税									
3	净现金流量（1–2）									

计算指标：①财务内部收益率；②财务净现值。

以上两种现金流量表各有其特点和目的。现金流量表（全部投资）在计算现金流量时，假定全部投资均为自有资金，因而不考虑借款本金的偿还和利息支付，为对各投资项目或投资方案（不论其资金来源如何）比较建立了共同的基础。现金流量表（自有资金）主要考察自有资金盈利能力和向外部借款对项目是否有利。

在对拟建项目进行投资分析时，要根据分析人员所估算的基础数据和有关辅助报表编制两种现金流量表，并分别对两种现金流量表进行分析，同时计算相应的评价指标。

4.2 损益表及损益表的编制

损益表反映项目计算期内各年的利润总额、所得税及税后利润的分配情况，用以计算投资利润率、投资利税率、资本金利润率和资本金净利率等静态投资收益率指标，是进行项目盈利能力分析的表格，如表 4.4 所示。

表 4.4 损益表 单位：万元

序号	项目	年份						合计
		投产期		达到设计能力生产期				
		3	4	5	6	…	*n*	
	生产负荷（%）							
1	产品销售（营业）收入							
2	销售税金及附加							
3	总成本费用							
4	利润总额							
5	所得税							
6	税后利润（4–5）							
7	可供分配利润（6）							
7.1	盈余公积金							
7.2	应付利润							
7.3	未分配利润							
7.4	累计未分配利润							

1）产品销售（营业）收入和销售税金及附加，依据“产品销售（营业）收入和销售（营业）税金及附加估算表”等相应的辅助报表填列。

2）所得税按照利润总额的一定比率（税率）计算，但要考虑减免所得税和弥补上年度亏损等因素。

3）税后利润等于利润总额减所得税，即项目投产后的可供分配利润。可供分配利润分为盈余公积金、应付利润和未分配利润。

4）法定盈余公积金按照税后利润扣除用于弥补以前年度亏损后的 10%提取，盈余公积金累计达到注册资本的 50%以后可以不再提取。

5）应付利润即为按规定应付给投资者的利润，包括对国家投资分配利润、对其他单位投资分配利润、对个人投资分配利润等。

6）未分配利润即为可供分配利润减盈余公积金和应付利润后的余额。

4.3 资金来源与运用表及其编制

资金来源与运用表反映项目计算期内各年的资金盈余或短缺情况，用于选择资金筹措方案，制定适宜的借款及偿还计划，并为编制资产负债表提供依据，如表 4.5 所示。若累计盈余资金余额大于零，表明当年有资金盈余；若累计资金余额小于 0，则表明当年会出现资金短缺，需要筹措资金或调整借款及还款计划。

编制该表时，首先要计算项目计算期内各年的资金来源与资金运用，然后通过资金来源与资金运用的差额反映项目各年资金盈余或短缺情况。

1）利润总额、所得税和应付利润依据“损益表”填列，折旧费、摊销费依据“总成本费用估算表”填列。

2）各种借款、自有资金、建设期利息和流动资金等依据“投资总额与资金筹措表”填列。

3）各种借款本金偿还依据“借款还本付息计算表”填列，回收固定资产余值、回收流动资金依据“现金流量表（全部投资）”填列。

4）盈余资金等于资金来源减去资金运用。

5）累计盈余资金各年数额为当年及以前各年盈余资金之和。

4.4 资产负债表及其编制

资产负债表综合反映项目计算期内各年年末资产、负债和所有者权益的增减变动以及对应关系，以考察项目资产、负债、所有者权益的结构是否合理，用以计算资产负债表率、流动比率及速动比率等指标，进行清偿能力分析，如表 4.6 所示。其表中平衡关系为

资产=负债+所有者权益

（1）资产

资产包括流动资产总额、在建工程、固定资产净值、无形及递延资产净值等。其中流动资产总额为应收账款、存货、现金、累计盈余资金之和。前 3 项数据可依据“流动资金估算表”填列；累计盈余资金可依据“资金来源与运用表”填列，但在最后一年时，应扣除其中包含的回收固定资产余值和自有流动资金。在建工程是指投资总额与资金筹措表中的建设投资额。固定资产净值和无形资产净值分别从固定资产折旧估算表和无形资产摊销估算表中取得。

表 4.5 资金来源与运用表 单位：万元

序号	项目	年份								合计
		建设期		投产期		达到设计能力生产期				
		1	2	3	4	5	6	…	*n*	
	生产负荷（%）									
1	资金来源									
1.1	利润总额									
1.2	折旧费									
1.3	摊销费									
1.4	长期借款									

（续表）

序号	项目	年份								合计
		建设期		投产期		达到设计能力生产期				
		1	2	3	4	5	6	…	n	
1.5	流动资金借款									
1.6	其他短期借款									
1.7	自有资金									
1.8	其他									
1.9	回收固定资产余值									
1.10	回收流动资金									
2	资金运用									
2.1	建设投资									
2.2	建设期利息									
2.3	流动资金									
2.4	所得税									
2.5	应付利润									
2.6	长期借款本金偿还									
2.7	流动资金借款本金偿还									
2.8	其他短期借款本金偿还									
3	盈余资金（1–2）									
4	累计盈余资金									

（2）负债

负债包括流动负债和长期负债。流动负债中的应付账款数据可由流动资金估算表中直接取得。流动资金借款和其他短期借款两项流动负债及长期借款均指借款余额，需根据资金来源与运用表中的对应项及本金偿还项进行计算。

表 4.6　资产负债表　　**单位：万元**

序号	项目	年份								合计
		建设期		投产期		达到设计能力生产期				
		1	2	3	4	5	6	…	n	
	生产负荷（%）									
1	资产									
1.1	流动资产总额									
1.1.1	应收账款									
1.1.2	存货									
1.1.3	现金									
1.1.4	累计盈余资金									

（续表）

序号	项目	年份								合计
		建设期		投产期		达到设计能力生产期				
		1	2	3	4	5	6	…	*n*	
1.2	在建工程									
1.3	固定资产净值									
1.4	无形资产及递延资产净值									
2	负债及所有者权益									
2.1	流动负债总额									
2.1.1	应付账款									
2.1.2	流动资金借款									
2.1.3	其他短期借款									
2.2	长期借款负债小计									
2.3	所有者权益									
2.3.1	资本金									
2.3.2	资本公积金									
2.3.3	累计盈余公积金									
2.3.4	累计未分配利润									

计算指标：①资产负债率；②流动比率；③速动比率。

（3）所有者权益

所有者权益包括资本金、资本公积金、累计盈余公积金及累计未分配利润。其中，累计未分配利润可直接来自损益表，累计盈余公积金也可由损益表中盈余公积金项计算各年份的累积值。资本金为项目投资时的自有资金，资本公积金包括资本溢价和赠款两大项。

4.5 财务外汇平衡表及其编制

外汇平衡表适用于有外汇收支的项目，用以反映项目计算期内各年外汇余额程度，进行外汇平衡分析，如表 4.7 所示。

发生外汇收支的项目需要编制外汇平衡表。表中各项数据分别来自收入、投资、资金筹措、成本费用、借款偿还等相关的估算报表或估算资料。

表 4.7 财务外汇平衡表 单位：万元

序号	项目	年份								合计
		建设期		投产期		达到设计能力生产期				
		1	2	3	4	5	6	…	*n*	
	生产负荷（%）									
1	外汇来源									
1.1	产品销售外汇收入									

（续表）

序号	项目	年份								合计
		建设期		投产期		达到设计能力生产期				
		1	2	3	4	5	6	…	*n*	
1.2	外汇借款									
1.3	其他外汇收入									
2	外汇运用									
2.1	建设投资中的外汇支出									
2.2	进口原材料									
2.3	进口零部件									
2.4	技术转让费									
2.5	偿付外汇借款本息									
2.6	其他外汇支出									
2.7	外汇余缺									

注：①其他外汇收入包括自筹外汇费；②技术转让费是指生产期支付的技术转让费。

课题5　案 例 分 析

5.1　项目概况

某公司拟建设一个农业生产性项目，生产国内急需的一种农产品，该项目经济评价前的基础工作已经完成，对项目的市场、生产规模、工艺技术方案、原材料和燃料及动力供应、建厂条件和场址方案、公用设施和辅助设施、环境保护、工厂组织和劳动定员，以及项目实施规划等诸方面进行了全面充分的研究论证和多方案比较，确定了项目的最优方案。

项目生产规模为年产 N 产品 120 万件。厂址位于城市近郊，靠近主要原料和燃料产地，且交通运输方便，水、电供应可靠。

项目主要设施包括生产主车间、与工艺生产相适应的辅助生产设施、公用工程，以及有关的生产管理和生产福利等设施。

5.2　收集、整理基础数据

从已经完成的市场预测、技术评价、环境评价、社会效益评价等工程评价，我们可得到下面有关数据。

（1）该项目计算期为 10 年，其中建设期为 2 年，生产期为 8 年。

（2）项目的设计生产能力为年产 N 产品 120 万件，经过详细的市场调查论证，确定产品出场价为 40 元/件（含税），产品征收增值税，税率为 17%，城市维护建设税税率为 7%，教育费附加为 4%，所得税税率为 33%。

（3）项目在第 3 年投产，当年生产负荷为设计能力的 70%，第 4 年达到设计能力的 90%，以后各年均达到设计生产能力。

（4）项目固定资产投资估算总额为 3600 万元，其中：预计形成固定资产 2800 万元（含建设期贷款利息 205 万元），无形资产 800 万元。固定资产使用年限为 8 年，残值率为 4%，固定资产余值在项目运营期末收回。无形资产在生产期 8 年中，均匀摊入成本。

（5）项目固定资产投资来源有自有资金和贷款，其中：长期贷款为 2000 万元，贷款利率为 10%（按年计息）；自有资金 1395 万元，均在建设期均衡投入。

（6）流动资金按分项详细法估算。流动资金为 800 万元，其中：贷款 500 万元，自有资金 300 万元。从生产期第一年起按生产负荷安排使用，贷款利率为 4%（按年计息），在项目的生产期期末收回。

（7）还款方式：在生产期 8 年中，每年等额偿还本金。

（8）行业投资利润率为 10%，行业投资利税率为 17%，行业基准收益率为 10%。

5.3 分析、估算基础数据，编制辅助报表

（1）项目固定资产投资和流动资产投资估算（表略）

项目总投资包括固定资产投资和流动资产投资。

固定资产投资 3600 万元，其中固定资产 2800 万元，无形资产投资 800 万元。

流动资金=流动资产–流动负债=1015–215=800（万元）

本项目总投资=固定资产投资+流动资产投资=3600+800=4400（万元）

（2）折旧费和摊销费的估算

1）固定资产折旧费。本项目固定资产原值为 2800 万元，按平均年限法计算折旧，折旧年限为 8 年，净残值率取 4%，如表 4.8 所示。

表 4.8 固定资产折旧费估算表 单位：万元

序号	项目	合计	折旧年限	折旧率	投产期		达到设计能力生产期					
					3	4	5	6	7	8	9	10
1	固定资产合计											
	原值	2800	8	12%								
1.1	折旧费				336	336	336	336	336	336	336	336
1.2	净值				2464	2128	1792	1456	1120	784	448	112

$$D_{平}=K_k(1-\rho)/N=2800(1-4\%)/8=336\text{（万元）}$$

固定资产残值=2800×4%=112（万元）

2）无形资产摊销费。本项目无形资产 800 万元，摊销期为 8 年，年摊销费为 100 万元，如表 4.9 所示。

表 4.9 无形资产摊销估算表 单位：万元

序号	摊销年限	原值	投产期		达到设计能力生产期					
			3	4	5	6	7	8	9	10
1	8	800								
1.1			100	100	100	100	100	100	100	100
1.2			700	600	500	400	300	200	100	0

（3）产品成本费用的估算（如表 4.10 所示）

表 4.10　产品成本费用估算表　　　　**单位：万元**

序号	项目	投产期		达到设计能力生产期					
		3	4	5	6	7	8	9	10
	生产负荷（%）	70	90	100	100	100	100	100	100
1	外购原材料	1357	1744	1938	1938	1938	1938	1938	1938
2	外购燃料、动力	452	581	646	646	646	646	646	646
3	工资及福利费	646	646	646	646	646	646	646	646
4	折旧费	336	336	336	336	336	336	336	336
5	摊销费	100	100	100	100	100	100	100	100
6	财务费用	234.5	210	185.4	157.8	130.3	102.7	75.1	47.6
6.1	长期借款利息	220.5	1929	165.4	137.8	110.3	82.7	55.1	27.6
6.2	流动资金借款利息	14	18	20	20	20	20	20	20
7	总成本费用	3125.5	3617	3851.4	3823.8	3768.7	3768.7	3741.1	3713.6
8	经营成本	2465	2969	3230	3230	3230	3230	3230	3230

1）原材料、燃料及动力的估算

为了与销售价格相适应，所有的外购原材料、燃料及动力的价格均以近几年市场已实现的价格为基础，预测到生产期初的价格。原材料价格为 24 元/吨，年消耗定额为 80.75 万吨；燃料价格为 10 元/吨，年消耗定额 54.6 万吨。以此为基础计算求得正常年份每年用原材料 1938 万元，每年用燃料 546 万元；年消耗动力费 100 万元。

2）工资及福利费的估算

全厂定员 323 人，每人每年工资平均以 2 万元估计，正常年份全年工资及福利费为 646 万元（其中福利费按工资总额 14%提取）。

3）财务费用的估算

财务费用包括长期借款利息和流动资金借款利息。长期借款利息的估算详见表 4.12 中的相关项目。流动资金借款利息按当年和以前年份流动资金借款合计乘以流动资金借款年有效利率计算。本项目流动资金借款为 500 万元，年利率为 4%。在生产期第 1 年年初借入 350 万元，当年利息为 14 万元；第 2 年年初又投入 100 万元，当年利息 18 万元；第 3 年年初全部借入投入生产，当年利息为 20 万元。以后第 4～10 年的流动资产借款利息都是 20 万元。

（4）销售收入与销售税金及附加的估算（如表 4.11 所示）

表 4.11　销售收入与销售税金及附加估算表　　　　**单位：万元**

序号	项目	单价		生产负荷 70%（第 3 年）						生产负荷 90%（第 4 年）						生产负荷 100%（5～10 年）					
				销售量			金额			销售量			金额			销售量			金额		
		外销	内销	外销	内销	小计	外销	内销	小计	外销	内销	小计	外销	内销	小计	外销	内销	小计	外销	内销	小计
1	产品销售收入																				
2	销售税金及附加																				
2.1	产品增值税 17%																				

（续表）

序号	项目	单价		生产负荷 70%（第 3 年）						生产负荷 90%（第 4 年）						生产负荷 100%（5～10 年）					
				销售量			金额			销售量			金额			销售量			金额		
		外销	内销	外销	内销	小计	外销	内销	小计	外销	内销	小计	外销	内销	小计	外销	内销	小计	外销	内销	小计
2.2	城建税 7%																				
2.3	教育费附加 4%																				

项目设计生产能力为年产 N 产品 120 万件，产品是国内紧俏产品，经分析论证产品销售价格为 40 元/件（含税），年销售收入估算值正常年份为 4800 万元。

在投产期考虑生产负荷，项目在第 3 年的销售收入为 4800×70%=3360（万元），第 4 年的销售收入为 4800×90%=4320（万元）。

年销售税金及附加按规定计取，产品缴纳增值税，增值税税率为 17%，城市维护建设税按增值税的 7%计取，教育费附加按增值税的 4%计取。正常年份（100%负荷）销售税金及附加计算如下：

$$
\begin{aligned}
增值税 &= 销项税额 - 进项税额 \\
&= [4800/(1+17\%)] \times 17\% - [(1938+646)/(1+17\%)] \times 17\% \\
&= 322（万元）
\end{aligned}
$$

$$城市维护建设税 = 322 \times 7\% = 23（万元）$$

$$教育费附加 = 322 \times 4\% = 13（万元）$$

正常年份销售税金及附加为 322+23+13=358（万元）。

（5）借款还本付息估算

本项目长期借款的还本付息估算见表 5.12，长期借款建设期利息计入借款本金，生产期间应计利息和汇兑损失计入财务费用，流动资金借款利息计入财务费用。正常还本资金来源为折旧费、摊销费和未分配利润。

表 4.12　项目还本付息表　　单位：万元

序号	项目	年份									
		1	2	3	4	5	6	7	8	9	10
1	年初借款累计	0	1050	2205	1929	1653.8	1378.2	1102.6	827	551.4	275.8
2	本年新增借款	1000	1000								
3	本年应计利息	50	155	220.5	192.9	165.4	137.8	110.3	82.7	55.1	27.6
4	本年应还本金			275.6	275.6	275.6	275.6	275.6	275.6	275.6	275.6
5	本年应还利息			220.5	192.9	165.4	137.8	110.3	82.7	55.1	27.6

借款利息如果按实际提款，还款日期计算将十分复杂，通常可简化为长期借款的当年贷款按半年计息，当年归还的贷款按全年计息。流动资金借款及其他短期借款，当年均按全年计息。利息计算如下。

1）建设期贷款利息的计算

每年应计利息=(年初借款本利累计额+本年借款额÷2)×年实际利率

第 1 年贷款利息=(0+1000÷2)×10%=50（万元）

第 2 年贷款利息=[(1000+50)+1000÷2] ×10%=155（万元）

建设期贷款利息合计=205（万元）

长期贷款本息偿还期从第 3 年开始分 8 年等额偿还。

每年应还本息=2205÷8=275.6（万元）

2）生产期贷款利息的计算

生产期各年利息=该年年初累计借款额×贷款利率

生产期各年年初生产累计借款额=(上年年初累计借款额–上年还款额)

偿还贷款期每年可还本金=各年未分配利润+折旧费+摊销费

生产期第 1 年长期贷款利息=(2000+205)×10%=220.5（万元）

生产期第 2 年长期贷款利息=(2205–275.6)×10%=192.94（万元）

生产期第 3 年长期贷款利息=(1929.4–275.6)×10%=165.4（万元）

第 6～10 年的利息依此类推。

5.4 编制基本报表

根据以上估算的辅助报表和有关基础数据我们可填制下列基本报表：

1）损益表（如表 4.13 所示）；

2）现金流量表（如表 4.14、表 4.15 所示）；

3）资金来源与运用表（如表 4.16 所示）；

4）资产负债表（如表 4.17 所示）。

表 4.13 损益表 单位：万元

序号	项目	年份							
		投产期		达到设计能力生产期					
		3	4	5	6	7	8	9	10
	生产负荷（%）	70	90	100	100	100	1000	100	100
1	产品销售（营业）收入	3360	4320	4800	4800	4800	4800	4800	4800
2	销售税金及附加	250	322	358	358	358	358	358	358
3	总成本费用	3126	3618	3851	3824	3796	3796	3741	3714
4	利润总额（1–2–3）	–16	380	591	618	646	673	701	728
5	所得税（33%）		125	195	203	213	222	231	240
6	税后利润（4–5）	–16	255	396	418	436	453	473	491
7	盈余公积金（10%）	0	23.9	39.6	41.8	43.6	45.3	47.3	49.1
8	可供分配利润（6–7）	–16	231	356	376	392	408	426	442
9	累计盈余公积金	0	23.9	63.5	105.3	148.9	194.2	241.5	290.6
10	累计未分配利润	–16	215	571	947	1339	1747	2173	2615

表 4.14 现金流量表（全部投资） 单位：万元

序号	项目	年份									
		建设期		投产期		达到设计能力生产期					
		1	2	3	4	5	6	7	8	9	10
	生产负荷（%）										
1	现金流入	0		70	90	100	100	100	100	100	100
1.1	产品销售（营业）收入			3360	4320	4800	4800	4800	4800	4800	5712
1.2	回收固定资产余值			3360	4320	4800	4800	4800	4800	4800	4800
1.3	回收流动资金										112
2	现金流出	1697.5	1697.5	3265	3578	3863	3788	3798	3807	3816	800
2.1	建设投资	1697.5	1697.5								3825
2.2	流动资金			560	160	80					
2.3	经营成本			2455	2971	3230	3230	3230	3230	3230	3230
2.4	销售税金及附加			250	322	358	358	358	358	358	358
2.5	所得税			0	125	195	200	210	219	219	237
3	净现金流量（1–2）	−1697.5	−1697.5	95	742	937	1012	1002	993	993	1887
4	累计净现金流量	−1697.5	−3395	−3300	−2558	−1621	−609	393	1386	1386	4257
5	所得税前净现金流量（3+2.5）	−1697.5	−3395	95	867	1132	1212	1212	1212	1212	2124
6	所得税前累计净现金流量	−1697.5	−3395	−3300	−2433	−1301	−89	1123	2335	2335	5671
	折现系数（i=10%）	0.909	0.826	0.751	0.683	0.621	0.565	0.513	0.467	0.467	0.386

表 4.15 现金流量表（自有资金） 单位：万元

序号	项目	年份									
		建设期		投产期		达到设计能力生产期					
		1	2	3	4	5	6	7	8	9	10
	生产负荷（%）										
1	现金流入	0	0	70	90	100	100	100	100	100	100
1.1	产品销售（营业）收入			3360	4320	4800	4800	4800	4800	4800	5712
1.2	回收固定资产余值			3360	4320	4800	4800	4800	4800	4800	4800

（续表）

序号	项目	年份									
		建设期		投产期		达到设计能力生产期					
		1	2	3	4	5	6	7	8	9	10
1.3	回收流动资金										112
2	现金流出	697.5	697.5	3425	3964.5	4274	4232	4215	4196	4178	800
2.1	自有资金	697.5	697.5	210	60	30					4659
2.2	借款本金偿还			275.6	275.6	275.6	275.6	275.6	275.6	275.6	
2.3	借款利息支付（含流动资金借款利息）			234.5	210.9	185.4	168.8	141.3	113.7	86.2	2785.8
2.4	流动资金本金偿还										58.6
2.5	经营成本			2455	2971	3230	3230	3230	3230	3230	500
3	销售税金及附加			250	322	358	358	358	358	358	3230
4	所得税			0	125	195	200	219	219	228	358
5	净现金流量（1–2）	–697.5	–697.5	–165	365.5	526	568	604	604	622	237
6	累计净现金流量	–697.5	–1395	–1460	–1104.5	–578.5	–10.9	1177.8	1177.8	1800	1053
	折现系数（i=10%）	0.909	0.826	0.751	0.683	0.621	0.5645	0.5132	0.4665	0.4241	0.3856

表 4.16　资金来源与运用表

单位：万元

序号	项目	年份									
		1	2	3	4	5	6	7	8	9	10
1	资金来源	1747.5	1852.5	990	976	1107	1043	1071	1098	1126	2065
1.1	利润总额			–16	380	591	618	646	691	746	801
1.2	折旧费			336	336	336	336	336	336	336	336
1.3	摊销费			100	100	100	100	100	100	100	100
1.4	长期借款	1050	1155								
1.5	流动资金借款			350	100	50					
1.6	自有资金	697.5	697.5	210	690	30					112
1.7	回收固定资产余值										800
1.8	回收流动资金										1012.6

（续表）

序号	项目	年份									
		1	2	3	4	5	6	7	8	9	10
2	资金运用	1747.5	1852.5	835.6	560.6	550.6	475.6	485.6	503.6	503.6	
2.1	固定资产投资	1697.5	1697.5								
2.2	建设期利息	50	155								
2.3	流动资金			560	160	80					
2.4	所得税			0	125	195	200	210	228	228	237
2.5	长期借款还本			275.6	275.6	275.6	275.6	275.6	275.6	275.6	275.8
2.6	流动资金借款还本										500
3	盈余资金（1–2）	0	0	154.4	415.4	556.4	567.4	603.4	622.4	622.4	1052.4
4	累计盈余资金	0	0	154.4	569.8	1126.2	1693.6	2882.4	3504.8	3504.8	4557.2

表 4.17　资产负债表　　单位：万元

序号	项目	年份									
		建设期		投产期		达到设计能力生产期					
		1	2	3	4	5	6	7	8	9	10
1	资产	1747.5	3600	4019	4201	4423	4554	4704	4871	5058	5262
1.1	流动资产			710.5	913.5	1015	1015	1015	1015	1015	1015
1.2	累计盈余资金	0	0	144.4	559.8	1116.2	1683.6	2269	2872.4	3594.8	4135.2
1.3	在建工程	1747.5	3600								
1.4	固定资产净值			2464	2128	1792	1456	1120	784	448	112
1.5	无形资产及递延资产净值			700	600	500	400	300	200	100	0
2	负债及所有者权益	1747.5	3600	409	4201	4423	4554	4704	4871	50578	5262
2.1	流动负债总额			500.5	643.5	715	715	715	715	715	715
2.1.1	应付账款			150.5	193.5	215	215	215	215	215	215
2.1.2	流动资金借款			350	450	500	500	500	500	500	500
2.2	长期借款	1050	2205	1929	1653.8	1378.2	1102.6	827	551.4	275.8	0
	负债小计	1050	2205	2429.9	2297.3	2093.3	1817.6	1542	1266.4	990.8	715

（续表）

序号	项目	年份									
		建设期		投产期		达到设计能力生产期					
		1	2	3	4	5	6	7	8	9	10
2.3	所有者权益	697.5	1395	1589	1905	2331	2737	3163	3606	4068	4584
2.3.1	资本金	697.5	1395	1605	1665	1695	1695	1695	1695	1695	1695
2.3.2	累计盈余公积金				24	63.5	105.3	148.9	194.2	241.5	290.6
2.3.3	累计未分配利润			−16	215	571	947	1339	1747	2173	2615
	资产负债率%			60	55	47	38	33	25	20	14

5.5 项目评价指标的计算与分析

（1）项目盈利能力指标的计算与评价

项目财务盈利能力评价主要是考察投资项目的盈利水平。根据编制的全部投资现金流量表、自有资金现金流量表和损益表，计算财务净现值、财务内部收益率等动态评价指标，以及投资利润率、投资利税率、资本金利润率、投资回收期等静态评价指标。

根据损益表和项目投资估算数，计算以下盈利能力的静态指标。

1）投资利润率

$$投资利润率=(年平均利润总额÷项目总投资)\times100\%$$

$$年平均利润总额=\sum 年利润÷n$$

$$=(-16+380+591+607+635+662+690+717)÷8$$

$$=533.3（万元）$$

$$项目投资利润率=(533.3÷4400)\times100\%=12\%$$

2）投资利税率

$$投资利税率=(年平均利税总额÷项目投资额)\times100\%$$

$$年平均利税总额=\sum 年利税÷n$$

$$=533.3+(250+322+358\times6)+8=873.3（万元）$$

$$项目投资利税率=(873.3÷4400)\times100\%=19.9\%$$

3）资本金利润率

$$资本金利润率=年平均利润÷项目资本金总额\times100\%$$

$$=533.3÷(1395+300)\times100\%=31.5\%$$

本项目投资利润率大于行业的平均利润率 10%，表明项目单位投资盈利能力达到了行业平均水平；投资利税率等于行业平均利税率 19.9%，表明项目单位投资对国家积累的贡献水平达到了行业平均水平。

根据全部投资现金流量表可以计算以下指标。

所得税前的财务净现值为

$$NPV=\sum_{t=o}^{n}[(CI-CO)_t\times(1+i_c)]=1627（万元）$$

根据财务内部收益率的计算公式

$$IRR = i_1 + \frac{NPV_1}{NPV_1 + |NPV_2|}(i_2 - i_1)$$

经测试：当 i_1=16%时，NPV_1=451；当 i_2=16%时，NPV_2= −100，则

$$IRR = 16\% + \frac{451}{451 + |-100|} \times 2\% = 17.6\% > \text{行业基准收益率}10\%$$

$$\text{投资回收期} = 7 - 1 + \frac{|-89|}{1212} = 6.07 < 10\text{（年）（行业基准回收期）}$$

$$\text{所得税后净现值}NPV = \sum_{t=0}^{n}[(CI - CO)_t \times (1 + i_c)] = 909\text{（万元）}$$

经测试：当 i_1=14%时，NPV=216；当 i_2=16%时，NPV= −51，则

$$IRR = 14\% + \frac{216}{216 + |-51|} \times 2\% = 15.6\% > \text{行业基准收益率}10\%$$

$$\text{所得税后投资回收期} = 7 - 1 + \frac{|-609|}{1002} = 6.61 < 10\text{（年）（行业基准回收期）}$$

根据以上计算看出，项目所得税后及所得税前的财务净现值分别为 909 万元和 1627 万元，均大于 0。项目所得税后及所得税前内部收益率分别为 15.6%和 17.6%，均大于行业基准收益率 10%。这表明该项目从全部投资角度看，盈利能力能满足行业最低要求，在财务上是可行的。同时回收期也都小于基准回收期，表明投资能在规定的时间内收回。

根据自有资金现金流量表可以计算：

项目财务净值=833（万元）

根据财务内部收益率的计算公式，经测试：当 i_1=20%时，NPV=64；当 i_2=24%时，NPV= −113，则

$$IRR = 20\% + \frac{64}{64 + |-113|} \times 4\% = 21.46\% > \text{行业基准收益率}10\%$$

$$\text{项目投资回收期} = 7 - 1 + \frac{|-10.9|}{585} = 6.02\text{（年）}$$

（2）项目清偿能力指标的计算与评价

项目清偿能力分析主要是考察项目在计算期内各年的财务状况及偿债能力。根据编制的资金来源与运用表、资产负债表，计算资产负债率、流动比率等评价指标。

资金来源与运用表可以全面反映项目资金活动的全貌，通过资金来源和资金运用的差额可以看出项目各年的资金盈余或短缺情况，该项目从生产期第一年就有盈余资金，说明项目资金情况比较好。

根据此表还可以计算现借款偿还期（反映清偿能力的指标），由于此项目是等额偿还借款，所以偿还期就是 10 年，不用再进行计算。

根据资产负债表可以计算资产负债率、流动比率和速动比率，分析项目的偿债能力。

财务评价结论：从上述财务评价结果看，本项目财务内部收益率高于行业基准收益率，财务净现值大于 0，投资回收期低于行业基准回收期，借款偿还能满足贷款机构的要求，项目各年的财务状况也较好，具有一定的抗风险能力，所以从财务上看项目可以接受。

习　题

1．财务评价的概念是什么？内容包括哪些？

2．财务评价有几个基本步骤？

3．项目财务评价时，需要编制哪些主要辅助报表和基本报表？

4．全部投资现金流量表和自有资金流量表的主要差别有哪些？

5．计算、分析题。建设某工业生产项目，项目基础数据如下。

（1）固定资产投资额为 5058.9 万元，其中无形资产为 600 万元，建设期为 2 年，生产期为 8 年。

（2）项目投资来源为自有资金和贷款。自有资金在建设期均衡投入；贷款总额 2000 万元，建设期每年贷入 1000 万元。贷款利率为 10%（年息），在生产期每年按最大偿还能力偿还（有多少可用于偿还的资金就还多少）。无形资产在生产期 8 年中，均衡摊入成本。固定资产残值 300 万元，按直线法折旧，折旧年限 12 年。

（3）项目第 3 年投产，当年生产负荷达到生产能力的 70%，第 4 年达到设计生产能力的 90%，以后各年平均达到设计生产能力。流动资金全部为自有资金。

（4）所得税税率为 33%。

项目的资金投入、收益、成本如表 4.18 所示。

表 4.18　建设项目资金投入、收益、成本费用表　　单位：万元

序号	项目	年份							
		1	2	3	4	5	6	7	8～10
1	建设投资	1529.46	1529.45						
	自有资金贷款（不含建设期贷款利息）	1000	1000						
2	销售额			3500	4500	5000	5000	5000	5000
3	销售税金及附加			210	270	300	300	300	300
4	经营成本			2490.9	3443.2	3947.9	4003.8	4059.7	4061.3
5	流动资产（应收账款+现金+存货）			532	684	760	760	760	760
6	流动负债（应付账款）			89.83	115.5	128.33	129.33	128.33	128.33
7	流动资金（5–6）			442.17	568.5	631.67	631.67	631.67	631.67

问题：

（1）计算建设期贷款利息和生产期固定资产折旧费、无形资产摊销费；

（2）编制还本付息表、损益表；

（3）编制资金来源与运用表；

（4）编制资产负债表，分析项目清偿能力、项目可行性。

【参考答案】

（1）建设期贷款利息的计算

1）第 1、2 年贷款利息分别为 50 万元、155 万元，建设期贷款利息合计 205 万元。

2）固定资产折旧费 363.66 万元。

3）无形资产摊销费 75 万元。

（2）编制项目还本付息表，如表 4.19 所示。

各年应还本金额=各年末未分配利润+折旧费+摊销费

第 1、2 年是在建设期不用偿还，第 3、4、7 年应可还金额分别为 523.08 万元、547.2 万元、16.2 万元，第 5、6 年可还金额 559.23 万元。

编制项目损益表，如表 4.20 所示。

总成本费用=经营成本+折旧费+摊销费+利息支出

表 4.19　项目还本付息表　　单位：万元

序号	项目	年份						
		1	2	3	4	5	6	7
1	年初借款累计	0	1050	2205	1681.92	1134.72	575.46	16.2
2	本年新增借款	1000	1000	0				
3	本年应计利息	50	155	220.5	168.19	113.47	57.55	1.62
4	本年应还本金			523.08	547.2	559.26	559.26	16.2
5	本年应还利息			220.5	168.19	113.47	57.55	1.63

表 4.20　项目损益表　　单位：万元

序号	项目	年份							
		3	4	5	6	7	8	9	10
1	销售收入	3500	4500	5000	5000	5000	5000	5000	5000
2	总成本费用	3150	4045	4500	4500	4500	4500	4500	4500
3	销售税金及附加	210	270	300	300	300	300	300	300
4	利润总额（1−2−3）	140	180	200	200	200	200	200	200
5	所得税（4×33%）	46.2	59.4	66	66	66	66	66	66
6	税后利润（4−5）	93.8	120.6	134	134	134	134	134	134
7	盈余公积金（6×10%）	9.38	12.06	13.4	13.4	13.4	13.4	13.4	13.4
8	应付利润（6−7）					104.4	120.6	120.6	120.6
9	未分配利润（6−7−8）	84.42	108.54	120.6	120.6	16.2			
	累计未分配利润	84.42	192.96	313.56	434.16	450.36	450.36	450.36	450.36

（3）编制资金来源与运用表，如表 4.21 所示

项目每年借款额：第 1、2 年借款额分别为 1050 万元、1155 万元。

流动资金总额为 631.67 万元，按达产比例分 3 年投入。

盈余资金=资金来源−资金占用

表 4.21　资金来源与运用表　　单位：万元

序号	项目	年份									
		1	2	3	4	5	6	7	8	9	10
	生产负荷（%）			0.7	0.9	1.0	1.0	1.0	1.0	1.0	1.0
1	资金来源	2579.45	2684.45	1020.83	744.99	701.83	638.66	638.66	638.66	638.66	638.66
1.1	利润总额			140	180	200	200	200	200	200	200
1.2	折旧费			363.66	363.66	363.66	363.66	363.66	363.66	363.66	363.66
1.3	摊销费			75	75	75	75	75	75	75	75
1.4	长期借款	1050	1155								
1.5	流动资金借款	1529.45	1529.45	442.17	126.33	63.17					
1.6	自有资金										
1.7	回收固定资产余值										
1.8	回收流动资金										
2	资金运用	2579.45	2684.45	1011.45	732.93	688.43	625.26	186.6	186.6	186.6	186.6
2.1	固定资产投资	2579.45	2684.45								
2.2	流动资金			442.17	126.33	63.17					
2.3	所得税			46.2	59.4	66	66	66	666	66	66
2.4	应付利润							104.4	120.6	120.6	120.6
2.5	借款还本			523.08	547.2	559.26	559.26	16.2			
3	盈余资金（1–2）	0	0	9.38	12.06	13.4	13.4	452.06	452.06	452.06	2838.36
4	累计盈余资金	0	0	9.38	21.44	34.84	48.24	500.3	952.36	404.42	4242.78

（4）编制资产负债表，如表 4.22 所示。

$$借款偿还期=借款偿还后出现盈余借年份-开始借款年份+\frac{该年应偿还借款额}{该年可用于还款额}$$

$$该年可用于还款额=该年可用于还款的利润=折旧费+摊销费$$

$$该年应偿还借款额=该年应偿还本金$$

$$借款偿还期=6.03（年）$$

结论：该项目在 6.03 年内就能还清借款，还款期小于项目计算期，从清偿角度看，该项目是可行的。

表 4.22　项目资产负债表　　单位：万元

序号	项目	年份									
		1	2	3	4	5	6	7	8	9	10
1	资产	2579.45	5263.9	5366.62	5092.02	4742.76	4317.5	4330.9	4344.3	4357.7	4371.1
1.1	流动资产总额			541.38	705.44	794.84	808.24	1260.3	1712.36	2164.42	2616.47
1.1.1	流动资产			532	684	760	760	760	760	760	760

（续表）

序号	项目	年份									
		1	2	3	4	5	6	7	8	9	10
1.1.2	累计盈余资金			9.38	21.44	34.84	48.24	500.3	952.36	1404.42	1856.47
1.2	在建工程	2579.45	5263.9								
1.3	固定资产净值			4300.24	3939.58	3572.92	3209.26	2845.6	2481.94	2118.28	1754.63
1.4	无形资产净值			525	450	375	300	225	150	75	0
2	负债及所有者权益	2579.45	5263.9	5366.62	5092.02	4742.76	4317.5	4330.9	4344.3	4357.7	4371.1
2.1	流动负债			89.83	115.5	128.33	128.33	128.33	128.33	128.33	128.33
2.2	长期负债	1050	2205	1681.92	1134.72	575.46	16.2				
	负债小计	1050	2205	1771.75	1250.22	703.79	144.53	128.33	128.33	128.33	128.33
2.3	所有者权益	1529.45	3058.9	3594.87	3841.8	4038.97	4172.97	4215.97	4215.97	4229.37	4242.77
2.3.1	资本金	1529.45	3058.9	3501.07	3627.4	3690.57	3690.57	3690.57	3690.57	3690.57	3690.57
2.3.2	累计盈余公积金			9.38	21.44	34.84	48.24	61.64	75.04	88.44	101.84
2.3.3	累计未分配利润			84.42	192.96	313.56	434.16	450.36	450.36	450.36	450.36
	资产负债率（%）	40.71	41.89	33.01	24.55	14.84	3.35	2.96	2.95	2.94	2.94
	流动比率			592.23	592.21	592.22	592.22	592.22	592.22	592.22	592.22

项目单元五　价 值 工 程

价值工程就是“必要的功能”与“最低寿命周期成本”两个要素的结合。在工程经济分析中，它是一种思维方式、组织管理方法、设计理念和建造原则。价值工程的工作程序分为三个阶段和七个步骤，以功能分析为核心，以产品、工艺技术等为研究对象，以有组织的集体创造活动为基础，以提高产品价值为目标。本项目单元阐述了价值工程的基本概念和特征，详细介绍了开展价值工程活动的基本程序、工作内容和各种方法，最后以价值工程的应用实例结束本单元内容。

课题1　价值工程的基本概念及其特征

价值工程（value engineering，VE），也称价值分析（VA），是研究产品或系统的功能与成本之间的关系，改进产品或系统状态，以提高其经济效益的现代管理技术。价值工程在20世纪40年代末起源于美国。

二战期间，美国的军事工业得到了很大的发展，但同时也出现了原材料供应紧张的问题，这给企业生产带来了很大的困难。当时在美国通用电器公司采购部门任职的麦尔斯（L. D. Miles）在原材料供应十分紧张的情况下，提出了大胆的设想，并在公司进行了实践：能否用其他材料来代替所需要的紧缺材料而获得同样的效用（功能）？最典型的例子是所谓的“石棉板事件”。当时公司需要购买大量的石棉板，由于短缺，其价格成倍增长，给购买工作和公司财务都带来了很大的困难。当时麦尔斯提出了这样一个问题：为什么要使用石棉板，它的功能是什么？原来他们在给产品上涂料时，容易把地板弄脏，要在地板上垫一些东西，而涂料的溶剂又是易燃品，消防法规定要铺石棉板。经过市场调查，麦尔斯找到了一种不燃烧的纸，这种纸不仅容易采购而且价格便宜。由于消防法有明确规定，有人便以此为由不同意使用替代品，后几经周折，修改了消防法，才被允许代用，结果使成本大幅度降低。经过反复的研究和多次实践，麦尔斯于1947年总结出一套在保证同样功能的前提下，降低成本的比较完整的科学方法，并以《价值分析》为题发表。

麦尔斯从分析功能、满足功能入手，找出不必要的工作环节，努力降低成本，取得了良好的效果。通用电气公司在开发价值工程技术上投入了80多万美元，而应用价值工程的前10多年中就节约了2亿美元。

1954年，美国国防部海军舰船局开始在产品设计中应用价值分析以节省费用，并把这一过程命名为“价值工程”。1955年它们签订的订货合同，1年就节约了3500万美元。其后的10多年里，这种以最小的寿命周期成本满足用户需求的分析技术相继被英国、法国、加拿大、瑞典、德国、日本、苏联等多个国家和地区的政府部门和企业所采用。在20世纪80年代，美国哈佛大学迈克尔·波特教授提出价值链方法，从战略管理的方面继续完善了价值管理的理论。20世纪90年代开始，价值定价被作为一种提升企业价值的新途径，价值网、价值星群方法的提出是价值工程和价值管理（VM）研究的又一突破，其应用前景更为广阔。价值工程和价值管理技术的成功应用使之在世界各地迅速开展，为各国经济的持续增长做出了卓越的贡献。例如，1996年英国伦敦地铁列车设计用价值工程方法节约了投资额的16.2%，在投资额为5亿英镑项目中累计节约的费用达到了8000多万英镑。沃尔玛在全球拥有3000多个连锁店，靠价值链管理成为世界百货巨头，仅从下订单到货物抵达商店所需时间一项，就由20世纪80年代的1个月缩短到3天。

价值分析在20世纪80年代以后被许多国家的立法部门和政府机构日益看重。从里根开始，美国的历届政府都有行政指令，要求各行政机构在提出法规之前都要提供一份法规影响分析，用以说明所提出的法规“是否还有基本上能达到同样目标的、费用更低的法规备选方案？简要说明这些备选方案的潜在效益和费用，并说明这些备选方案不被推荐的理由。”克林顿亲署第104～106号法令，要求国民经济各部门都要应用价值工程，并规定凡是政府出资超过200万美元的项目，都必须由持有 CVS（认证的价值管理专家）证书的价值工程专家进行审核（首次价值工程专家资质认证工作是美国于1972年进行的）。2003年，美国白宫的预算管理办公室起草了一份改革报告，对联邦政府出台的各种法规的效益和费用进行了评估，提出了包括环保署在内的各政府部门都要遵循的、统一的法规评估准则，要求所有出台的法规都要附有两份独立的、基于不同经济参数预测的费用效益分析报告。这是继克林顿政府《12866 法令》之后价值工程和价值管理应用的进一步发展。2003年，英国政府再次修改了《绿皮书》，进一步强调了用价值工程来评价政府的开支。

1978 年以后，在党和国家领导人的关怀和各科研院所、企业界的努力下，价值工程被介绍到我国，被许多企业采用。1985年在全国政协会议上，1378号提案要求在我国迅速推广价值工程的科学管理方法。1987年我国颁布了《价值工程基本术语和一般工作程序》的国家标准。1988年在江泽民同志题词“价值工程，常用常新”。至今价值工程已为国民经济的发展创造了数以亿计的经济效益。如上海磁悬浮列车项目，运用价值工程节约了工程投资的10%，约合人民币13亿元。

1.1 价值工程的基本概念

1.1.1 价值 V

价值工程中的价值不同于政治经济学中的“价值”概念。在这里，价值被定义为“功能”与“成本”的比值，即单位成本实现的功能。价值是一个比较结果，接近于日常生活中“值不值”、“性价比”的概念。价值 V 的表达式为

$$V=F/C \tag{5.1}$$

式中：

F——产品功能；

C——产品成本。

价值是评价某一种产品、服务或工程项目的功能与实现这一功能所消耗费用之比的合理程度的尺度。衡量价值的大小主要看 F 与 C 的比值如何。通常人们在购买商品时要考虑商品的“性价比”：“性”指性能，即商品所具有的功能和质量水平；“价”即价格，它反映商品的成本水平；“性价比”则是指商品的价值。

功能 F 是指产品、服务、工程、作业等能够满足用户或消费者某种需求的一种属性。产品功能是产品具有的用途和使用价值，它是产品的本质特征。用户购买产品主要是购买产品的功能，以满足其需求。

由于功能只有通过对产品、工程等有形实体的使用才能体现出来，因此人们往往注重产品、工程的有形实体而忽视对产品功能的研究，这是造成设计不合理、产品功能不足或过剩的重要原因。功能是产品、工程设计的出发点，应该认真加以研究、改进和完善，以达到提高产品价值的目的。

价值工程中的成本 C 是指产品的寿命周期成本，它包括产品从开发设计、制造、使用到报废全过程所付出的费用总和，如表5.1及图5.1所示。这些费用可分为生产成本和使用成本。前者是

企业生产产品必须付出的费用；后者是用户为了使用产品必须付出的费用。由于生产成本在短期内集中支出，并体现在产品价格中，容易被人们重视；而使用成本的耗费虽远高于生产成本，但由于分散支出容易被忽视。价值工程要求将两者综合一并考虑，兼顾生产者和消费者的利益。

表 5.1　产品寿命周期成本

<table>
<tr><th colspan="8">产品寿命周期</th></tr>
<tr><td>开发设计</td><td>试制</td><td>制造</td><td>销售</td><td>使用</td><td>维修</td><td>“三废”处理</td><td>报废</td></tr>
<tr><td colspan="4">生产成本 C_1</td><td colspan="4">使用成本 C_2</td></tr>
<tr><td colspan="8">寿命周期成本 C</td></tr>
</table>

一般来说，生产成本随着产品功能的提高而增加；而产品功能越好，则使用成本越低，图 5.1 称为“成本-功能”特性曲线。

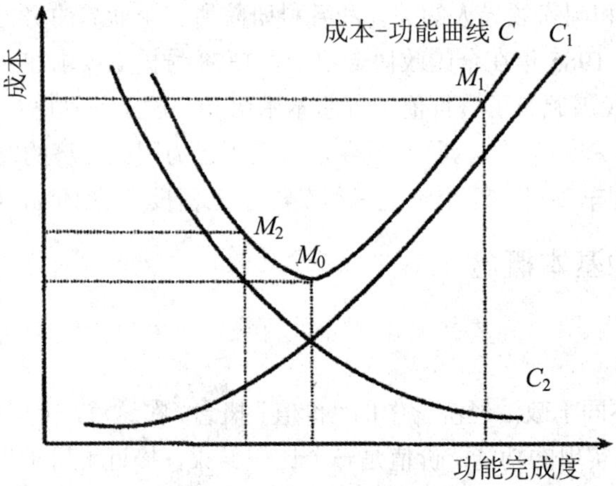

图 5.1　“成本-功能”特性曲线

从图 5.1 可知：若采取一定的技术措施，使功能成本点从 M_2 移到了 M_0，则提高了功能又降低了成本；当其从 M_0 移到 M_1，也能提高功能，但增加了成本。

1.1.2 价值工程 VE

价值工程是一种运用集体智慧的有组织的活动，是通过对产品（包括工程项目或服务，下同）进行功能分析，力求用最低的寿命周期总成本实现产品的必要功能，借以提高产品价值的现代管理技术。

1.2　价值工程的特征

1.2.1　提高产品价值是价值工程的目标

价值工程以提高产品价值、用最低的寿命周期成本实现产品的必要功能为目标，以有组织、有领导的活动为基础，以科学的技术方法为工具，从技术与经济相结合的角度去改进和创新产品。价值工程的这一目标不但反映了生产者、用户的共同利益，而且反映了有效利用社会资源的要求。

表 5.2 表示了提高产品价值的五种途径。

表 5.2　提高价值的途径表

	途径				
	1	2	3	4	5
功能 F	不变	提高	大提高	略降低	提高
成本 C	降低	不变	略提高	大降低	降低
备注	节约型	改进型	投资型	牺牲型	双向型

途径 1 为降低成本，功能保持不变。

途径 2 为成本保持不变，提高功能。

途径 3 为成本略有增加，功能提高很多。

途径 4 为功能减少一部分，成本大幅度下降。

途径 5 为成本降低，功能提高，价值大幅度提高，这是最理想的提高价值的途径。

1.2.2　功能分析是价值工程的核心

功能是产品的某种属性，体现了满足人们某种需要的程度。价值工程以功能分析为核心，通过功能分析区分产品的必要功能和不必要功能、基本功能和辅助功能，剔除不必要的功能，完善基本功能，从而降低产品的成本，改进产品的功能，严格按照用户的需求来设计产品。这种独特的以功能为核心的分析方法是管理思想和技术经济分析方法上的创新。

1.2.3　有组织的集体创造活动是价值工程的基础

价值工程是贯穿于整个寿命周期的系统分析方法。从产品设计、材料选购、生产创造、交付使用，都涉及价值工程的内容。价值工程尤其强调创造性活动，只有创造才能突破原有的设计水平，大幅度提高产品性能并降低成本。因此，集体的知识、经验十分重要。在有组织的条件下，能充分发挥集体的智慧。

课题 2　价值工程的工作程序与方法

2.1　价值工程的工作程序

价值工程的工作程序可分为两个阶段、共七个步骤进行。

2.1.1　分析问题阶段

（1）选择对象

确定价值工程的研究对象，即找出有待改进的产品、部件或问题。

（2）收集资料

围绕选定的对象，收集一切必要的情报资料。

（3）功能分析

对选定的对象进行功能分析，搞清对象有哪些功能，哪些功能是必要的，以及功能之间的关系如何。

（4）功能评价

在功能分析的基础上进行功能评价。

2.1.2 解决问题阶段

（1）创造方案

依靠集体智慧，尽可能多地提出各种改进方案和设想。

（2）方案评价与选择

对提出的各种改进方案和设想进行技术、经济、社会各方面的综合评价，选出有价值的方案，并使其具体化。

（3）试验与提案

通过试验后证实的最优方案可作为正式提案送交有关方面审批。

价值工程工作程序如表 5.3 所示。

表 5.3 价值工程工作程序

<table>
<tr><th rowspan="2">构思的
一般过程</th><th colspan="2">程序内容</th><th rowspan="2">对应的问题</th></tr>
<tr><th>基本步骤</th><th>详细步骤</th></tr>
<tr><td rowspan="4">分析</td><td rowspan="4">功能定义</td><td>对象确定</td><td rowspan="2">这是什么？</td></tr>
<tr><td>收集情报</td></tr>
<tr><td>功能定义</td><td rowspan="2">这是干什么？</td></tr>
<tr><td>功能管理</td></tr>
<tr><td rowspan="8">综合评价</td><td rowspan="3">功能评价</td><td>功能成本分析</td><td>它的成本是多少？</td></tr>
<tr><td>功能评价</td><td rowspan="2">它的价值是多少？</td></tr>
<tr><td>确定对象范围</td></tr>
<tr><td rowspan="5">制定改进方案</td><td>创造</td><td>有其他方法达到功能吗？</td></tr>
<tr><td>概略评价</td><td rowspan="2">新方案的成本是多少？</td></tr>
<tr><td>具体化、调查</td></tr>
<tr><td>详细评价</td><td rowspan="2">新方案能够满足功能要求吗？</td></tr>
<tr><td>提案</td></tr>
</table>

2.2 选择价值工程对象的原则和方法

2.2.1 价值工程对象选择的原则

正确选择价值工程对象是价值工程收效大小与成败的关键。选择价值工程对象的一般原则如下。

1）选择设计因素多、结构复杂、体积大的产品。对于结构过于复杂的产品，在保证其必要功能的基础上，可对复杂结构进行分解，确定各组成部分的功能和作用，合理进行设计并加以简化，以大幅度降低成本。例如，为了满足交通的要求，柔性路面结构层次逐渐发展为面层、联结层、基层、底基层和垫层，不同结构层具有各自的主要功能。但结构层次过多则需要多种材料、多道工序施工，不但增加路面的造价，且往往因配合不当或施工不当引起质量问题。故可对路面层次进行价值分析。

2）选择造价高、占总成本比重大，且对经济效益影响大的产品。如软土地中的桩基础工程、道路工程中的互通式立交、桥梁下部工程中的桩基础等。

3）选择量大而广的产品。如建筑用的砖、路面及桥梁工程中的上部结构物等。

4）选择质量差、用户意见大的产品。如损坏率高的路面等。

5）选择寿命周期较长的产品。如桥梁、堤坝、防洪建筑等产品。

6）选择技术经济指标较差的产品。通过与同类产品进行技术性能、经济指标的比较，找出差距大的产品作为价值工程对象。

7）从畅销产品中选择。为了使企业产品处于有利的竞争地位，必须做到既提高产品功能又不增加售价，甚至降低售价。

8）选择设计年代已久、技术已显陈旧的产品。

2.2.2 价值工程对象选择的方法

（1）ABC 分析法

ABC 分析法是一种定量分析法。它根据客观事物中普遍存在的不均匀分布规律，将其分为“关键的少数”和“次要的多数”。此法以对象数占总数的百分比为横坐标，以对象成本占总成本的百分比为纵坐标，绘制曲线分配图，如图 5.2 所示。

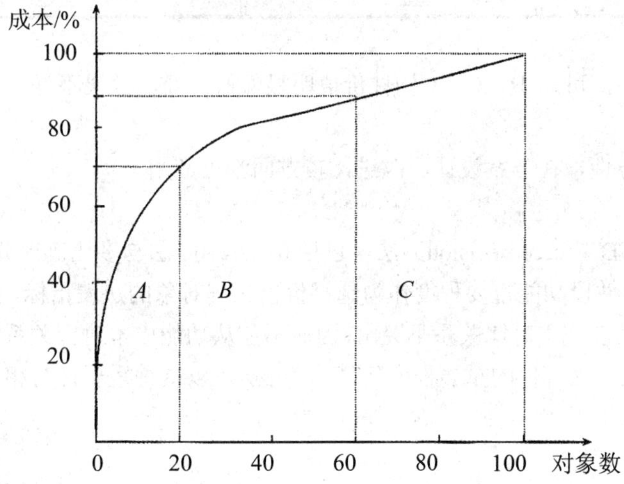

图 5.2　比重分布曲线图

ABC 法将全体对象分为 A、B、C 三类。A 类对象的数目较小，一般占总数的 20%左右，但其成本比重占 70%左右；B 类对象一般占 40%左右，其成本比重占 20%左右；C 类对象占 40%左右，其成本比重占 10%左右。显然 A 类对象是关键少数，应作为价值工程对象；C 类对象是次要多数，不作为价值工程对象；是否分析 B 类对象则视情况予以选择。

（2）百分比分析法

通过分析不同产品在各类技术经济指标中所占的百分比不同来进行比较，找出价值工程对象。表 5.4 表示某产品由七类零部件组成。

表 5.4　百分比法分析表

零部件类型	A	B	C	D	E	F	G	合计
动力消耗比重（%）	34	29	17	10	5	3	2	100
产值比重（%）	36	30	7	12	7	6	2	100

从表 5.4 可以看出，C 类零部件动力较多，但产值比重小，应选为价值工程分析对象；A、B 类虽然动力较多，但产值比重大，两者比较吻合。

（3）比较法

1）价值比较法

价值比较法是同时考虑“成本”和“功能”两个因素时的一种选择价值工程对象的方法。如果一个产品的零部件或工程结构的组成部分都具有一个共同的功能，则依据 $V=F/C$ 计算出每个零部件的价值，然后选取价值小的零部件作为价值工程对象。

【例 5.1】某城市平交路口拟改建成直通式立交。已提出一个直通式立交设计方案，各结构组成部分投资估算如表 5.5 所示，试选择立交设计方案作为价值工程对象的构件。

表 5.5　选择价值工程研究对象分析表

立交结构编号（单位）	A	B	C	D	E	F	G	H	I	J
功能（交通量）	1299	395	1852	955	1465	1600	438	1156	616	15127
成本 C/万元	80	100	200	100	200	100	200	100	200	400
价值 $V=F/C$	16.24	3.95	9.26	9.55	7.33	16	2.19	11.56	3.08	37.82

根据价值计算结果，可知 B、G、I 构件价值明显偏低，经济效果不好，应选为价值工程研究对象。

价值比较法计算方便，在方案设计、改进比较方面都可应用。

2）强制确定法

强制确定法又称 FD（force decision）法，包括 01 法、04 法与多比例评分法。FD 法主要用于确定功能重要性系数，并以功能重要程度作为选择价值工程对象的决策指标。当若干个产品或组成产品的若干个部件中功能成本对比关系不突出，因而不易从功能成本对应关系中确定价值工程对象时，可以以产品或组成产品部件的重要程度代替其功能，再以这种重要性与相关的产品或部件成本来确定价值工程对象。

①01 评分法

FD 法确定价值工程对象的步骤是：确定功能系数、成本系数、价值系数，最后确定价值工程对象。

a．确定功能系数。组织 5～10 个评判人员，对产品或部件按其重要性一对一地比较，重要的给 1 分，不重要的给 0 分。逐次比较后，将产品或部件的结果累计。然后求出考评人员对同一产品或部件评分的平均值，用该值除以所有产品或部件的得分总和，计得此产品或部件的功能重要性系数 F_f。

b．确定成本系数。将产品或部件得成本之和除以所有产品或部件的成本总和，即得成本系数 C_f。

c．求价值系数 V_f 由 $V=F/C$，可得 $V_f=F_fC_f$。

d．根据 V_f 确定价值工程对象。

【例 5.2】已知组成某产品的部件为 A、B、C、D、E。现组织甲、乙、丙、丁、戊五人参加评选，试确定价值工程对象。

【解】首先，评价 A、B、C、D、E 各部件的重要性。其中甲的评价结果如表 5.6 所示，该得分值是一等差数列。同理，可得其余四人的评价结果。详见表 5.7 的左半部分。

表 5.6　功能重要性系数计算表（01 评分法）

部件	A	B	C	D	E	实际得分值	修正后得分值
A	×	1	0	1	1	3	4
B	0	×	0	1	1	2	3
C	1	1	×	1	1	4	5
D	0	0	0	×	0	0	1
E	0	0	0	1	×	1	2

然后，确定功能系数 F_f 和成本系数 C_f，如表 5.7 所示。

表 5.7　功能系数表

部件	甲	乙	丙	丁	戊	合计	平均得分值	功能系数 F_f/%	成本/万元	成本系数 C_f/%	V_f	价值工程对象排序
A	4	5	3	5	5	22	4.4	29.3	180	25.7	1.14	4
B	3	1	2	2	1	9	1.8	12.0	80	11.45	1.05	5
C	5	4	5	3	4	21	4.2	28.0	80	11.45	2.45	3
D	1	3	1	4	2	11	2.2	14.7	110	15.7	0.94	2
E	2	2	4	1	3	12	2.4	16.0	250	35.7	0.45	1
累计							15.0	100	700	100		

最后，计算价值系数 $V_f=F_f/C_f$。根据 V_f 值选择价值工程对象并进行排序，如表 5.7 所示。其选择对象的原则如下：

a. $V_f<1$ 的产品或部件，如 E、D，说明其重要程度低而成本高，应选择；

b. $V_f>1$ 的产品或部件，说明其重要程度高而成本低，一般不选择；若 V_f 很大，如 C，则应选，以分析产品或部件功能是否过剩；

c. $V_f=1$ 的产品或部件，说明其重要程度与成本相当，不选。

②04 评分法

04 评分法与 01 法基本相同，不同的是打分标准有所改进。当评价对象进行一对一的比较时，分为四种情况：非常重要（或实现难度非常大）的功能得 4 分，很不重要（或实现难度很小）的功能得 0 分；比较重要（或实现难度比较大）的功能得 3 分，不太重要（或实现难度不太大）的功能得 1 分；两个功能重要程度（或实现难度）相同时各得 2 分；自身对比不得分。如表 5.8 所示。

表 5.8　功能重要性系数计算表（04 评分法）

评价对象	F1	F2	F3	F4	得分	功能重要性系数
F1	×	3	4	2	9	0.375
F2	1	×	3	1	5	0.208
F3	0	1	×	0	1	0.042
F4	2	3	4	×	9	0.375
	合计				24	1.0

③多比例评分法

这种方法可以说是04评分法的延伸。它是在对比评分时，按（0.0，1.0），（0.1，0.9），（0.2，0.8），（0.3，0.7），（0.4，0.6），（0.5，0.5）六种比例来评定功能指数，以便能更准确反映功能之间的真实差别。若A功能相对于B功能的重要程度为0.6，则B功能相对于A功能的重要程度为0.4，以此类推。

对于例5.2，若用多比评分法，甲的评分表结果如表5.9所示，对比表5.6和表5.9可以看出两种方法的一些差别。

表5.9　功能重要性系数计算表（多比例评分法）

功能	A	B	C	D	E	得分	F_I	得分值排序
A	×	0.6	0.3	0.6	0.7	2.2	0.22	3
B	0.4	×	0.3	0.8	0.9	2.4	0.24	4
C	0.7	0.7	×	0.6	0.8	2.8	0.28	5
D	0.4	0.2	0.4	×	0.1	1.1	0.11	1
E	0.3	0.1	0.2	0.9	×	1.5	0.15	2
合计						10	1.00	

应当注意，FD法只注意了价值系数本身对1的偏离程度，而忽视了价值系数和成本系数间可能有很大差别的情形，不易反映功能差异很大或很小的零部件间的关系。因此，FD法适用于被评价对象在功能程度上差异不大，并且评价对象的子功能数目不太多的情况。

2.3　信息资料收集

信息资料的收集是价值工程实施过程中不可缺少的重要环节，一般在选择价值工程对象的同时，就应该收集有关的技术资料及经济信息，为进行功能分析、创新方案和评价方案等准备必要的资料。

对于产品分析来说，一般应收集以下几方面的资料。

（1）用户方面的资料。用户对产品的意见和要求，如产品的使用目的、使用条件、使用中故障情况及使用是否合理等。

（2）技术方面的资料。企业内外、国内外同类产品的技术资料，如设计特点、加工艺术、设备、材料及优缺点、存在的问题等。

（3）经济方面的资料。同类产品的价格、成本、成本构成情况、指数和定额等。

（4）本企业的基本资料。企业的经营方针、生产能力及限制条件、销售情况等。

收集资料及信息一般需加以分析、整理，剔除无效资料，使用有效资料，以利于价值工程活动的分析研究。资料整理工作的基本步骤如图5.2所示。

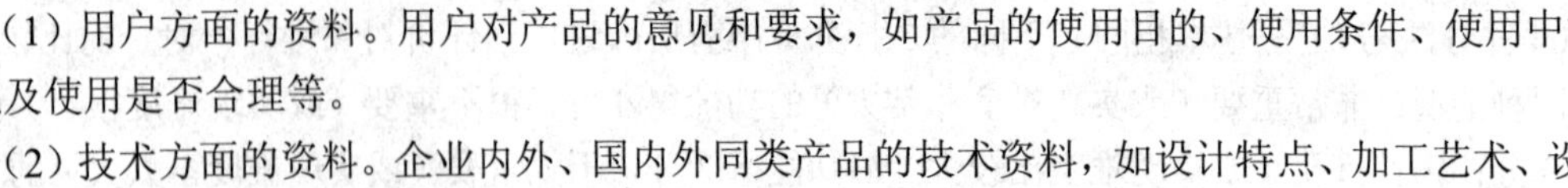

图5.2　信息整理工作流程图

课题3　功能分析与评价

3.1　功能系统分析

从功能入手系统地研究、分析产品是价值工程的主要特征和方法核心，因此功能系统分析是价值工程活动的中心环节。通过分析对象资料，用几种不同的词组简明、正确地表达对象的功能，明确功能特性要求，可以弄清产品各功能之间的关系，去掉不合理的功能，调整功能间的比重，使产品的功能结构更合理。

功能系统分析的内容包括功能定义、功能整理和功能计量等，进行功能系统分析的基础是功能分类。

3.1.1　功能分类

根据功能的不同特性，可以将功能分为以下几类。

1）使用功能与美观功能。这是从功能性质的角度进行的分类。使用功能是从功能的内涵上反映其使用属性，是一种动态功能。美观功能是从产品外观反映功能的艺术属性，是一种静态的外观功能。

2）基本功能与辅助功能。这是从功能重要程度的角度进行的分类。基本功能是产品的主要功能，对实现产品的使用目的起着最主要和必不可少的作用。辅助功能是次要功能，是为了实现基本功能而附加的功能。

3）必要功能与不必要功能。这是从用户需求的角度进行的分类。必要功能是用户要求的功能，使用功能、美观功能、基本功能、辅助功能等均为必要功能。不必要功能是不符合用户要求的功能，又包括三类：多余功能、重复功能、过剩功能。

4）过剩功能与不足功能。这是相对功能的标准而言，从定量角度对功能采用的分类。过剩功能是指某些功能虽属必要，但满足需要有余，在数量上超过了用户要求或标准的功能水平。不足功能是相对过剩功能而言的，表现为产品整体功能或零部件功能水平在数量上低于标准功能水平，不能完全满足用户需要。

不足功能和过剩功能要作为价值工程的对象，通过设计进行改进和完善。

3.1.2　功能定义

功能定义是透过产品实物形象，运用简明扼要的语言将隐藏在产品结构背后的本质——功能揭示出来，从而从定性的角度解决“对象有哪些功能”这一问题。

功能定义的过程如图5.3所示。

功能定义是功能整理的先导工作，也是进行功能评价的基本条件，因此在进行功能定义时，应该既简明准确、便于测定，又要系统全面、一一对应，只有这样才能满足后续工作的需要。

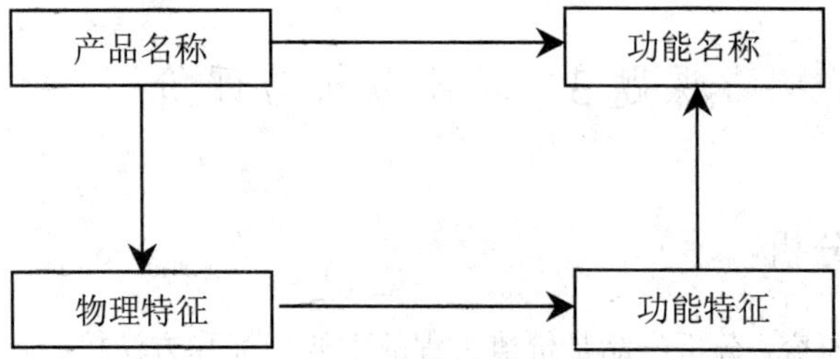

图 5.3　功能定义过程

3.1.3　功能整理

功能整理是功能分析的第二个重要步骤，它是用系统的观点将已经定义的功能加以系统化，找出各局部功能间的逻辑关系，并用图表形式表达，以明确产品的功能系统，从而为功能评价和方案构思提供依据。

（1）功能系统图

功能系统图是按照一定的原则将定义的功能连接起来，从单个到局部、从局部到整体形成的一个完整的功能体系。功能系统图的一般形式如图 5.4 所示。

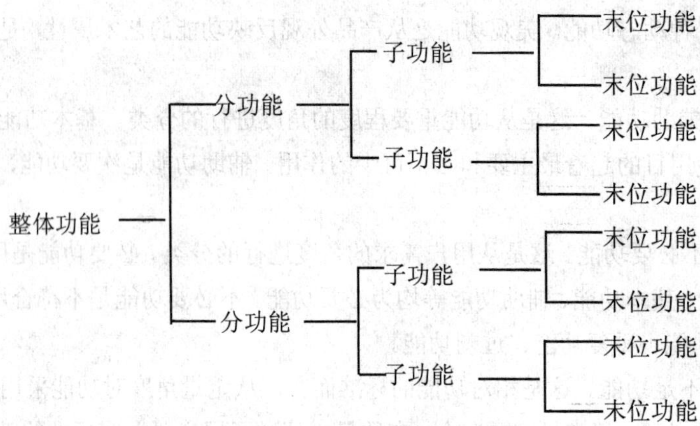

图 5.4　功能系统图一般形式

在图 5.4 中，从整体功能开始，由左向右逐级展开，在位于不同级的相邻的两个功能之间，左边功能（上级）称为右边功能（下级）的目标功能，而右边功能称为左边功能的手段功能。

（2）功能整理的方法

功能整理的主要任务是建立功能系统图，因此，功能整理的方法也就是绘制功能系统图的方法，其一般步骤如下：

①编制功能卡片；

②选出基本功能；

③明确各功能之间的关系。

现以建筑物的平屋顶为例说明功能系统图的绘制。如图 5.5 所示为建筑物的平屋顶功能系统的主要部分。

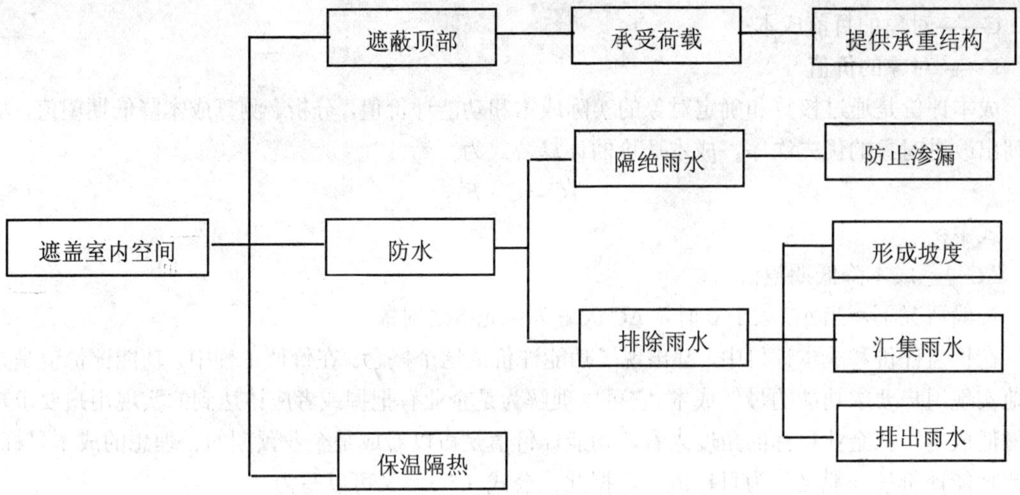

图 5.5　平屋顶功能系统图

3.1.4　功能计量

功能计量是以功能系统图为基础，依据各个功能之间的逻辑关系，以对象整体功能的定量指标为出发点，从左向右地逐级测算、分析，定出各级功能的数量指标，揭示出各级功能领域中有无功能不足或功能过剩，从而为保证必要功能、剔除过剩功能、补足不足功能的后续活动（如功能评价、方案创新等）提供定性与定量结合的依据。

功能计量又分整体功能的量化和各级子功能的量化。

（1）整体功能的量化

整体功能的计量应以使用者的合理要求为出发点，以一定的手段、方法确定其必要的数量标准，应能在质和量两个方面充分满足使用者的功能要求而无过剩或不足。整体功能的计量是对各级子功能进行计量的主要依据。

（2）各级子功能的量化

产品整体功能的数量标准确定之后，就可依据“手段功能必须满足目的功能的要求”原则，运用目的—手段的逻辑判断，由上而下逐级推算、测定各级手段功能的数量标准。各级子功能的量化方法很多，如理论计算法、技术测定法、统计分析法、类比类推法、德尔斐法等，可根据情况灵活选用。

3.2　功能评价

经过功能系统分析明确了对象所具有的功能后，紧接着要做的工作就是定量地确定功能的目前成本是多少，功能的目标成本是多少，功能的价值是多少，改进目标是多少，改进的幅度有多大等。这些问题都要通过功能评价来解决。

功能评价包括相互关联的价值评价和成本评价两个方面。

价值评价是通过计算和分析对象的价值，分析成本功能的合理匹配程度。价值评价的计算公式为

$$V = \frac{F}{C} \tag{5.2}$$

式中：

F——对象的功能评价值；

C——对象的目前成本；

V——对象的价值。

成本评价是通过核算和确定对象的实际成本和功能评价值，分析、测算成本降低期望值，从而排列出改进对象的优先次序。成本评价的计算公式为

$$\Delta C = C - F \tag{5.3}$$

式中：

ΔC——成本降低期望值。

一般情况下，当ΔC大于0时，ΔC大者为优先改进对象。

在价值评价和成本评价中，都出现了功能评价值这个概念。在价值工程中，功能评价值是指可靠地实现用户要求功能的最低成本。它可以理解为是企业有把握或者应该达到的实现用户要求功能的最低成本。从企业目标的角度来看，功能评价值是可以看成是企业预期的、理想的成本目标值，因此功能评价值一般又称为目标成本。据此，公式（5.3）又可以写为

$$\Delta C = C - C_{\text{目标}} \tag{5.4}$$

式中：

$C_{\text{目标}}$——对象的目标成本。

3.2.1 功能评价的步骤

功能评价的一般步骤如下：

（1）确定对象的功能评价值F；

（2）计算对象功能的目前成本C；

（3）计算和分析对象的价值V；

（4）计算成本改进期望值ΔC；

（5）根据对象价值的高低及成本降低期望值的大小，确定改进的重点对象及优先次序。

功能评价程度如图5.6所示。

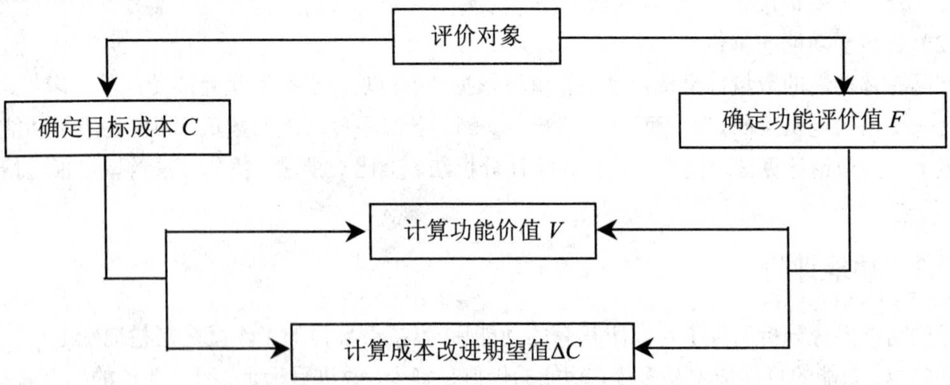

图5.6　功能评价程序

3.2.2 功能评价的方法

功能评价的方法可以分为两大类：功能成本法与功能指数法。

（1）功能成本法

又称为绝对值法，是通过一定的测算方法，测定实现应有功能所必须消耗的最低成本，同时计算为实现应有功能所耗费的目前成本，经过分析、对比，求得对象的价值系数和成本降低期望值，

确定价值工程的改进对象，其计算公式为

$$价值系数(V)=\frac{功能评价值(F)}{功能目前成本(C)} \tag{5.5}$$

（1）功能成本法

功能成本法主要包括两个内容，即功能目前成本的计算和功能评价值的推算，其中关键的是功能评价值的推算。

功能目前成本的计算与传统的成本核算既有相同点，也有不同之处。两者相同点是指它们在成本费用的构成项目是完全相同的，如建筑产品的成本费用都是由人工费、材料费、施工机构使用费等构成；而两者的不同之处在于功能目前成本的计算是以对象的功能为单位，而传统的成本核算是将产品或零部件的目前成本换算成功能的目前成本。具体地讲，当一个零部件只具有一个功能时，该零部件的成本就是它本身的功能成本；当一项功能要由多个零部件共同实现时，该功能的成本就等于这些零部件的功能成本之和；当一个零部件具有多项功能或同时与多项功能有关时，就需要将零部件成本分摊给各项有关功能，至于分摊的方法和分摊的比例，可根据具体情况决定。

功能评价值的推算常用的方法有方案估算法、实际价值标准法、实际统计值评价法等。

方案估算法：是由一些有经验的专家根据预先收集到的技术、经济情报，先初步构想出几种能实现功能的方案，并大致估算实现这些方案所需要的成本，经过分析、对比，以其中最低的成本作为功能评价值。

实际价值标准法：是根据对同类产品的调查结果，从中选取成本最低的作为制定功能评价值的基准，这个基准就称为实际价值标准。利用这个预先制定的成本基准，就可以求出不同功能程度的产品的功能评价值。

实际统计值评价法：是依靠大量的统计资料算出历史上同类产品功能成本结构的一般比例关系，利用该比例关系预测产品的功能评价值。

（2）功能指数法

功能指数法又称相对值法，是通过评定各对象功能的重要程度，用功能指数来表示其功能程度的大小，然后将评价对象的功能指数与相对应的成本指数进行比较，得出该评价对象的价值指数，从而确定改进对象，并求出该对象的成本改进期望值。其计算公式为

$$价值指数(VI)=\frac{功能指数(F_I)}{成本指数(CI)} \tag{5.6}$$

其中：功能指数是指评价对象功能（如零部件等）在整体功能中所占的比率，又称功能评价系数、功能重要度系数等；成本指数是指评价对象的目前成本在全部成本中所占的比率。

功能指数法的特点是用分值来表达功能程度的大小，以便使系统内部的功能与成本具有可比性。由于评价对象的功能水平和成本水平都用它们在总体中所占的比率来表示，这样就可以采用公式 5.6 方便地、定量地表达评价对象价值的大小。因此，在功能指数法中，运用价值指数来作为评定对象功能价值的指标。

功能指数法也包括两大工作内容，即成本指数的计算和功能指数的推算。

成本指数的计算公式为

$$第i个评价对象的成本指数CI_i=\frac{第i个评价对象的目前成本C_i}{全部成本\sum C_i} \tag{5.7}$$

功能指数的推算是一个定性与定量相结合的过程，其主要步骤是评定功能分值。功能分值的评定是在科学的评分原则的指导下，按用户要求应该达到的功能程度，采用适当的评分方法，评定各

功能应有的分值。

功能指数的推算方法很多，常用的有以下几种。

①强制确定法

强制确定法又称 FD 法，包括 01 法和 04 法两种方法。它是采用一定的评分规则，采用强制对比打分来评定评价对象的功能指数。下面以 01 法为例来加以说明。

01 法是将各功能一一对比，重要的得 1 分，不重要的得 0 分；然后，为防止功能指数中出现 0 的情况，用各加 1 分的方法进行修正；最后，用修正得分除以总得分即为功能指数。其过程如表 5.10 所示。

表 5.10　01 评分法

功能	F_1	F_2	F_3	F_4	F_5	得分	修正得分	F_I
F_1	×	0	0	1	1	2	3	0.20
F_2	1	×	1	1	1	4	5	0.33
F_3	1	0	×	1	1	3	4	0.27
F_4	0	0	0	×	0	0	1	0.07
F_5	0	0	0	1	×	1	2	0.13
合计						10	15	

强制确定法适用于被评价对象在功能重要程度上的差异不太大，且评价对象子功能数目不太多的情况。

②多比例评分法

这种方法可以说是强制确定法的延伸，它是在对比评分时按（0，10），（1，9），（2，8），（3，7），（4，6），（5，5）这六种比例来评定功能指数。其过程如表 5.11 所示。

表 5.11　多比例评分法

功能	F_1	F_2	F_3	F_4	F_5	得分	F_I
F_1	×	4	2	6	7	19	0.19
F_2	6	×	4	8	7	25	0.25
F_3	8	6	×	9	9	32	0.32
F_4	4	2	1	×	4	11	0.11
F_5	3	3	1	6	×	13	0.13
合计						100	

③环比评价法

环比评价法又称 DARE 法，这种方法是先从上至下依次比较相邻两个功能的重要程度，给出功能重要度比值，然后令最后一个被比较的功能的重要度值为 1（作为基数），依次修正重要度比值，其修正方法是用排列在下面的功能的修正重要度比值乘以与其相邻的上一个功能的重要度比值，就得出上一个功能的修正重要度比值。求出所有功能的修正重要度比值后，用其去除以总和数，得出各个功能的功能系数。其具体过程如表 5.12 所示。

表 5.12 环比评分法

功能	重要度比值	修正重要度比值	F_I
F_1	1.50	2.25	0.29
F_2	0.50	1.5	0.19
F_3	3.0	3.00	0.39
F_4		1.00	0.13
合计		7.75	1.00

环比评分法适用于各个评价对象之间有明显可比的关系，能直接对比，并能准确地认定功能有重要度比值的情况。

④逻辑流程评分法

该方法是按逻辑思维判断各评价对象在功能重要度方面的关系，评定分数，从而推算出评价对象的功能指数。其基本做法是：先将各评价对象按功能重要度大小的顺序排列在表中，然后选定基准评价对象，适当规定其评价分值；最后根据逻辑判断，自上而下地找出各评价对象功能有重要度之间的数量关系，根据这种数量关系，推算出评价对象的功能指数。如表 5.13 所示。

表 5.13 逻辑流程评分法

			F_I
F_1	$F_1>3F_2$	500	0.64
F_2	$F_2>F_3+F_4+F_5+F_6+F_7$	150	0.19
F_3	$F_3>F_5+F_6+F_7$	50	0.06
F_4	$F_4>F_5+F_6$	40	0.05
F_5	$F_5>F_6$	20	0.03
F_6	$F_6>F_7$	15	0.02
F_7		10	0.01
合计		785	1.00

逻辑评分法是一种相对评分法，适用于评价对象较多的情况。

3.2.3 功能价值的分析

功能的价值计算出来以后，需要进行分析，以揭示功能与成本的内在联系，确定评价对象是否为功能改进的重点，以及其功能改进的方向及幅度，为后面的方案创新工作打下良好的基础。功能价值的分析根据功能评价方法的不同而有所不同。

（1）功能成本法中功能价值的分析

在功能成本法中，功能的价值用价值系数 V 来衡量，其计算公式为根据上述计算公式，功能的价值系数有三种结果：

①$V=1$。此时，功能评价值等于功能目前成本，表明评价对象的功能目前成本与实现功能所必需的最低成本大致相当，说明评价对象的价值为最佳，一般无须改进。

②$V<1$。此时，功能目前成本大于功能评价值，表明评价对象的目前成本偏高，一种可能是存在过剩的功能，另一种可能是功能虽无过剩，但实现功能的条件或方法不佳，致使实现功能的成本大于功能的实际需要。这两种情况都应列入功能改进的范围，并且以剔除过剩功能及降低目前成本为改进方向。

③$V>1$。此时，功能目前成本低于功能评价值，表明评价对象的功能目前成本低于实现该功能所应投入的最低成本，从而评价对象功能不足，没有达到用户的功能要求，应适当增加成本以提高功能水平。

在功能指数法中，功能的价值数 VI 来表示，其计算式为

$$VI=\frac{FI}{CI}$$

此时，根据计算结果又分三种情况。

①$VI=1$。此时，评价对象的功能比重与成本比重大致平衡、合理匹配，可以认为功能的目前成本是比较合理的。

②$VI<1$。此时，评价对象的成本比重大于其功能比重，表明相对于系统内的其他对象而言，目前所占的成本偏高，从而会导致该对象的功能过剩。应将评价对象列为改进对象，改善方向主要是降低成本。

③$VI>1$。此时，评价对象的成本比重小于其功能比重。出现这种结果的原因可能有三：一是由于目前成本偏低，不能满足评价对象实现其应具有功能有的要求，致使对象功能偏低，这种情况列为改进对象，改善方向是增加成本；二是对象目前具有的功能已经超过了其应有的水平，也即存在过剩功能，这种情况也应列为改进对象，改善方向是降低功能水平；三是对象在技术、经济等方面具有某些特殊性，在客观上存在着功能很重要而需要耗费的成本却很少的情况，这种情况一般不必列为改进对象。

下面通过一个例子来简要说明功能指数法的具体做法。

【例 5.3】某产品由 A、B、C、D、E、F 六个零部件组成，其各个零部件所实现的功能以及成本核算资料等均已知。现在要对它进行功能评价，做法如下。

①功能指数的推算。这里采用 FD 法中的 01 评分法，将各个零部件按照其实现功能的重要程度进行一一比较，得到结果如表 5.14 所示。

表 5.14 功能指数计算表

[illegible]	A	B	C	D	E	F	[illegible]	[illegible]	功能指数
A	×	1	1	0	1	1	4	5	0.238
B	0	×	0	0	1	1	2	3	0.143
C	0	1	×	0	1	1	3	[illegible]	0.1[illegible]
D	1	1	1	×	1	1	5	6	0.286
E	0	0	0	0	×	0	0	1	0.048
F	0	0	0	0	1	×	1	2	0.095
合计							15	21	1.000

②成本指数的计算。根据成本核算资料和公式（5.7）计算出各个零部件的成本指数。

③根据公式（5.6）计算出各个零部件的价值指数。

以上两具步骤的结果如表 5.15 所示。

④根据价值指数进行分析。从各个评价对象的价值指数可以看出，评价对象 A、B 的价值指数均小于 1，说明其成本比重大于其功能的比重，即目前所占的成本偏高，应将它们列为改进对象，重点考虑降低成本；评价对象 D、F 的价值指数均大于 1，经过分析，发现是由于存在着过剩功能的缘故，故也应将它们列为改进对象，重点考虑降低功能水平，剔除过剩的功能；评价对象 C、E 的价值指数接近等于 1，说明它们的功能比重与成本比重大致相当，因此可以认为功能目前成本是比较合理的，无须列为改进对象。

⑤确定目标成本。根据价值分析提出具体改进范围后，即可提出初步改进方案，并做出该方案的成本估算，即确定目标成本，然后将目标成本按功能指数大小分配给各个零部件，作为控制指标，在生产过程中加以控制。假设表 5.15 中的方案改进的目标成本为 450 元，则其分配情况和各零部件成本改进期望值如表 5.16 所示。

表 5.16　目标成本计算与分配表

零部件	功能指数①	实际成本②	成本指数③	价值指数④	按功能指数分配⑤=①×500	应增减的⑥=⑤−②	按功能指数分配⑦=①×450	成本改进期望值⑧=⑦−②
A	0.238	180	0.360	0.661	119	−61	107.1	−72.9
B	0.143	121	0.242	0.591	[illegible]	[illegible]	[illegible]	[illegible]
C	0.190	[illegible]	[illegible]	[illegible]	[illegible]	[illegible]	[illegible]	[illegible]
D	0.286	71	0.142	2.014	143	72	[illegible]	[illegible]
E	0.048	22	0.044	1.091	24	2	21.6	−0.4
F	0.095	18	0.036	2.639	47.5	29.5	42.75	24.75
合计		500	1.000		500.0		450.00	

从表 5.16 中可以看出，成本改进期望值较大的对象为 A 和 B，应针对这两个零部件的功能进行调整，降低其成本，最终实现目标成本的指标。

3.3 方案创新与评价

价值工程活动能否取得成效，关键在于针对产品存在的问题提出解决的方法，创造新方案，完成产品的改进。这是一个创造—突破—不断完整的过程。

3.3.1 方案创新

方案创新要具备创新精神和创新能力，要以提高对象的功能和降低成本为目的，根据已建立的功能流程图和功能目标成本，运用创造性的思维方法，加工已获得的资料，使认识产生质的飞跃，创造出实用效果好、经济效益高的新方案。因此，要注意养成积极思考、勇于观察事物的习惯，

价值工程中常用的方案创新的方法有头脑风暴法（BS法）、哥顿法、书面讨论法（BW法、"635"法）、提喻法（Gorden法）等，这里不再一一介绍。

3.3.2 方案评价

方案评价分为以下两个阶段。

（1）概略评价。概略评价是对创造出的方案从技术、经济和社会三个方面进行初步研究，其目的是从众多的方案中进行粗略的筛选，保留其中的优秀方案，为详细评价做准备。

（2）详细评价。详细评价是在掌握大量数据资料的基础上，对概略评价获得的少数方案进行详尽的技术评价、经济评价和社会评价，并将这三个方面结合起来进行综合评价，为提案的编写和审批提供依据。技术评价是对方案实施所带来的经济效果进行分析；社会评价是对方案给国家和社会所带来的影响，如环境、生态、国民生产总值等方面进行分析评价。一般先做技术评价，然后分别做经济评价和社会评价，再做综合评价，其中经济评价是最主要的部分。

方案评价的构成如图 5.7 所示。

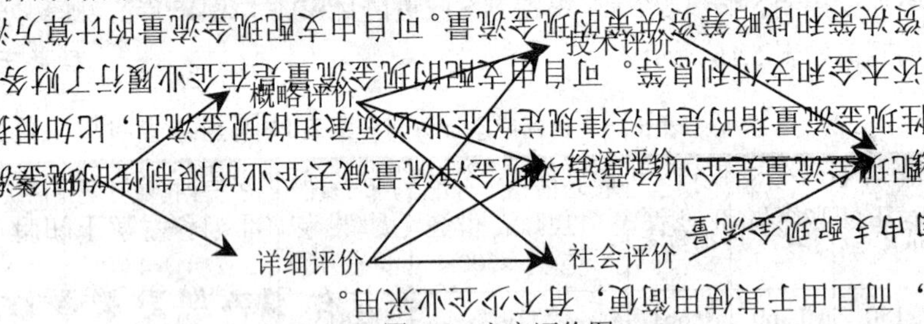

图 5.7 方案评价图

价值工程方法作为一种方便实用的经济分析方法，在工程实践中得到较好的应用。

4.1 案例一

某集团公司对某房地产开发项目进行可行性研究，经研究后，提出A、B、C三个建议方案。A、B、C三个方案的寿命周期成本分别为1.80亿元、1.65亿元、1.75亿元，并请有关专家对三个方案进行功能评价，其评价打分如表5.17所示。请分别列式计算A、B、C三个方案的成本系数、功能系数、价值系数，并确定最佳方案（并将有关数据分别填入表5.18、表5.19、表5.20中且计

算结果均保留小数点 4 位）。

表 5.17 备选方案对功能因素评价表

评价因素 \ 方案	A	B	C
满足城市总体规划程度	10	10	10
满足片区规划程度	10	9	8
总平面布局合理程度	9	8	9
[illegible]	[illegible]	[illegible]	[illegible]
[illegible]	8	[illegible]	[illegible]
平面设计	10	8	8
立面设计	9	9	7
基础选型及处理	10	6	7
上部结构设计	6	[illegible]	6
供水排水	8	10	8
供电	8	8	6
供气	9	10	6
弱电设计	[illegible]	8	9
火灾危险性	8	9	9
周围消防设施状况	[illegible]	9	6
消防措施和设施	10	8	8
公共及生活污水	[illegible]	9	7
固体垃圾	9	8	8
噪声	8	8	6

【解】

（1）求功能系数

$$F_A=162/(162+156+152)=162/470=0.3447$$

$$F_B=156/470=0.3319$$

$$F_C=152/470=0.3234$$

（2）求成本系数

$$1.80+1.65+1.75=5.2\text{（亿元）}$$

则

$$C_A=1.80/5.2=0.3462$$

$$C_B=1.65/5.2=0.3173$$

$$C_C=1.75/5.2=0.3365$$

（3）求价值系数

$$V_A=0.3347/0.3462=09957$$

$$V_B=0.3319/0.3137=1.0460$$

$$V_C=0.3234/0.3365=0.9611$$

以上计算结果填入表 5.18、表 5.19、表 5.20 中。

表 5.18

评价因素	方案		
	A	B	C
功能系数	0.3447	0.3319	0.3234

表 5.19 各方案的寿命周期成本系数

评价因素	方案		
	A	B	C
寿命周期成本	1.80 亿元	1.65 亿元	1.75 亿元
成本系数	0.3462	0.3173	0.3365

表 5.20 各方案价值系数表

指标	方案		
	A	B	C
功能系数（F）	0.3447	0.3319	0.3234
成本系数（C）	0.3462	0.3173	0.3365
价值系数（V）	0.9957	1.0460	0.9611

由表 5.20 可知：B 方案价值系数最大，则选择 B 方案。

案例

某市高新技术开发区一幢综合楼项目征集了 A、B、C 三个设计方案，其设计方案对比项目如下。

A 方案：结构方案为大柱网框架轻墙体系，采用预应力大跨度叠合楼板，墙板材料采用多孔砖及移动式可拆装式分室隔墙，窗户采用中空玻璃塑钢窗，面积利用系数为 93%，单方造价为 1438 元/米^2。

B 方案：结构方案同 A 方案，墙体采用内浇外砌，窗户采用单玻塑钢窗，面积利用系数为 87%，单方造价为 1108 元/米^2。

C 方案：结构方案采用砖混结构体系，采用多孔预应力板，墙体材料采用标准黏土砖，窗户采用双玻塑钢窗，面积利用系数为 79%，单方造价为 1082 元/米^2。

方案各功能的权重及各方案的功能得分如表 5.21 所示。

表 5.21 方案功能的权重及得分表

方案功能	功能权重	方案功能得分		
		A	B	C
结构体系	0.25	10	10	8
模板类型	0.05	10	10	9
墙体材料	0.25	8	9	7
面积系数	0.35	[illegible]	8	7
窗户类型	0.10	9	7	8

（1）试应用价值工程方法选择最优设计方案。

（2）为控制工程造价和进一步降低费用，拟针对所选的最优设计方案的土建工程部分，以工程材料费为对象开展价值工程分析。将土建工程划分为四个功能项目，各功能项目评分值及目前成本如表 5.22 所示。按限额设计要求，目标成本额应控制为 12170 万元。试分析各功能项目的目标成本及其可能降低的额度，并确定功能改进顺序。

表 5.22　功能项目评分及目前成本表

功能项目	功能评分	目前成本/万元
[illegible]	[illegible]	[illegible]
[illegible]	[illegible]	1482
[illegible]	[illegible]	4705
[illegible]	[illegible]	5105
合计	94	12812

【分析】

问题 1 考核运用价值工程理论进行设计方案评价的方法、过程和原理。

问题 2 考核运用价值工程理论进行设计方案优化和工程造价控制的方法。

价值工程要求方案满足必要功能，清除不必要功能。在运用价值工程对方案的功能进行分析时，各功能的价值指数有以下三种情况。

①VI=1，说明该功能的重要性与其成本的比重大体相当，是合理的，无须再进行价值工程分析。

②VI＜1，说明该功能不太重要，而且目前成本比重偏高，可能存在过剩功能，应作为重点分析对象，寻找降低成本的途径。

③VI＞1，出现这种结果的原因较多，其中较常见的是：该功能较重要，而且目前成本偏低，可能没有充分实现该重要功能，应适当增加成本，以提高该功能的实现程度。

各功能目标成本的数值为总目标成本与该功能指数的乘积。

【解】

（1）分别计算各方案的功能指数、成本指数和价值指数，并根据价值指数选择最优方案。

①计算各方案的功能指数，如表 5.23 所示。

方案功能	功能权重	方案功能得分 A	方案功能得分 B	方案功能得分 C
结构体系	0.25	10×0.25=2.50	10×0.25=2.50	8×0.25=2.00
模板类型	0.05	10×0.05=0.50	10×0.05=0.50	9×0.05=0.45
[illegible]	0.25	8×0.25=2.00	9×0.25=2.25	[illegible]
[illegible]	0.35	[illegible]	[illegible]	[illegible]
[illegible]	0.10	9×0.10=0.90	7×0.10=0.70	8×0.10=0.80
合计		9.05	8.75	7.45
功能指数		9.05/25.25=0.358	8.75/25.25=0.347	7.45/25.25=0.295

注：各方案功能加权得分之和为 9.05+8.75+7.45=25.25

②计算各方案的成本指数，如表 5.24 所示。

表 5.24　成本指数计算表

	方案			合计
	A	B	C	
单方造价（元/米^2）	1438	1108	1082	3628
成本指数	0.3964	0.3054	0.2982	1.0000

③计算各方案的价值指数，如表 5.25 所示。

表 5.25　价值指数计算表

	方案		
	A	B	C
功能指数	0.3580	0.3470	0.2950
成本指数	0.3964	0.3054	0.2982
价值指数	0.9031	1.1362	0.9893

由表 5.25 的计算结果可知，B 设计方案的价值指数最高，为最优方案。

（2）根据表 5.22 所列数据对所选定的设计方案进一步分别计算桩基围护工程、地下室工程、主体结构工程和装饰工程的功能指数、成本指数和价值指数；再根据给定的总目标成本额计算各工程内容的目标成本额，从而确定降低额度。具体指数和目标成本降低额计算如表 5.26 所示。

表 5.26　功能指数、成本指数、价值指数和目标成本降低额计算表

功能项目	功能评分	功能指数	目前成本（万元）	成本指数	价值指数	目标成本（万元）	成本降低额（万元）
桩基围护工程	10	0.1064	1520	0.1186	0.8971	1295	225
地下室工程	11	0.1170	1482	0.1157	1.0112	1424	58
主体结构工程	35	0.3723	4705	0.3672	1.0139	4531	174
装饰工程	38	0.4043	5105	0.3985	1.0146	4920	185
合计	94	1.0000	12812	1.0000		12170	642

由表 5.26 的计算结果可知，桩基围护工程、地下室工程、主体结构工程和装饰工程均应通过适当方式降低成本。根据成本降低额的大小，功能改进顺序为：桩基围护工程、装饰工程、主体结构工程、地下室工程。

4.3　案例三

某工程项目设计人员根据业主的使用要求，提出了三个设计方案。有关专家决定从五个方面（分别以 F_1～F_5 表示）对不同方案的功能进行评价，并对各功能的重要性分析如下：F_3 相对于 F_4 很重要，F_3 相对于 F_1 较重要，F_2 相对于 F_5 同样重要，F_4 相对于 F_5 同样重要。各方案单位面积造价及专家对

三个方案满足程度的评分结果如表 5.27 所示。

表 5.27 某个工程功能评价表

功能	方案		
	A	B	C
F_1	9	8	9
F_2	8	7	8
F_3	8	10	10
F_4	7	6	8
F_5	10	9	8

（3）在确定某一设计方案后，设计人员按限额设计要求，确定建安工程目标成本额为 14000 万元，然后以主要分部工程为对象进一步开展价值工程分析。各分部工程评分值及目前成本见表 5.28 所示。试分析各功能项目的功能指数、目标成本及应降低额，并确定功能改进顺序。

注：计算结果保留小数点后 3 位。

表 5.28 某工程功能评分及目前成本

功能项目	功能评分	目前成本/万元
±0.000 以下工程	21	3854
主体结构工程	35	4633
装饰工程	28	4364
水电安装工程	32	3219

【分析】

本题内容是以方案评价为目的的价值工程 04 分析法的应用，主要知识点为功能指数、成本指数、价值指数的确定与计算。

本题中的功能权重计算的前提是正确填写计算表。例如，根据案例背景材料，F_3 相对于 F_4 很重要，表中权重部分第 3 行第 4 列为 4，第 4 行第 3 列为 0。又如，F_2 和 F_5 同等重要，则表中权重部分第 2 行第 5 列与第 5 行第 2 列分值均为 2。解题中应注意改进成本应为目标成本按功能系数的分配值与目前成本之差。

【解】

（1）功能权重如表 5.29 所示。

表 5.29 功能权重计算表

项目	F_1	F_2	F_3	F_4	F_5	得分	权重
F_1	×	3	1	3	3	10	0.250
F_2	1	×	0	2	2	5	0.125
F_3	3	4	×	4	4	15	0.375
F_4	1	2	0	×	2	5	0.125
F_5	1	2	0	2	×	5	0.125
						40	1.000

$$W_A=9\times0.250+8\times0.125+8\times0.375+7\times0.125+10\times0.125=8.375$$

$$W_B=8\times0.250+7\times0.125+10\times0.375+6\times0.125+9\times0.125=8.500$$

$$W_C=9\times0.250+8\times0.125+10\times0.375+8\times0.125+8\times0.125=9.000$$

$$W=W_A+W_B+W_C=8.375+8.500+9.000=25.875$$

各方案的功能系数为

$$F_A=8.375\div25.875=0.324$$

$$F_B=8.5000\div25.875=0.329$$

$$F_C=9.000\div25.875=0.348$$

各方案的成本系数为

$$C_A=1680/(1680+1720+1590)=1680/4990=0.337$$

$$C_B=1720/4990=0.345$$

$$C_C=1590/4990=1.091$$

各方案的价值系数为

$$V_A=0.324/0.337=0.961$$

$$V_B=0.329/0.337=0.954$$

$$V_C=0.348/0.337=1.091$$

（5）功能指数为

$$F_A=21/(21+35+28+32)=21/116=0.181$$

$$F_B=35/116=0.302$$

$$F_C=28/116=0.241$$

$$F_D=32/116=0.276$$

各方案目标成本为

$$C_A=1400\times0.181=2534（万元）$$

$$C_B=1400\times0.302=4228（万元）$$

$$C_C=1400\times0.241=3374（万元）$$

$$C_D=1400\times0.276=3864（万元）$$

各数据及功能改进顺序如表 5.30 所示。

金流量指标体系来实现。

四、现金流量指标体系

现金流量指标体系的构建作为企业战略的一部分是具有管理导向性的。这种管理导向形成了现金流量中的关注重点。

（一）流动性管理指标

现金的流动性管理在西方 20 世纪 60 年代开始盛行，当时，现金管理人员的唯一职责是要保持公司资产的流动性。缺乏流动性被视为极为严重的财务风险，企业需要有足够的能力应付随时支付义务的要求。现金管理者的主要职责是保证企业手头有足够的现金以支付到期的债务。如果公司有大量现金储备，则说明现金管理工作较为到位。

评价企业的流动性主要是根据现金流量和资产转化的时机以及偿还债务的能力。有关流动性的最常见指标有流动比率、速动比率、应收账款周转率和存货周转率等，这些比率尽管能说明一些问题，但由于反映的是企业某一时点上的流动性水平，容易歪曲事实，造成认识的错觉和分析误区。现金流指标能较好地克服这类缺陷，这些指标包括

1．现金流动负债比

$$现金流动负债比=\frac{现金净流量}{流动负债}$$

这一比率衡量由所有活动产生的现金支付即将到期债务的能力。从短期债权人角度看，该指标越高越好，表明其支付有保证，即期债务可以得到顺利偿还。需要说明的是，这里对公司的偿债能力的衡量指标用的是“现金净流量”，而不是“经营现金净流量”，主要是因为公司的任何一种现金来源都可用于偿还债务。

2．现金长期负债比

$$现金长期负债比=\frac{现金净流量}{长期负债}$$

这一比率反映企业当前活动提供现金偿还长期债务的能力。从长期债权人的角度看，该指标越高越好，表明企业承担债务总额的能力越强。

3．现金债务总额比

$$现金债务总额比=\frac{现金净流量}{债务总额}$$

这是一个预测公司财务危机极为有用的指标，它反映企业在某一会计期间每 1 元负债有多少现金流量金额来偿还，它说明企业的偿债能力。指标数值越高，企业偿债能力越强；反之偿债能力越差。

4．债务偿还期

$$债务偿还期=\frac{债务总额}{经营活动现金流量净额}$$

该指标说明在目前公司经营活动创造现金的水平下，公司需多长时间才能偿还其所有债务，但从经营中所获得的现金应是公司长期资金的主要来源。

表 5.30　某工程成本改进计算表

功能项目	功能指数	目前成本	目标成本	应降低额	功能改进顺序
±0.000以下工程	0.181	3854	2534	1320	1
主体结构工程	0.302	4633	4228	405	2
装饰工程	0.241	4364	3374	990	3
水电安装工程	0.276	3219	3864	−645	4

项目单元六 工程经济在工程项目中的应用

1.1 建筑设计方案与工程经济的关系

虽然一般工程项目的设计费用只占其全寿命费用的不到1%，但在决策正确的条件下，设计方案的好坏对工程经济性影响很大，它不仅影响工程的造价（影响程度达75%以上），而且直接关系到将来工程投入运营阶段使用费用的高低，甚至对工程的预期收益都会产生影响。因此，工程设计中的经济分析工作是一项很重要而且十分有意义的工作。建筑设计方案与工程经济的关系主要表现在以下几个方面。

（1）选择合理的技术形式，在满足使用功能要求的条件下力求经济

在实际工作中，经济与否往往成为选择方案的主要依据。特别是建筑工程一次性投资大，且产品一旦形成，其可变性很小，因此，在拟订方案时必须注意技术经济分析，减少盲目性。

（2）通过一系列技术经济分析，可以从若干个可行方案中选取技术经济效果最佳的方案

通过对拟订方案进行定性、定量以及综合性分析，才能选择出技术上先进可行，经济上又合理的方案。一个方案最经济并不意味着最合理，而经济上的合理也不一定就是技术上先进和可行，两者往往处于矛盾状态，方案设计人员和经济分析人员的任务就是要对所拟订的方案进行深入细致的综合分析，以便选择更合理的方案。

（3）通过对方案进行技术经济分析，可以使方案不断得到改进和完善

对已设计的方案，在采用前要进行技术经济分析。特别是[illegible]，一是[illegible]影[illegible]般[illegible]，通过[illegible]更适合于某种条件下的方案。

1.2 建筑设计方案技术经济分析的步骤

（1）根据项目的要求，列出各种可行的技术方案。随着建[illegible]目的设计[illegible]转混结构、砌块结构、大模板结构、大板结构或框架轻板结构[illegible]或[illegible]指标来[illegible]求[illegible]明，以备进行分析。

[illegible]

要按规则或要求经过加工整理成真实、可靠的指标数据，以便进行分析。

（4）进行技术经济分析，得出结论。

1.3　建筑设计方案技术经济分析的指标体系

为了使技术经济分析……的实际需要来确定其指标体系。

1.3.1　民用建筑设计方案技术经济分析的指标体系

民用建筑设计方案的技术经济指标一般包括以下内容。

（1）建筑面积，即建筑物各层外墙结构的外围水平面积之和，包括居住面积、辅助面积、公共辅助面积和结构面积四个部分。

（2）有效面积，即使用面积，是建筑面积扣除结构面积所余部分。有效面积与建筑面积的换算关系为

$$有效面积=建筑面积-结构面积$$

$$建筑面积=\frac{有效面积}{有效面积折算系数}$$

如果已知结构面积系数，可用公式计算有效面积折算系数

$$有效面积折算系数=\frac{1}{1-结构面积系数}$$

（3）密度指标，相关计算公式分别为

$$居住建筑面积毛密度=\frac{居住建筑总面积}{居住区总用地} \tag{6.2}$$

$$居住建筑面积净密度=\frac{居住建筑总面积}{居住建筑用地} \tag{6.3}$$

$$居住建筑净密度=\frac{居住建筑基底面积}{居住建筑用地} \tag{6.4}$$

[illegible] (6.5)

（4）工程造价，指建筑物本身，包括基础、设备在内的全部造价，不包括室外工程及附属工程的造价。工程造价又可分为土建工程造价和水电暖卫设备安装工程造价。

（5）施工工期，以定额工期或计划工期为标准。

（6）主要材料耗用量，指用于工程的主要材料，包括钢材、木材、水泥等耗用量。

（7）劳动耗用量，指住宅建造过程中直接耗用的全部劳动量，可分现场用工和预制厂用工两部分，以工日为单位。

（8）[illegible]高低。合理减轻自重对于减少材料耗用量、运输量、劳动量，降低造价和提高经济效益都有积极意义。

保持可比性，仅计算土建工程±0.00线以上部分。

[illegible]

（11）[illegible]工业废料给国民经济有关部门带来的经济效果（既可以节约废料处理费用，又可以节约建筑材料费用）。

（12）房屋经常使用费，指民用建筑在使用过程中的折旧、维修费用，可按房管部门规定计算。

（13）土地占用，指建筑物占用土地，可按实际占用量计算。

1.3.2 工业建筑设计方案技术经济分析的指标体系

[illegible]

（2）建筑系数，是综合说明建筑设计[illegible]

$$建筑系数=\frac{[illegible]}{[illegible]}\times 100\%$$

[illegible]运输成品和材料的道路、铁路和[illegible]

[illegible]

$$全员劳动生产率=\frac{年产值}{全厂人数}$$

（7）生产工人劳动生产率，计算公式为

$$生产工人劳动生产率=\frac{年产值}{生产工人+辅助生产工人} \quad (6.8)$$

（8）全厂总投资，指全厂基本建设项目和费用的总和[illegible]

[illegible]

①[illegible]

②产值利润率，计算公式为

$$产值利润率=\frac{利润总额}{总产值}\times 100\% \quad (6.9)$$

③成本利润率，计算公式为

$$成本利润率=\frac{利润总额}{[illegible]}\times 100\% \quad (6.10)$$

④资金利润率，计算公式为

$$资金利润率=\frac{[illegible]}{[illegible]}\times 100\% \quad (6.11)$$

$$\frac{利润总额}{投资总额}\times100\%$$

（10）产品成本，是为生产产品而支出的各种费用，是综合反映经济效果的一个重要指标，计算公式为

$$\frac{产品总成本}{年产量}$$

（11）总平面设计方案的评价指标，包括以下内容。

①建筑密度指标，是指工业场地内部建筑物、构筑物的占地面积与工业场地占地面积之比，计算公式为

$$建筑密度=\frac{建筑物及构筑物占地面积+露天仓库、堆场、操作场地面积}{工业场地占地面积}$$

建筑密度是工业建筑总平面设计中比较重要的技术经济指标，它可以反映总平面设计中的用地是否紧凑合理。建筑密度高表明既可节省土地和土石方工程量，又可缩短管线长度，从而降低建厂费用和使用费。

②厂区利用系数，是指工业场地内建筑物、构筑物、露天场地、铁路、道路、广场占地面积与工业场地占地面积之比。

③绿化系数，是指厂区内绿化面积与厂区占地面积之比。

④实物工程量指标，用于反映总平面及运输部分的工程量，包括场地平整土石方工程量、铁路长度、道路和广场铺砌面积、排水工程量、围墙长度及绿化面积等。

⑤生产经营费用指标，用于反映企业生产经营期间总平面部分的经常费用，包括每年的铁路及道路运输经营费、每吨货物运费、铁路及道路及其构筑物的维修养护费用以及厂区绿化费用。

评价土建设计方案的优劣，应将建筑方面的适用性指标和经济指标综合起来考虑。适用性指标主要指占地面积、建筑面积、使用面积、建筑体积、生产车间使用面积及其在总建筑面积中所占比例等；经济指标按照建筑工程经济指标确定。

1.4 设计方案的经济分析与比较方法

在设计阶段，设计方案的选择是多方面的，从纵向分为初步设计、技术设计、施工图设计方案；从横向上可分为建筑构造方案（包括建筑构造方案、屋盖系统方案、结构方案、内外装饰结构方案、室内设计方案等）和专业工程方案（工艺方案、运输方案、给水系统方案、排水系统方案、供热方案等）。

设计方案经济分析常用的方法有三种，即多指标综合评价方法、单指标评价方法和价值工程方法。

（一）多指标综合评价方法

在采用方案竞选和设计招标方式选择设计方案时，通常采用多指标综合评价法。

采用设计方案竞选方式的一般是规划方案和总体设计方案，通常由组织竞选单位组织有关专家组成专家评审组。专家评审组按照技术先进、功能合理、安全适用、满足节能和环境要求、经济实用、美观的原则，同时考虑设计进度的快慢、设计单位与建筑师的资历信誉等因素综合评定设计方案优劣，择优确定中选方案。评定优劣时通常以一个或两个主要指标为主，再综合考虑其他指标。

采用设计招标方式对设计方案的选择，通常由设计招标单位组织的评标委员会按设计方案优劣、投入产出经济效益好坏、设计进度快慢、设计资历和社会信誉等方面进行综合评审并确定最优

方案。评标时，可根据主要指标再综合考虑其他指标选优的方法，也可采用打分的方法，得到一个综合评价值来确定最优的方案。

（2）单指标评价方法

单指标可以是效益性指标也可以是费用性指标。效益性指标主要是对收益或者功能有差异的多方案的比较选择，可采用互斥方案比选的方法选优。对于专业工程设计方案和建筑结构方案的比选来说，尽管设计方案不同，但方案的收益或功能没有太大的差异，这种情况下一般采用单一的费用指标，即采用最小费用法选择方案。

采用费用法比较设计方案也有两种方法：一种是只考察方案初期的一次费用，即造价或投资；另一种是考察设计方案全寿命期的费用。设计方案全寿命期费用包括工程初期的造价（投资）、工程交付使用后的经常性开支费用（含经常费用、日常维护修理费用、使用过程中的大修费用和局部更新费用等），以及工程使用期满后的报废拆除费用等。考虑全寿命周期费用是比较全面合理的分析方法，但对于一些设计方案，如果建成后的工程在日常使用费用上没有明显的差异或者以后的日常使用费难以估计时，可直接用造价（投资）来比较优劣。

（3）价值工程方法

价值工程方法是一种相当成熟和行之有效的管理技术与经济分析方法，一切发生费用的地方都可以用其进行经济分析和方案选择。工程建设需要大量的人、财、物，因而价值工程方法在工程建设领域也得到了较广泛的应用，并取得了较好的经济效益。例如，某设计院承担某电厂储灰场长江边围堰设计任务，原设计为土石堤坝，造价在1500万元以上，设计者通过对钢渣物理性能和化学成分分析试验，在取得可靠数据以后，经反复计算，证明用钢渣黏土代替抛石在技术上是可行的，并经试验坝试验，最后工期提前一个月建成了国内首座钢渣黏土关心坝，建成的大坝稳定而坚固，经受了强台风和长江特高潮位同时的袭击，且该方案比原设计方案节省投资700多万元。

下面通过一个例子说明设计方案的经济比较与选择。

【例6.1】某六层单元式住宅共54户，建筑面积为949.62米^2。原设计方案为砖混结构，内外墙为240毫米砖墙。现拟订的新方案为内浇外砌结构，外墙做法不变，内墙采用C20混凝土浇筑。新方案内横墙厚为140毫米，内纵墙厚为160毫米，其他部位的做法、选材及建筑标准与原方案相同。

两方案各项数据如表6.1所示。

表6.1 设计方案指标对比表

设计方案	建筑面积（米^2）	使用面积（米^2）	总投资（包括地价）（元）
1. 砖混	3949.62	2797.20	8163789
2. 内浇外砌	3949.62	2881.98	8300342

（1）通过单位建筑面积造价和单位使用面积造价等指标对两方案进行经济比较分析。

（2）住宅楼作为商品房出售，在按使用面积出售和按建筑面积出售两种情况下分别进行经济分析。

（3）对两方案进行比较，评价哪个方案为优。（评价指标、指标权重与指标值如表6.2所示）

表 6.2　方案指标值

指标		平面布局	使用功能	造价	使用面积	经济效益	结构安全
权重		0.15	0.20	0.20	0.15	0.20	0.10
方案	1．砖混	8	8	9	7	7	7
	2．内浇外砌	8	8	8	8	9	8

【解】对于住宅来说，其功能与日常运营费用一般不会受到房屋结构方案不同的影响，因此该例的方案比较主要是考察期初的投资或销售收入的差异。

（1）各方案单位建筑面积和单位使用面积投资额的计算值如表 6.3 所示。

表 6.3　投资额计算值

方案	单位建筑面积投资（元/米 ^{2}）	单位使用面积投资（元/米 ^{2}）
1．砖混	8163789/3949.62=2066.98	8163789/2797.20=2918.56
2．内浇外砌	8300342/3949.62=2109.57	8300342/2881.98=2880.08

从表 6.3 中可看出：按单位建筑面积计算，方案 2 的投资高于方案 1 的投资；按单位使用面积计算，方案 2 的投资低于方案 1 的投资。由于只有使用面积才会真正发挥居住的功能，如果不考虑其他因素，显然方案 2 优于方案 1。

也可换种角度和方法来分析如下。

每户平均增加使用面积为

$$(2881.98-2797.20)/54=1.57（米^2）$$

为此，每户多投资

$$(8300342-8163789)/54=2528.76（元）$$

折合单位使用面积投资为

$$2528.76/1.57=1610.68（元/米）$$

即方案 2 比方案 1 的每户多增加使用面积 1.57 米 ^{2}，其每平方米的投资为 1610.68 元。与方案 1 的单位使用面积 2918.56 元的投资相比，增加面积的投资是合算的。

（2）如果作为商品房出售，假设方案 2 与方案 1 的单位面积售价相同，可从不同角度分析。

①按建筑面积出售的情况分析。对于房产商来说，选用不同的方案总收入并不增加，但方案 2 比方案 1 的投资额却增加了，单位建筑面积增加额为 2109.57–2066.98=42.59（元/米 ^{2}），投资总增加额为 42.59×3949.62=168214.32（元）。

②按使用面积出售的情况分析。对于购房人来说，如果不考虑其他因素，不同的结构对其选择是没有影响的，即不管房屋是什么结构的，他花费同样的钱只能购买同样使用面积的住房。而对于房产商来说，选择方案 2 是很有利的，因为就该住宅分析，方案 2 比方案 1 每单位使用面积净收入增加 2918.56–2880.08=38.48（元/米 ^{2}），而整个住宅至少可增加净收入 38.48×2881.98=110898.59（元）。

但对于购房人来说，购买一套房子的购房款总额不变，但其所得的使用面积，方案 2 比方案 1 每户要多 1.57 米 ^{2}，所以选择方案 2 对购房人来说是有利的。

（3）根据指标得分情况，可以计算出两个方案的综合评价总分值。

方案 1 的综合评价值（总分）为

$$8\times0.15+8\times0.20+9\times0.20+7\times0.15+7\times0.20+7\times0.10=7.75$$

方案 2 的综合评价值为

$$8\times0.15+8\times0.20+8\times0.20+8\times0.15+9\times0.20+8\times0.10=8.20$$

方案 2 的综合评价值高于方案 1，因此方案 2 为优。

课题 2　建筑施工技术方案分析

2.1　施工方案技术经济分析的意义和内容

施工方案的技术经济分析是编制施工方案的重要环节和内容之一，是管理的一项重要工作。工期的长短、质量的好坏、材料的节约或浪费、人力能否合理安排使用、工程成本的高低，乃至企业的经营管理，都与施工方案有极大的关系，因此必须对建筑工程项目的施工方案做技术经济分析。施工方案的技术经济分析包括施工组织方案、施工工艺方案，以及采用新结构、新材料的技术经济分析。

2.2　施工方案技术经济分析的步骤

施工方案技术经济分析的步骤如下。

（1）明确方案分析的任务和范围。即明确方案是群体工程的施工方案、单位工程的施工方案，还是工种工程的施工方案，同时收集有关资料。

（2）拟订两个以上可行的备选方案。评价新工艺、新技术方案时，应以传统方案作为对比依据。

（3）确定反映方案特征的技术经济指标体系。

（4）指标计算。

（5）方案的分析、评价与选择。

对施工方案做技术经济评价时，一般采用多指标体系进行方案间的比较，以选出最佳方案。

若只有一个方案，一般也要进行技术经济方面的分析和论证，以明确技术上的先进性、组织上的可行性、经济上的合理性。

2.3　施工工艺方案的评价指标

施工工艺方案是指分部（分项）工程和工种工程的施工方案，如主体结构工程、基础工程、垂直运输、构件安装、水平运输、大体积混凝土浇筑、混凝土运送以及模板支撑方案等。上述施工工艺方案的内容主要包括施工技术方法和相应的施工机械设备的选择等。

施工工艺方案虽然各异，但其评价指标不外以下几类。

（1）技术性指标

技术性指标主要反映方案的技术特征或适用条件。技术性指标可用各种技术性参数表示，如现浇混凝土工程总量、安装构件总量、构件最大尺寸、构件最大质量、最大安装高度、模板型号、各种型号楼板的尺寸、模板单位经济性指标等。

（2）经济性指标

经济性指标主要反映为完成工程任务所需要的各种资源消耗，包括：

①工程施工成本，如直接人工费、机械设备使用费、施工设施的成本或摊销费等；

②主要专用机械设备需要量，如设备台数、使用时间、总台班数等；

③施工中主要资源需要量，如施工设施所需的枕木、道轨、模板材料、工具式钢支撑、脚手架材料和不同施工工艺方案引起的结构材料消耗的增加量等。

（3）效果指标

效果指标包括：

①工程效果指标，如工程工期等；

②经济效果指标，如成本降低额或降低率、材料资源节约额或节约率等。

（4）其他指标

其他指标如额外增加的材料资源、施工安全性、对环境的影响以及施工临时占用的建筑红线以外的场地面积和所需的主要材料资源、专用设备等。

以上指标可以根据评价方案的具体情况加以设置和取舍。

2.4 施工组织方案的评价指标

施工组织方案是组织单位工程施工或全工地性的施工管理方案。这类方案中虽然包含施工工艺，但主要是施工组织的方法。

评价施工组织方案的技术经济指标有以下几类。

（1）技术性指标

①占地面积；

②技术工作、工程质量保证体系；

③施工均衡性，如

$$\text{主要工种工程施工均衡系数}=\frac{\text{计划期高峰工程量}}{\text{计划期平均工程量}} \tag{6.15}$$

$$\text{主要材料、资源消耗不均衡系数}=\frac{\text{计划期高峰材料、资源耗用量}}{\text{计划期平均材料、资源耗用量}} \tag{6.16}$$

$$\text{劳动消耗量的不均衡系数}=\frac{\text{计划期高峰劳动消耗量}}{\text{计划期平均劳动消耗量}} \tag{6.17}$$

（2）经济性指标

①施工单位的固定资产和流动资金的占用量；

③工程成本，如直接人工费、机械设备使用费、施工现场管理费等；

③主要专用设备需要量；

④主要材料、资源耗用量；

⑤三大材料（钢材、木材、水泥）的节约量；

⑥劳动生产率。

（3）效果指标

如工程总工期，从主要项目开工到全部项目投产使用为止的时间，其中包括施工准备期。

（4）其他指标

反映施工组织方案特点的其他指标有

$$\text{机械化施工程度}=\frac{\text{机械化施工完成工作量}}{\text{总工作量}} \tag{6.18}$$

$$工厂化施工程度 = \frac{预制加工厂完成的工作量}{总工作量} \tag{6.19}$$

$$临时工程投资比例 = \frac{全部临时工程投资额}{建筑安装工程总投资} \tag{6.20}$$

2.5 施工方案的经济分析与比较的方法

施工方案包括施工组织方案和施工工艺方案，具体来说常见的有施工机械的选用、水平运输方案、垂直运输方案、构件吊装方案、基坑支护方案、模板方案、混凝土浇筑与运输方案、脚手架方案、现场平面布置方案、劳动力调配方案、现场机械设备调度方案、施工流水作业方案等。针对这些方案的比较与选择，一般常见的问题可由施工管理人员根据经验迅速地做出选择，而对于复杂的问题，则需要进行分析、评价与比较，才能做出正确的选择。

施工方案比较与选择的方法有如下几种。

（1）多指标综合评价法

即对于具体方案选择多个指标进行综合的评价选择。通常以其中的一个或两个指标为主，再综合考虑其他因素来确定最优方案。如基坑支护方案，既要考虑到采用这种方案施工的安全性和方便性，也要考虑到其经济性。

（2）单指标评价法

施工方案的比选中，常采用的是单指标评价法，即根据一个单一的效益性指标或者费用性指标比较方案的优劣，其中以最小费用法用得最多。另外，由于施工方案的寿命期通常较短（一般一个合同的工期多在 1～2 年之内），所以在对施工方案进行比较时，通常不考虑资金的时间价值，用短期方案的比较方法进行比选。

（3）价值工程方法

价值工程方法作为一个方便实用的经济分析方法，在施工方案的经济分析中也得到较好的应用。利用价值工程方法，可对建筑材料、构配件及周转性工具材料的代换进行价值分析，也可直接用于方案的经济比较。

下面是价值工程在施工组织设计中的应用实例。

【例 6.2】某厂贮配煤槽筒仓由 3 组 24 个直径 11 米、壁厚 200 毫米的圆柱形薄壁连体仓筒组成。工程体积庞大，地质条件复杂，施工场地狭小，实物工程多，结构复杂。设计储煤量为 4.8 万吨，预算造价近 1000 万元，为保证施工质量、按期完成施工任务，施工单位决定在施工组织设计中开展价值工程活动。

（1）对象选择

该施工单位对工程情况进行分析，工程主体由三个部分组成：地下基础、地表至 16 米为框架结构并安装钢漏斗、16 米以上为底环梁和筒仓。对这三部分主体工程就施工时间、实物工程量、施工机具占用、施工难度和人工占用等进行测算（具体情况略），结果表明筒仓工程在指标中占首位。

能否如期完成施工任务的关键在于能否正确处理筒仓工程面临的问题，以及能否选择符合本企业技术经济条件的施工方法。总之，筒仓工程是整个工程的主要矛盾，要全力解决。决定以筒仓工程为价值工程研究对象，以优化筒仓工程施工组织设计。

（2）功能定义

筒仓的基本功能是提供储煤空间，辅助功能主要是使用方便和外形美观。

（3）功能整理

在筒仓工程功能定义的基础上，根据筒仓工程内在的逻辑联系采取剔除、合并、简化等措施对功能定义进行整理，绘制出筒仓工程功能系统图，如图 6.1 所示。

（4）功能评价和方案创造

根据图 6.1 可以明确看出施工对象是混凝土筒仓体。在施工阶段运用价值工程不同在于设计阶段运用价值工程，重点在于实现储煤空间这个功能的具体方式。这就是说，采用什么样的方法组织施工、保质保量地浇灌混凝土筒仓体，是应用价值工程编制施工组织设计中所要解决的中心问题。根据“质量好、时间短、效益好”的原则，工程技术人员、施工人员、管理人员初步建立滑模、翻模、大模板和合同外包四个方案，在此基础上做进一步技术经济评价。

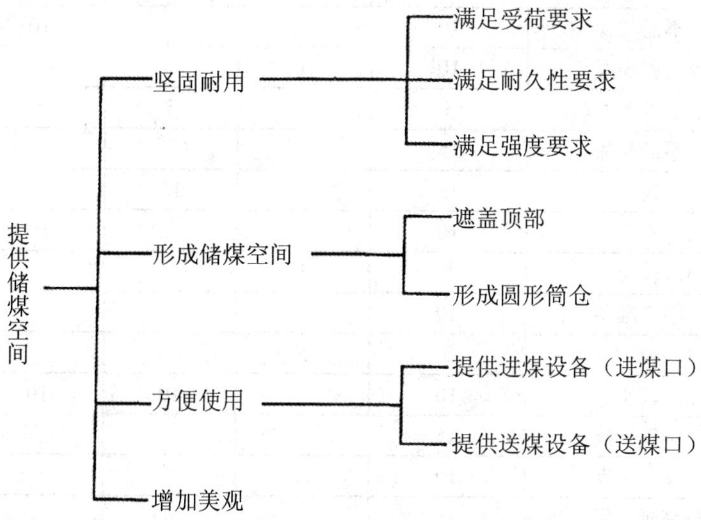

图 6.1　筒仓工程功能系统图

（5）施工方案评价

价值工程人员运用“给分定量法”进行方案评价，以 A、B、C、D 分别代表滑模、翻模、大模板、合同外包，具体打分结果如表 6.4 所示。

从得分结果可知，合同外包方案得分最高，其次为翻模和大模板施工方案。合同外包方案得分最高的原因在于其基本上没有费用支出，并不能简单认为合同外包方案较其他方案更优，需做进一步分析。利用“给分定量法”对施工方案做进一步的分析，如表 6.5 所示。

表 6.5 表明：虽然合同外包方案可以坐享其成，但权衡利弊，应选翻模施工方案。

为证明这种选择的正确性，进一步对各方案做价值分析。各方案的预算成本及价值指数如表 6.6 所示。

从表 6.6 可知 B 方案最优。

（6）翻模施工方案的进一步优化

由于翻模施工方案存在多工种、多人员作业和总体施工时间长的问题，适宜用价值工程方法做进一步优化。

经考察，水平运输和垂直运输使大量人工耗用在无效益的搬运上，为减少人工耗用，有以下几种途径：

①成本不增加，人员减少；

表 6.4　评分结果表

方案评价			方案			
指标体系	评分等级	评分标准	A	B	C	D
施工平台	1．需要制作	0	0			
	2．不需要制作	10		10	10	10
模板	1．制作专用模板	0	0		0	
	2．使用标准模板	10		10		
	3．不需制作模板	15				15
千斤顶	1．需购置	0	0			
	2．不需购置	10		10	10	10
施工人员	1．少工种少人员	10	10			
	2．多工种多人员	5		5	5	
	3．不需参加	15				15
施工准备时间	1．较短	15		15		
	2．中等	10			10	
	3．较长	5	5			
	4．不需准备	20				20
受气候、机械等影响	1．较大	5	5			
	2．较小	10		10	10	
	3．不受影响	15				15
施工时间	1．保证工期	10	10			
	2．拖延工期	0		0	0	0
施工难度	1．复杂	5	5			
	2．中等程度	10			10	
	3．简单	15		15		
	4．无难度	20				20
合计			35	75	55	105

②成本略有增加，人员减少而工效大大提高；

③成本减少，人员总数不变而工效提高。

根据以上途径，相应提出三个施工方案：

方案 E，单纯减少人员；

方案 F，变更施工方案为单组流水作业；

方案 G，采用双组流水作业。

对以上三个方案采用“给分定量法”进行评价，方案 G 为最优，即采用翻模施工双组流水作业，在工艺上采用二层半模板和二层角架施工。

（7）效果评价

通过运用价值工程，使该工程施工方案逐步完善，施工进度按计划完成，产值小幅增加，利润提高，工程质量好，被评为全优工程。从降低成本方面看，筒仓工程实际成本为 577.2 万元，与原滑模施工方案相比节约 133.6 万元，与大模板施工方案相比节约 83.5 万元，与合同外包方案相比节约 172.8 万元，与翻模施工方案相比节约 53 万元，降低率为 8.4%，与目标成本相比降低 52.8 万元，成本降低率为 8.3%，成效显著。

表 6.5　给分定量法施工方案评价表

方案评价			方案			
指标体系	评分等级	评分标准	A	B	C	D
技术水平	1．清楚	10	10	10	10	
	2．不清楚	5				5
材料	1．需求量小	5				5
	2．需求量大	10	10	10	10	
成本	1．很高	5				5
	2．较低	10	10	10	10	
工程质量	1．保证质量	10	10	10	10	
	2．难以保证	5				5
安全生产	1．避免事故责任	10				10
	2．尽量避免事故责任	5	5	5	5	
施工质量	1．需要参加	5	5	5	5	
	2．不需要参加	10				10
合计			50	50	50	40

表 6.6　各方案预算成本及价值指数表

方案	目标成本（万元）	预算成本（万元）	价值指数
A	630	＞608.30	＜0.880
B		630.30	0.999
C		660.70	0.950
D		＞750.00	＜0.840

课题 3　建筑设备方案的选择与更新

3.1　设备更新概述

3.1.1　设备更新的含义

设备更新，从广义讲应包括设备修理、设备更换、设备更新和设备现代化改装；从狭义上讲，设备更新指以结构更先进、技术更完善、生产效率更高的新设备去代替不能继续使用及经济上不宜继续使用的旧设备。

设备更新对于提高劳动生产率、改进产品质量、促进技术进步、加速国民经济发展等起着重要作用，但并不意味着在任何条件下更新设备都是有利的，应该根据设备磨损客观规律和设备在使用过程中其费用变化的经济规律，对设备更新进行经济分析，才能正确确定设备的经济寿命和最佳更新方案、更新方式及更新时机。

3.1.2 设备的经济寿命

生产设备的寿命一般有以下几种概念。

（1）自然寿命，或称物理寿命。它是设备从全新状态投入使用直到不能保持正常使用状态而予以报废的全部时间期限。

（2）技术寿命。它是设备在市场上维持其价值的时期（设备产品寿命周期），也即一种使现有设备报废的新设备出现之前的一段时期。技术寿命一般短于自然寿命。

（3）经济寿命。它是指给定的设备具有最低等值年成本的时期，或最高的等值年净收益的时期。也就是指一台设备开始使用直至在经济前景的分析中不如另一台设备更有效益而被替代时所经历的时期。设备随着使用时间的延长，一方面其磨损逐渐加大，效率下降；另一方面，为了维持其原有的生产效率，必须增加维修次数，消耗更多的燃料和动力，而使每年的使用费用呈递增趋势。当设备年使用费的增长超过了一次性投资分摊费的降低额时，继续使用该设备就不经济了。根据设备使用费这种变化规律确定的设备最佳经济使用年限，称为设备的经济寿命。

3.2 设备磨损及补偿方式

设备在使用及闲置过程中将发生两种基本形式的磨损，即有形磨损和无形磨损。有形磨损是机器实体发生磨损，又称为物理磨损；无形磨损是机器设备在价值形态上的损失，又称为经济磨损。

有形磨损按其产生的原因，又可分为因使用产生的磨损和因自然力的作用而产生的磨损，前者称为第一类有形磨损，后者称为第二类有形磨损。有形磨损的技术后果是降低设备的使用价值，磨损到一定程度将导致机器设备使用价值的完全丧失。有形磨损的经济后果是机器设备原始价值的部分贬值，甚至完全丧失价值。消除有形磨损、使机器设备局部或完全恢复使用价值的方式是修理或更换，为此需支出相应费用，即产生了大修理的经济性分析问题。

无形磨损产生的根本原因是科学技术的不断进步和发展。导致无形磨损产生的原因有两个：一是由于设备制造工艺不断改进，成本不断降低和劳动生产率不断提高，生产同种设备所需的社会必要劳动耗费减少，因而导致设备的价值相应地贬值，这是第一类无形磨损；二是由于技术进步，市场上出现了结构更先进、技术更完善、生产效率更高、耗用原材料和能源动力更少的新型设备，使原有设备价值降低，而且会使原有设备局部或全部丧失其使用价值，这是第二类无形磨损。第二类无形磨损可能导致设备提前更新。

设备价值的两重性决定着磨损的两重性，两重磨损同时作用在机器设备上。有磨损就要有补偿，两重磨损形式与补偿方式之间的关系如图 6.2 所示。

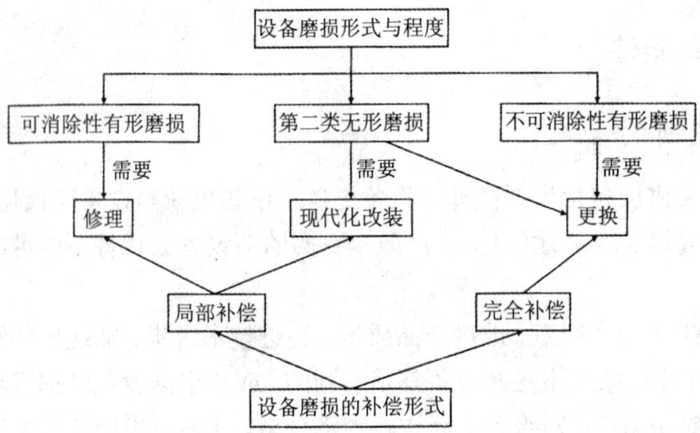

图 6.2 设备磨损形式与补偿方式之间的关系

3.3 设备经济寿命的确定

3.3.1 经济寿命确定的准则

确定设备的经济寿命，就是寻求设备在使用过程中投资的分摊成本费与年使用费的总和为最小的时刻。在这个时刻之前，或者在这个时刻之后，其总费用都会增加。所以，从设备投入使用到投资的分摊成本费与年使用费的总和为最小的时刻所经历的时间，就是设备的经济寿命。

3.3.2 经济寿命的静态计算方法

假设设备的原值（即投资费用）为 P，设备在第 n 年的净残值为 L_n，设备已使用的年数为 T，则每年平均分摊投资成本为 P/T。一方面，随着使用年数 T 的增长，每年分摊的投资成本将逐渐减少；另一方面，设备的维修费用、燃料、动力消耗等使用费用又逐渐增加。这一过程叫作设备的低劣化。用 A_1 表示第 1 年机械设备的使用费用（运营成本费用），用 G 表示因低劣化而使设备使用费从第 2 年起的增加值，现金流量如图 6.3 所示。

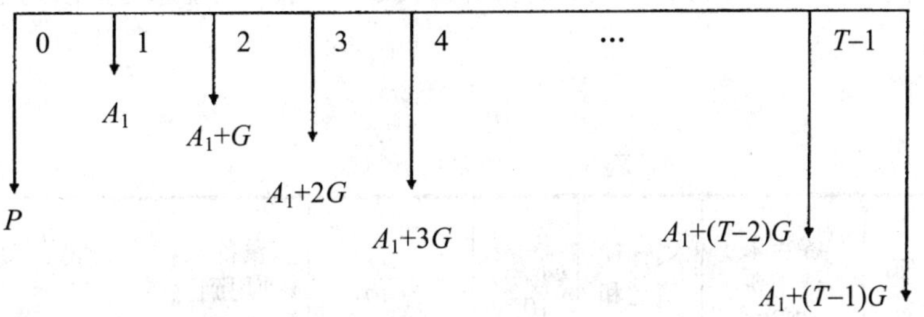

图 6.3 现金流量图

T 年内每年使用费用的平均值为 $A_1+G(T-1)/2$。因此，设备每年平均的投资成本和使用成本之和称为总成本，其表达式为

$$C=\frac{P-L_n}{T}+A_1+\frac{G(T-1)}{2} \tag{6.21}$$

式中：

C——设备的平均年总成本。

为了使平均年总成本达到最小，令 $\frac{\mathrm{d}C}{\mathrm{d}T}=0$，有

$$T_0=\sqrt{\frac{2(P-L_n)}{G}} \tag{6.22}$$

式中：

T_0——设备的经济寿命，也是设备的最佳更新期。

【例 6.3】某一设备的原值为 7200 元，第 1 年的使用成本费为 800 元，以后每年递增 650 元，预计残值为 0，试用静态分析法确定其经济寿命期。

【解】由公式（6.22）得

$$T_0=\sqrt{\frac{2\times(7200-800)}{650}}=5$$

即经济寿命期为 5 年。

对应的最小成本

$$C_0=\frac{7200-0}{5}+800+\frac{650\times(5-1)}{2}=3540\ （元/年）$$

3.3.3 经济寿命的动态计算方法

动态分析法就是要考虑资金的时间价值。假设设备一次性投资费用按利率 i 在 T 年中分摊成本为

$$AC_{1(T)}=(P-L_n)(A/P,i,T)+L_n\times i$$

又假设设备年平均使用费用为

$$\begin{aligned}AC_{(T)}&=AC_{1(T)}+AC_{2(T)}\\&=\left[(P-L_n)(A/P,i,T)+L_n\times i\right]+\sum_{t=1}^{T}C_t(P/F,ic,t)(A/P,ic,T)\end{aligned}\qquad(6.23)$$

最小年平均费用 $AC_{(T)}$所对应的时间就是设备的经济寿命，即最佳更新期。由于用数学方法求解公式（6.23）的最小值比较困难，所以往往用列表计算的方法来求设备的动态经济寿命期。

【例 6.4】设利率 i=10%，设备逐年减少的残值如表 6.7 所示。用动态分析法确定例 6.3 中设备的经济寿命期。

【解】列表计算，如表 6.7 所示。

表 6.7 经济寿命计算表

年限 ①	各年末使用费 ②	(P/F, 10%, ①) ③	各年末使用费现值 ④=②×③	累计现值之和 ⑤=∑④	(A/P, 10% ①) ⑥	$AC_{2(T)}$ ⑦=⑤×⑥	设备使用到第 T 年末残值 ⑧	$AC_{1(T)}$ ⑨=[7200−⑧]×⑥+⑧×10%	$AC_{(T)}$ ⑩=⑦+⑨
1	800	0.9091	727	727	1.1000	800	3600	4320	5120
2	1450	0.8264	1198	1925	0.5762	1109	2400	3006	4115
3*	2100	0.7513	1578	3503	0.4021	1409	1200	2533	3942*
4	2750	0.6830	1878	5381	0.3155	1698	0	2272	3970

从表 6.7 可知，最小的年平均费用为 3942 元，对应的经济寿命期为 3 年。

对于设备使用费呈不规则变化的情况，可通过列表先计算各年使用费用的现值和 T 年使用费用的累计现值，再计算 $AC_{2(T)}$，然后求 $AC_{(T)}$，最终找出最佳更新周期。

3.4 设备更新分析方法

设备更新分析的结论取决于所采用的分析方法，而设备更新分析的假定条件和设备的研究期是选用设备更新分析方法时应考虑的重要因素。研究期是互斥方案进行现金流量计算时共同的计算期，它是为消除各方案计算周期长短不一所带来的计算不便问题而建立的可比条件。

3.4.1 原型设备更新分析

原型设备更新分析就是假定企业的生产经营期较长，并且设备一旦选定，今后均采用此型设备重复更新，这相当于研究期为各设备自然寿命的最小公倍数。

原型设备更新分析主要有三个步骤：

①确定各方案共同的研究期；

②用费用年值法确定各方案设备的经济寿命；

③比较每个方案设备的经济寿命确定最佳方案，即旧设备是否更新及新设备未来的更新周期。

【例 6.5】某企业现有一台机器 A，目前市场上另有与机器 A 相同功能的两种机器 B 和 C，这三台机器构成了互斥方案组。现有机器 A 还有 5 年使用期，机器 B 和 C 的自然寿命分别为 6 年和 7 年，机器各年的现金流量如表 6.8 所示。设基准收益率为 10%，试采用原型设备更新分析方法比较三个机器方案的优劣。

【解】研究期为 5、6、7 年的最小公倍数，即 210 年。

采用费用年值法确定各台机器的经济寿命机器 A 有 5 个更新策略，机器 B 和 C 分别有 6 个和 7 个更新策略，更新分析的互斥策略数为 5+6+7=18 个。各机器年平均费用最低的策略所对应的使用期限即该机器的经济寿命。

计算三个方案的经济寿命，如表 6.8 所示。

$$
\begin{aligned}
AC_{A2}&=(18000-9500)(A/P, 10\%, 2)+ 9500\times10\% \\
&\quad+[3600(P/F, 10\%, 1)+5600(P/F, 10\%, 2)] \times(A/P, 10\%, 2) \\
&=8200\times0.5762+9500\times10\%+(3600\times0.9091+5600\times0.8264)\times0.5762 \\
&=10400\text{（元）}
\end{aligned}
$$

表 6.8　各方案机器经济寿命计算表　　单位：元

n 年末	机器 A			机器 B			机器 C		
	第 n 年残值	n 年期间的运营费	年平均费用	第 n 年费用	n 年期间的运营费	年平均费用	第 n 年费用	n 年期间的运营费	年平均费用
0	18000		11400	26000			33000		
1	12000	3600	10400*	0	2000	30600	0	2250	38550
2	9500	5600	10505	0	3800	17838	0	2250	21265
3	7600	7900	10928	0	6300	14352	0	2250	15519
4	5800	9900	11591	0	8600	13114	0	2250	12662
5	3400	12000		0	11300	12816*	0	2250	10955
6				0	14800	13072	0	2250	9828
7							0	2250	9028*

$$
\begin{aligned}
AC_{B4}&=2600(A/P, 10\%,4)+[2000(P/F, 10\%, 1)+3800(P/F, 10\%, 2) \\
&\quad+6300(P/F, 10\%, 3)+8600(P/F, 10\%, 4)\times(A/P, 10\%, 4) \\
&=26000\times0.3155+(2000\times0.9091+3800\times0.8264+6300\times0.7513+8600\times0.683)\times0.3155 \\
&=13114\text{（元）}
\end{aligned}
$$

$$
\begin{aligned}
AC_{C7}&=33000(A/P, 10\%, 7)+2250 \\
&=3300\times0.2054+2250 \\
&=9028\text{（元）}
\end{aligned}
$$

各方案不同更新策略的年平均费用如表 6.8 所示。其中，旧机器 A 的经济寿命为 2 年，新机器 B 的经济寿命为 4 年，新机器 C 的经济寿命为 7 年。在研究期 210 年内，以各方案机器经济寿命对应的年平均总成本为比较依据，方案 C 为最优。

因此可得出结论，采用新机器 C 更新现有机器 A，机器 C 未来的可更新周期为 7 年。

3.4.2 新型设备更新分析

新型设备更新分析就是假定企业现有设备可被其经济寿命平均年费用最低的新设备取代。

【例 6.6】假定例 6.5 中的现有机器 A 可采用经济寿命内年平均费用最低的新机器进行更新，试进行更新决策。

【解】在能对现有机器 A 进行更新的新设备中，机器 C 在其经济寿命 7 年内的年平均费用为 9028 元，低于机器 B 在其经济寿命 4 年内的年平均费用 11221 元，故将机器 C 作为现有机器 A 的潜在更新设备，这相当于在机器 B、C 的 13 个互斥策略中选择了一个策略 C7。

由于 7 年后各策略的现金流量相同，故选择新机器 C 的经济寿命 7 年为研究期，采用总成本现值法并根据表 6.8 中数据比较机器方案。

$$PC_{A1}=11400(P/F, 10\%, 1)+9028(P/A, 10\%, 6)$$
$$=11400\times0.9091+9028\times4.3553$$
$$=49683（元）$$
$$PC_{A2}=10400(P/A, 10\%, 2)+9028(P/A, 10\%, 5)$$
$$=10400\times1.7355+9028\times3.7908$$
$$=52273（元）$$
$$PC_{A3}=10505(P/A, 10\%, 3)+9028(P/A, 10\%, 4)$$
$$=10505\times2.4869+9028\times3.1699$$
$$=54743（元）$$
$$PC_{A4}=10928(P/A, 10\%, 4)+9028(P/A, 10\%, 3)$$
$$=10928\times3.1699+9028\times2.4869$$
$$=57092（元）$$
$$PC_{A5}=11591(P/A, 10\%, 5)+9028(P/A, 10\%, 2)$$
$$=11591\times3.7908+9028\times1.7355$$
$$=59607（元）$$
$$PC_{A7}=9028(P/A, 10\%, 7)$$
$$=9028\times4.8684$$
$$=43952（元）$$

策略 C7 的总成本现值最低，故应采用新机器 C 立即更新现有机器 A。

【例 6.7】假定例 6.5 中经济寿命内年平均费用最低的新机器 C 缺货，难以采购，只能采用机器 B 对现有机器 A 进行更新，试进行更新决策。

【解】采用机器 B 的经济寿命 4 年作为研究期，采用总成本现值比较设备方案如下。

$$PC_{A1}=11400(P/F, 10\%, 1)+12816(P/A, 10\%, 4)$$
$$=11400\times0.9091+12816\times3.1699$$
$$=50989（元）$$
$$PC_{A2}=10400(P/A, 10\%, 2)+12816(P/A, 10\%, 3)$$
$$=10400\times1.7355+12816\times2.4869$$
$$=49921（元）$$

$$PC_{A3}=10505(P/A, 10\%, 3)+12816(P/A, 10\%, 2)$$
$$=10505\times2.4869+12816\times1.7355$$
$$=54743\text{（元）}$$
$$PC_{A4}=10928(P/A, 10\%, 4)+ 12816(P/A, 10\%, 1)$$
$$=10928\times3.1699+12816\times0.9091$$
$$=46291\text{（元）}$$
$$PC_{A5}=11591(P/A, 10\%, 5)+11591\times3.7908=43939$$
$$PC_{B5}=12816(P/A, 10\%, 5)+12816\times3.7908=48583$$

策略 A5 的总成本现值最低，由此可得出结论：现有机器 A 应保留 5 年。

以上举例可以看出，设备更新分析结论与研究期紧密相关，同样的新旧设备，研究期的假定条件不同，可能得出各种不同的结论。

习　题

1．设计与施工方案技术经济分析的目的和一般步骤是什么？

2．如何对民用建筑和工业建筑的设计方案进行评价？有哪些主要指标？

3．评价施工方案有哪些主要指标？

4．什么是设备的有形磨损、无形磨损？各有何特点？对设备的补偿方式有哪些？

5．什么是设备的自然寿命、技术寿命和经济寿命？

6．某厂压缩机的购置价为 6000 元，第 1 年的运营成本为 1000 元，以后每年以 300 元定额递增。压缩机使用一年后的余值为 3600 元，以后每年以 400 元递减，最大使用年限为 8 年。若基准收益率为 15%，试用动态方法计算压缩机的经济寿命。

7．某企业 4 年前花 2500 元购置了设备 A，目前设备 A 的剩余寿命为 6 年，寿命终了时的残值为 200 元，每年的运营费用为 700 元。目前有一个设备制造厂出售与设备 A 具有相同功效的设备 B，售价为 2400 元，寿命为 10 年，残值为 300 元，每年运营费用为 400 元。如果企业购买设备 B，设备制造厂愿出价 600 元购买旧设备 A。设基准收益率为 15%，研究期为 6 年，试判断现在公司应保留设备 A，还是用设备 B 更新设备 A。

项目单元七　建设项目可行性研究与项目后评价

课题 1　建设项目可行性研究

1.1　可行性研究的概述

可行性研究是运用现代科学技术成果，对拟建项目在建设投资决策前进行技术经济论证的一门综合性学科。它是保证建设项目以最少的投资耗费取得最佳的经济效果的科学手段，也是实现建设项目在技术上先进、经济上合理和建设上可行的科学方法。

具体地说，建设项目可行性研究是在投资决策前对项目有关的社会、经济和技术等各方面进行深入细致的调查研究，分析，计算和方案比较、论证，并对项目建成后可能取得的经济效果进行预测和评价，从而提出该项目是否投资建设和如何投资的意见，为投资决策提供依据的一种科学方法。

1.2　可行性研究的产生和发展

可行性研究工作最早是在 20 世纪 30 年代美国在开发田纳西河流域时开始试行，作为流域开发规划的重要阶段，使得工程建设稳步发展，经济效益极为显著。在第二次世界大战后，由于科学技术和经济发展的需要，可行性研究在大型工程建设项目中得到广泛应用，成为投资项目决策前的一个重要工作阶段。特别是在 20 世纪 60 年代以后，世界科学技术的进步和经济管理科学的迅猛发展使可行性研究得以不断充实、完善和迅速发展，逐步形成了一套较完整系统的科学研究方法，应用范围逐渐扩大。1978 年，联合国工业发展组织（UNIDO）为了推动和帮助发展中国家开展可行性研究工作，编写出版了《工业项目可行性研究手册》，系统地说明了可行性研究的内容和方法。

从 1979 年开始，我国政府和各个工业部门在总结经济建设中的经验教训的基础上，学习和引进了国外的可行性研究。1981 年原年国家计委有关文件明确规定把可行性研究作为建设前期工作中一个重要技术经济论证阶段纳入基本建设程序；1983 年下达了《关于建设项目进行可行性研究的试行管理办法》，进一步明确了可行性研究的编制程序、内容和评审方法，把可行性研究作为编制和审批项目设计任务书的基础和依据；1987 年 9 月颁发了《建设项目经济评价方法与参数》和《关于建设项目经济评价工作的暂行规定》，要求各个投资主体、各个投资来源、各种投资方式兴办的大中型基建项目，限额以上技术改造项目，均按此“方法”和相应的评价参数进行经济评价，如果评价内容和质量达不到规定要求，负责评估和各级审批、设计、施工、投资等部门均不得受理。因此无论是代表国家投资决策的计划经济部门，还是建设银行、工商银行和投资银行以及投资公司、工程咨询公司、官办民办企业、社会集团、私人投资者都应熟悉、掌握和运用可行性研究，并对建设项目进行认真的技术经济分析论证和经济评价后再进行投资决策。

《建设项目经济评价方法与参数》自发布试行以来，在全国范围内得到广泛的应用，不仅成为各类规划设计单位、工程咨询公司进行投资项目经济评价和评估的指导性文件，而且也是各级计划部门审批项目建议书和可行性研究报告、各级金融机构审批贷款项目的重要依据。它的发布试行，标志着我国进入了项目投资决策科学化、民主化的新阶段。根据经济体制改革形势和发展的需要，国家计委和建设部对“方法与参数”进行了补充和修改，1993 年 4 月发布了《建设项目经济评价方法与参数》(第 2 版)，在整体构思上更加突出为社会主义市场经济服务的指导思想，在具体方法上力求反映经济体制、财税制度改革的新情况，提高了方法的科学性、实用性和可操作性。

按照国家投资体制改革的总体要求，在认真总结《建设项目经济评价方法与参数》(第 2 版) 实施经验的基础上，2006 年 7 月由国家发展改革委员会和建设部发布了《建设项目经济评价方法与参数》(第 3 版)，用于各类建设项目的经济评价工作。

1.3 可行性研究的作用

(1) 作为建设项目投资决策的依据。可行性研究是项目投资建设的首要环节，项目投资决策者主要根据可行性研究的评价结果决定一个建设项目是否应该投资和如何投资。

(2) 作为筹集资金向银行申请贷款的依据。世界银行等国际金融组织都把可行性研究作为申请工程项目贷款的先决条件。我国的专业银行、商业银行在项目建设贷款时，也首先对贷款项目进行全面、细致的分析评估，确认项目具有偿还贷款能力、不担过大风险后，才能同意贷款。

(3) 作为项目与相关部门商谈合同、签订协议的依据。根据可行性研究报告和设计任务书，项目主管部门可同国内有关部门签订项目所需的原材料、资源和基础设施等方面的协议和合同，以及同国外厂商对引进技术和设备正式签约。

(4) 作为项目进行工程设计、设备订货、施工准备等基本建设前期工作的依据。可行性研究中对产品方案、建设规模、场址、工艺流程、主要设备选型和总图布置等方案的论证结果在设计任务确定后，就可作为工程项目初步设计、设备订货和施工准备工作的依据。

(5) 作为项目采用新技术、新设备研制计划和进行科学试验的依据。项目拟采用的新技术、新设备必须经过技术经济论证认为可行后，方能拟订研制计划。

(6) 作为向当地政府及环保部门申请建设执照的依据。项目可行性研究在经评审后，还需地方规划部门和环保部门审查，审查内容符合要求或有治理措施时，才发建设执照。

1.4 可行性研究的依据

(1) 国家经济发展的长远规划、经济建设的方针和政策。按照长远规划和方针确定项目的投资方向和规模，提出需要进行可行性研究的项目建议书。在宏观投资政策的指导及市场需求的引导下，统筹安排好各地区、各部门和企业的项目建设和协作配套。

(2) 项目建议书和委托方的设想要求。项目建议书是项目投资决策前的总体设想，主要论证项目的必要性，同时初步分析项目建设的可行性，是进行各项投资准备工作的主要依据。

(3) 国家矿产储量委员会批准的矿产储量报告。对一些大型骨干建设项目，必须具有国家批准的资源报告。

(4) 可靠的自然、地理、气象、地质、经济、社会等基础原始资料。

(5) 有关工程技术经济方面的规范、标准、定额等指标。

(6) 国家统一颁发的有关项目评价的基本参数和指标。这些指标如基准收益率、社会折现率、折旧率、影子价格、影子汇率等，可作为项目可行性研究的基本依据和判别准则。

课题 2 建设项目可行性研究程序和内容

2.1 可行性研究的阶段划分

联合国工业发展组织出版的《工业项目可行性研究手册》将可行性研究工作分为三个阶段，即机会研究、初步可行性研究和详细可行性研究。

2.1.1 机会研究

这一阶段的主要任务是提出项目投资方向的建议，即在一个确定的地区或部门，根据对自然资源的了解和对市场需求的调查及预测、国内相关政策及国际贸易联系等情况，选择项目，寻找最有利的投资机会。

机会研究主要通过以下几个方面的研究来寻找投资机会：

（1）自然资源情况；

（2）农业、工业生产布局和生产情况；

（3）人口增长或购买力增长对消费品需求的潜力；

（4）产品进口情况、取代进口的可能性、产品出口的可能性；

（5）现有企业扩建的可能性、多种经营的可能性、将现有小型企业扩建到经济规模的可能性；

（6）其他国家工业发展成功的经验。

机会研究阶段相当于我国的项目建议书阶段，其主要任务是提供可能进行建设的投资项目。如果证明项目投资的设想是可行的，再进行更深入的调查研究。对于机会研究，所需时间大致为 1～3 个月，投资估算的精度为±30%，研究费用占总投资的 0.2%～1.0%。

2.1.2 初步可行性研究

初步可行性研究也称为预可行性研究。许多项目在机会研究后还不能决定取舍，就需要进行初步可行性研究。它的主要任务有：

（1）分析机会研究的结论，并在详细调查资料的基础上做出投资决策；

（2）确定是否应进行下一步的详细可行性研究；

（3）确定有哪些关键问题需要进行辅助性专题研究；

（4）判断项目的设想是否具有生命力，能否获得理想的效益。

初步可行性研究是机会研究和详细可行性研究之间的一个阶段。它与机会研究的区别主要在于所获资料的详细程度不同。如果机会研究有足够的资料数据，也可以越过初步可行性研究，直接进入详细可行性研究；如果机会研究对项目有关资料不足，获利情况不明显，就要进行初步可行性研究，以此判断项目是否值得投资。初步可行性研究的时间一般需要 3～5 个月，投资估算的精度为±20%；研究费用占总投资的 0.25%～1.5%。在提出项目初步可行性研究报告时，还需提出项目的总投资。

2.1.3 详细可行性研究

详细可行性研究也称为最终可行性研究。它的主要任务是对项目进行深入的技术、经济论证，确定项目方案的可行性，选择最佳方案，提出项目投资决策的意见。

详细可行性研究的投资估算精度为±10%；对于小型项目研究时间一般为0.5～1.0年，研究费用占总投资的1.0%～3.0%；对于大中型项目研究时间一般为1～2年，研究费用占总投资的0.8%～1.7%。详细可行性研究根据项目的性质、规模和复杂程度不同，研究内容也不尽相同。

2.2 可行性研究的内容

2.2.1 项目兴建的理由与目标

根据已确定的项目建议书（或初步可行性研究报告），从总体上进一步论证项目提出的依据、背景、理由和预期目标，即进行项目建设的必要性分析。同时，还要分析论证项目建设和生产运营必备的基本条件及其获得的可能性，即进行项目建设可能性分析。

项目兴建理由一般从项目本身和国民经济两个层次进行分析。项目层次的分析是站在投资者位置，从项目产品和投资效益的角度论证兴建理由是否充分合理；国民经济层次的分析是从国民经济全局的角度分析项目对宏观经济条件的符合性，如是否符合合理配置和有效利用资源的要求，是否符合区域规划、行业发展规划的要求，是否符合国家技术政策和产业政策的要求等。通过这两个层次的分析，判别项目建设的理由是否充分、合理，以确定项目建设的必要性。

根据项目兴建的理由，对项目建议书（或初步可行性研究报告）提出的项目建设内容和建设规模、技术装备水平、产品性能和档次、成本收益目标等与预期达到的目标进行总体分析论证，判别项目预期目标与项目兴建理由是否吻合，预期目标是否具有合理性和现实性。

2.2.2 市场预测

在市场调查的基础上，对项目的产品和所需要的主要投入物的市场容量、价格、竞争力以及市场风险进行分析预测，为确定项目建设规模与产品方案提供依据。

市场预测的研究内容主要有市场现状调查、产品供应与需求预测、产品价格预测、目标市场与市场竞争力分析以及市场风险分析等。

2.2.3 资源条件评价

金属矿、煤矿、石油天然气矿、建材矿、化学矿以及水利水电和森林采伐等项目，都是以矿产资源、水利水能资源和森林资源等自然资源的采掘为主要内容的资源开发项目。

资源开发项目的建设应符合资源总体开发规划的要求，符合资源综合利用的要求，符合节约资源及可持续发展的要求。森林资源开发还应符合国家生态环境保护的有关规定。

资源条件评价主要是对拟开发项目资源开发的合理性、资源可利用量、资源自然品质、资源储存条件和资源开发价值等进行评价。

2.2.4 建设规模与产品方案

建设规模与产品方案研究是在市场预测和（资源开发项目）资源评价的基础上，论证比选拟建项目的建设规模和产品方案（包括主要产品和辅助产品及其组合），作为确定项目技术方案、设备方案、工程方案、原材料燃料供应方案及投资估算的依据。

建设规模是指项目设定的正常生产运营年份可能达到的生产能力或者使用效益。确定建设规模一般应研究项目的合理经济规模，市场容量对项目规模的影响，环境容量对项目规模的影响以及资金、原材料和主要外部协作条件等对项目规模的满足程度。对于不同行业、不同类型的项目，确定建设规模时还应考虑与之相关的某些特殊因素。

产品方案是研究拟建项目生产的产品品种及其组合的方案。确定产品方案一般应研究市场需求、产业政策、专业化协作、资源综合利用、环境条件、原材料燃料供应、技术设备条件、生产储运条件等因素和内容。对于生产多种产品的拟建项目，还应研究其主要产品、辅助产品、副产品的种类及其生产能力的合理组合，以便为技术、设备、原材料燃料供应等方面的研究提供依据。

2.2.5 场址选择

可行性研究阶段的场址选择是在初步可行性研究（或项目建议书）规划选址已确定的建设地区和地点范围内进行具体坐落位置选择，习惯上称为工程选址。

不同行业项目选择场址需要研究的具体内容、方法和遵循的规程规范不同，称谓也不同。加工业项目称厂址选择，水利水电项目称坝（闸）址选择，交通项目称线路选择，输油气管道、输电和通信线路项目称路径选择。

场址选择应主要研究场址位置、占地面积、地形地貌、气象条件、地震情况、工程地质与水文地质条件、征地拆迁及移民安置条件、交通运输条件、水电供应条件、环境保护条件、法律条件、生活设施依托条件、施工条件等内容。

2.2.6 技术方案、设备方案和工程方案

（1）技术方案选择。技术方案主要指生产方法、工艺流程（工艺过程）等。技术方案选择要体现先进性、适用性、可靠性、安全性和经济合理性的要求。技术方案比选的主要内容有技术的先进程度、技术的可靠程度、技术对产品质量性能的保证程度、技术对原材料的适应性、工艺流程的合理性、自动化控制水平、技术获得的难易程度、对环境的影响程度以及购买技术或专利的费用等技术经济指标。

（2）主要设备方案选择。设备方案选择是在研究和初步确定技术方案的基础上，对所需主要设备的规格、型号、数量、来源、价格等进行研究比选。设备方案的选择，首先要根据建设规模、产品方案和技术方案，研究提出所需主要设备的规格、型号和数量，然后通过调查和询价，研究提出项目所需主要设备的来源、投资方案和供应方式。对于超大、超重、超高设备，还应提出相应的运输和安装的技术措施方案。

（3）工程方案选择。工程方案选择是在已选定项目建设规模、技术方案和设备方案的基础上，研究论证主要建筑物、构筑物的建造方案。工程方案的选择要满足生产使用功能要求，适应已选定的场址（线路走向），符合工程标准规范要求，并且经济合理。

2.2.7 原材料、燃料供应

原材料是项目建成后生产运营所需的投入物。在建设规模、产品方案和技术方案确定后，应对所需主要材料的品种、规格、质量、数量、价格、来源、供应方式和运输方式进行研究确定。

项目所需燃料包括生产工艺用燃料、公用和辅助设施用燃料、其他设施用燃料。燃料供应方案的研究内容有燃料的品种、质量、数量、价格以及来源和运输方式。

2.2.8 运输与公用辅助工程

总图运输与公用辅助工程是在已选定的场址范围内，研究生产系统、公用工程、辅助工程及运输设施的平面和竖向布置以及相应的工程方案。包括总图布置方案、场内外运输方案、公用工程与辅助工程方案等。

2.2.9 环境影响评价

环境影响评价是在研究确定场址方案和技术方案中，调查研究环境条件，识别和分析拟建项目影响环境的因素，研究提出治理和保护环境的措施，比选和优化环境保护方案。

2.2.10 劳动安全卫生与消防

拟建项目劳动安全卫生与消防的研究是在已确定的技术方案和工程方案的基础上，分析论证在建设和生产过程中存在的对劳动者和财产可能产生的不安全因素，并提出相应的防范措施。

2.2.11 组织机构与人力资源配置

拟建项目的可行性研究应对项目的组织机构设置、人力资源配置、员工培训等内容进行研究，比选和优化方案。

2.2.12 项目实施进度

工程建设方案确定后，应研究提出项目的建设工期和实施进度方案。

（1）建设工期。建设工期可参考有关部门或专门机构制定的建设项目工期定额和单位工程工期定额，并结合项目建设内容、工程量大小、建设难易程度和施工条件等具体情况综合研究确定。

（2）实施进度安排。项目建设工期确定后，应根据工程实施各阶段工作量和所需时间，对时序做出大体安排，并编制项目实施进度表。

2.2.13 投资估算

投资估算是在对项目的建设规模、技术方案、设备方案、工程方案及项目实施进度等进行研究并基本确定基础上估算项目投入总资金，并测算建设期内分年资金需要量，作为制定融资方案、进行经济评价以及编制初步设计概算的依据。

2.2.14 融资方案

融资方案是在投资估算的基础上研究拟建项目的资金渠道、融资形式、融资结构、融资成本、融资风险，比选推荐项目的融资方案，并以此研究资金筹措方案和进行财务评价。

2.2.15 财务评价

财务评价是在国家现行财税制度和市场价格体系下，从项目微观角度分析预测项目的财务效益与费用，计算财务评价指标，考察拟建项目的盈利能力和偿债能力，从而判断项目投资在财务上的可行性和合理性。

2.2.16 国民经济评价

国民经济评价是按合理配置资源的原则，采用影子价格、社会折现率等国民经济评价参数，从国民经济宏观角度考察项目所耗费的社会资源和对社会的贡献，判断项目投资的经济合理性和宏观可行性。

2.2.17 社会评价

社会评价是分析拟建项目对当地社会的影响和当地社会对项目的适应性，从而判断项目的社会可行性。

2.2.18 风险分析

风险分析是在市场预测、技术方案、工程方案、融资方案、财务评价和社会评价已进行的初步风险分析的基础上，进一步识别拟建项目在建设和运营中潜在的主要风险因素，揭示风险来源，判别风险程度，提出规避风险对策，为决策提供依据。

2.2.19 研究结论与建议

在上述各项研究论证的基础上，择优提出推荐方案，并对推荐方案的主要内容和论证结果进行总体描述。在肯定推荐方案优点的同时，还应指出可能存在的问题和可能遇到的主要风险，并做出项目及其推荐方案是否可行的明确结论。对于未推荐的一些重大比选方案，也要阐述方案的主要内容、优缺点和未被推荐的原因，以便决策者从多方面进行思考并做出决策。

2.3 可行性研究的工作程序

项目的可行性研究一般由项目业主根据工程需要委托有资格的设计院或咨询公司进行，并编制可行性研究报告。

2.3.1 委托与签订合同

项目的可行性研究可以由项目主管部门直接给工程设计单位下达任务进行，也可以由项目业主自行委托有资格的工程设计单位承担。

项目业主和受委托单位签订的合同中一般应包括：进行该项目可行性研究工作的依据，研究的范围和内容，研究工作的进度和质量，研究费用的支付办法，合同双方的责任、义务和关于违约处理的方法等主要内容。

2.3.2 组织人员和制定计划

受委托单位接受委托后，应根据工作内容组织项目小组，并确定项目负责人和各专业负责人。项目组根据任务要求，研究和制定工作计划和安排实施进度。在安排实施进度时，要充分考虑各专业的工作特点和任务交叉情况，协调技术专业与经济专业的关系，为各专业工作留有充分时间，根据研究工作进度和内容要求需要向外分包时，应落实外包单位，办理分包手续。

2.3.3 调查研究与收集资料

项目组在了解清楚委托单位项目建设的意图和要求的基础上，查阅项目建设地区的经济、社会和自然环境等情况的资料。拟定调查研究提纲和计划，由项目负责人组织有关专业人员赴现场进行实地调查和专题抽样调查，收集与整理所得的初步基础资料和技术经济资料。调查的内容包括市场和原材料、燃料、厂址和环境、生产技术、财务资料及其他。各专题调查可视项目的特点和要求分别拟定调查细目、对象和计划。

2.3.4 方案设计与优选

接受委托的工程设计单位根据建设项目建议书，结合市场和资源环境的调查，在收集整理了一定的设计基础资料和技术经济基本数据的基础上，提出若干种可供选择的建设方案和技术方案，进行比较和评价，从中选择或推荐最佳建设方案。

技术方案一般应包括生产方法、工艺流程、主要设备选型、主要消耗定额和技术经济指标、建设标准、环境保护设施、定员等。

建设方案一般应包括：市场分析、产品供销预测、生产规模、产品方案的选择、产品价格预测；核算原材料、燃料的需要量、规格，评述资源供应情况和供应条件，预测原材料、燃料的进厂价格；估算工厂全年总运输量，选择运输方案；确定外协工作和协作单位；厂址选择及其论证；项目筹资方案，如有贷款，应说明贷款来源、利息、偿还条件；项目的建设工期安排等。

2.3.5 经济分析和评价

按照建设项目经济评价方法的要求，对推荐的建设方案进行详细的财务分析和国民经济分析，计算相应的评价指标，评价项目的财务生存能力和从国家角度看的经济合理性。

在经济分析和评价中，需对各种不确定因素进行敏感性分析和风险分析，并提出风险转移规避等防范措施。当项目的经济评价结构不能达到有关要求时，可对建设方案进行调整或重新设计；或对几个可行性建设方案同时进行经济分析，选出技术、经济综合考虑较优者。

2.3.6 编制可行性研究报告

在对建设方案和技术方案进行技术经济论证和评价后，项目负责人组织可行性研究项目组成员，分别编写详尽的可行性研究报告，在报告中可推荐一个或几个项目建设方案，也可提出项目不可行的结论意见和项目改进的建议。

课题3 建设项目后评价

作为固定资产投资前期工作的重要组成部分，投资项目的可行性研究和项目评价正在我国全面推行并起到一定的作用。但是，可行性研究和项目评价是在项目建设前进行的，其判断、预测是否正确，项目的实际效果究竟如何，这些都需要在项目竣工投产后根据实际数据资料进行的再评价来检验，这种再评价就是项目后评价。

3.1 项目后评价的概念及作用

项目后评价一般是指项目投资完成之后所进行的评价。它通过对项目实施过程、结果及其影响进行调查研究和全面系统回顾，与项目决策时确定的目标以及技术、经济、环境、社会指标进行对比，找出差别和变化，分析原因，总结经验，汲取教训，得到启示，提出对策建议，通过信息反馈改善投资管理和决策，达到提高投资效益的目的。

项目后评价的目的与作用有以下几个方面。

（1）总结项目管理的经验教训，提高项目管理水平

投资项目管理是一项十分复杂的活动，它涉及政府主管部门、业主、设计、施工、监理、制造、物资供应、银行等许多部门，只有这些部门密切合作，项目才能顺利进行。如何协调各部门之间的关系，各方面应采取什么样的协作形式等都尚在不断探索的过程中。项目后评价通过对已建成项目实际情况的分析研究，总结项目管理经验，指导未来项目管理活动，从而可以提高项目管理水平。

（2）提高项目决策科学化水平

项目前评价是项目投资决策的依据，但前评价中所做的预测是否准确，需要后评价来检验。通过建立完善的项目后评价制度和科学的方法体系，一方面可以增强前评价人员的责任感，促使评价人员努力做好前评价工作，提高项目预测的准确性；另一方面可以通过项目后评价的反馈信息，及时纠正项目决策中存在的问题，从而提高未来项目决策的科学化水平。

（3）为政府制定投资计划、政策提供依据

通过项目后评价能够发现宏观投资管理中的不足，从而使政府能及时地修正某些不适应经济发展的技术政策，修订某些已经过时的指标参数。同时，政府还可以根据后评价所反馈的信息，合理确定投资规模和投资流向，协调各产业、各部门之间及其内部的各种比例关系，并运用法律的、经济的、行政的手段，建立必要的法令、法规、制度和机构，促进投资项目的良性循环。

（4）对项目建成后的经营管理进行诊断，提出完善项目的建议方案

项目后评价是在项目运营阶段进行的，因而可以分析和研究项目投产初期和达产时期的实际情况，比较实际情况与预测情况的偏离程度，探索产生偏差的原因，提出切实可行的措施，从而促使项目运营状态正常化，充分发挥项目的经济效益和社会效益。

3.2 项目后评价的内容

3.2.1 项目全过程的回顾

（1）项目立项决策阶段的回顾。主要内容包括：项目可行性研究、项目评估或评审、项目决策审批、核准或批准等。

（2）项目准备阶段的回顾。主要内容包括：工程勘察设计、资金来源和融资方案、采购招投标（含工程设计、咨询服务、工程建设、设备采购）、合同条款和协议签订、开工准备等。

（3）项目实施阶段的回顾。主要内容包括：项目合同执行、重大设计变更、工程“三大控制”（进度、投资、质量控制）、资金支付和管理、项目管理等。

（4）项目竣工和运营阶段的回顾。主要内容包括：工程竣工和验收、技术水平和设计能力达标、试生产运行、经营和财务状况、运营管理等。

3.2.2 项目绩效和影响评价

（1）项目技术评价。主要内容包括：工艺、技术和装备的先进性、适用性、经济性、安全性，建筑工程质量及安全，特别要关注资源、能源合理利用。

（2）项目财务和经济评价。主要内容包括：项目总投资和负债状况，重新测算项目的财务评价指标、经济评价指标、偿债能力等。财务和经济评价应通过投资增量效益的分析，突出项目对企业效益的作用和影响。

（3）项目环境和社会影响评价。主要内容包括：项目污染控制、地区环境生态影响、环境治理与保护、增加就业机会、征地拆迁补偿和移民安置、带动区域经济社会发展、推动产业技术进步等。必要时，应进行项目的利益群体分析。

（4）项目管理评价。主要内容包括：项目实施相关者管理、项目管理体制与机制、项目管理者水平、企业项目管理、投资监管状况、体制机制创新等。

3.2.3 项目目标实现程度和持续能力评价

项目目标实现程度从以下四个方面进行判断：

1）项目工程（实物）建成，项目的建筑工程完工、设备安装调试完成、装置和设施经过试运行，具备竣工验收条件；

2）项目技术和能力，装置、设施和设备的运行达到设计能力和技术指标，产品质量达到国家或企业标准；

3）项目经济效益产生，项目财务和经济的预期目标，包括运营（销售）收入、成本、利税、

收益率、利息备付率、偿债备付率等基本实现；

4）项目影响产生，项目的经济、环境、社会效益目标基本实现，项目对产业布局、技术进步、国民经济、环境生态、社会发展的影响已经产生。

项目持续能力的评价主要分析以下因素及条件：

1）持续能力的内部因素，包括财务状况、技术水平、污染控制、企业管理体制与激励机制等，核心是产品竞争能力；

2）持续能力的外部条件，包括资源、环境、生态、物流条件、政策环境、市场变化及其趋势等。

3.2.4 经验教训和对策建议

项目后评价应根据调查的真实情况认真总结经验教训，并在此基础上进行分析，得出启示和对策建议，对策建议应具有借鉴和指导意义，并具有可操作性。项目后评价的经验教训和对策建议应从项目、企业、行业、宏观四个层面分别说明。

3.3 项目后评价的方法

（1）统计预测法

项目后评价包括对项目已经发生事实的总结和对项目未来发展的预测；后评价时点前的统计数据是评价对比的基础，后评价时点的数据是评价对比的对象，后评价时点后的数据是预测分析的依据。

（2）对比法

对比法又分为前后对比法和有无对比法。

前后对比法是指将项目实施前与项目实施后的情况加以对比，确定项目效益的一种方法。这种对比是一种纵向对比，将项目前期的可行性研究和项目评估的预测结论与项目的实际运行结果相比较，发现差异，分析原因。这种对比用于揭示计划、决策和实施的质量，是项目过程评价应遵循的原则。

有无对比法是指将项目实际发生的情况与若无项目可能发生的情况进行对比，以度量项目的真实效益、影响和作用。这种对比是一种横向对比，主要用于项目的效益评价和影响评价。有无对比的目的是分清项目作用的影响与项目以外作用的影响。

（3）因素分析法

项目投资效果的各种指标往往都是由多种因素决定的，只有把综合性指标分解成原始因素，才能确定指标完成好坏的具体原因和症结所在。这种把综合指标分解成各个因素的方法称为因素分析法。运用因素分析法，首先要确定分析指标的因素组成，其次是确定各个因素与指标的关系，最后确定各个因素对指标影响的份额。

（4）定量分析与定性分析相结合

定量分析是通过一系列的定量计算方法和指标对所考察的对象进行的分析评价；定性分析是对无法定量的考察对象用定性描述的方法进行的分析评价。在项目后评价中，应尽可能用定量数据来说明问题，采用定量的分析方法，以便进行前后或有无的对比。但对于无法取得定量数据的评价对象或对项目的总体评价，则应结合使用定性分析。

习　题

1．什么是可行性研究？其作用有哪些？
2．可行性研究包括哪几个阶段？各阶段的作用和任务是什么？
3．可行性研究的主要内容有哪些？
4．什么是项目后评价？其目的和作用有哪些？
5．项目后评价的主要内容和方法有哪些？

项目单元八　项目经济评价

课题 1　概　　述

项目的经济评价是项目可行性研究的有机组成部分和核心内容，是项目决策科学化的重要手段。经济评价的目的是根据国民经济与社会发展以及行业、地区发展规划的要求，在项目初步方案的基础上，采用科学、规范的分析方法，对拟建项目的财务可行性和经济合理性进行分析论证，做出全面评价，为项目的科学决策提供经济方面的依据。

项目经济评价包括财务评价（也称财务分析）和国民经济评价（也称经济分析）。经济评价内容的选择应根据项目性质、项目目标、项目投资者、项目财务主体以及项目对经济与社会的影响等具体情况确定。对于费用效益计算比较简单、建设期和运营期比较短、不涉及进出日平衡等一般项目，如果财务评价的结论能够满足投资决策需要，可不进行国民经济评价；对于关系公共利益、国家安全和市场不能有效配置资源的经济和社会发展的项目，除应进行财务评价外，还应进行国民经济评价；对于特别重大的建设项目尚应辅以区域经济与宏观经济激响分析方法进行国民经济评价。

对于财务评价结论和国民经济评价结论都可行的项目，可予以通过；反之应予否定。对于国民经济评价结论不可行的项目，一般应予否定；对于关系公共利益、国家安全和市场不能有效配置资源的经济和社会发展的项目，如果国民经济评价结论可行，但财务评价结论不可行，应重新考虑方案，必要时可提出经济优惠措施的建议，使项目具有财务生存能力。

我国从 1981 年开始对建设项目经济评价技术的基础理论和方法进行研究。1987 年 9 月，原国家计委颁发了《建设项目的经济评价方法与参数》并在大中型建设项目的经济评价中推广使用，由此基本上形成了一套比较完整的评价方法，使投资决策的水平与过去相比有了很大程度的提高。根据经济体制改革形势和发展的需要，原国家计委和建设部对“方法与参数”进行了补充和修改，1993 年 4 月发布了《建设项目经济评价方法与参数》（第 2 版）。随着我国社会主义市场经济的不断完善，项目投、融资主体走向多元化，对建设项目经济评价提出新的、更高层次和深度的要求。2006 年 7 月，由国家发展和改革委员会与建设部共同组织制定了《建设项目经济评价方法与参数》（第 3 版），用于各类建设项目前期研究工作（包括规划、机会研究、项目建设书、可行性研究阶段），作为建设项目经济评价的重要依据。

课题 2　经济费用效益分析

经济费用效益分析是从资源合理配置的角度分析项目投资的经济效益和对社会福利所做出的贡献，评价项目的经济合理性。

经济费用效益分析是项目评价方法体系的重要组成部分，是市场经济体制下政府对公共项目进行分析评价的重要方法，是市场经济国家政府部门干预投资活动的重要手段。在新的投资体制下，国家对项目的审批和核准重点放在项目的外部效果、公共性方面，经济费用效益分析强调从资源配置经济效益的角度分析项目的外部效果，通过费用效益分析及费用效果分析的方法判断建设项目的经济合理性，是政府审批或核准项目的重要依据。

2.1 需要进行经济费用效益分析的项目

对于财务价格扭曲、不能真实反映项目产出的经济价值，财务成本不能包含项目对资源的全部消耗，财务效益不能包含项目产出的全部经济效果的项目，需要进行经济费用效益分析。主要有以下项目：

（1）具有垄断特征的项目；

（2）产出具有公共产品特征的项目；

（3）外部效果显著的项目；

（4）资源开发项目；

（5）涉及国家经济安全的项目；

（6）受过度行政干预的项目。

2.2 经济效益和费用的识别原则

（1）增量分析的原则

项目经济费用效益分析应建立在增量效益和增量费用识别和计算的基础之上，不应考虑沉没成本和已实现的效益。应按照“有无对比”增量分析的原则对项目的实施效果与无项目情况下可能发生的情况进行对比分析，以此作为计算机会成本或增量效益的依据。

（2）考虑关联效果原则

应考虑项目投资可能产生的其他关联效应。

（3）以本国居民作为分析对象的原则

对于跨越国界、对本国之外的其他社会成员产生影响的项目，应重点分析对本国公民新增的效益和费用。项目对本国以外的社会群体所产生的效果应进行单独陈述。

（4）剔除转移支付的原则

转移支付代表购买力的转移行为，接受转移支付的一方所获得的效益与付出方所产生的费用相等，转移支付行为本身没有导致新增资源的发生。在经济费用效益分析中，税赋、补贴、借款和利息属于转移支付。一般在进行经济费用效益分析时，不得再计算转移支付的影响。

2.3 影子价格

经济费用效益分析中投入物或产出物使用的计算价格称为“影子价格”。

影子价格是能够真实反映项目投入物和产出物经济价值的计算价格。影子价格的测算在建设项目的经济费用效益分析中占有重要地位。考虑到我国仍然是发展中国家，整个经济体系还没有完成工业化过程，国际市场和国内市场的完全融合仍然需要一定时间等具体情况，将投入物和产出物区分为外贸货物和非外贸货物，并采用不同的思路确定其影子价格。

2.3.1 外贸货物的影子价格

对于可外贸货物，其投入物或产出物价格应基于口岸价格进行计算，以反映其价格取值具有国际竞争力。计算公式为

$$\text{出口产出的影子价格(出厂价)}=\text{离岸价}(FOB)\times\text{影子汇率}-\text{出口费用} \tag{8.1}$$

进口投入的影子价格(到厂价)=到岸价(CIF)×影子汇率+进口费用 (8.2)

式中：

离岸价——出口货物运抵我国出口口岸交货的价格；

到岸价——进口货物运抵我国进口口岸交货的价格，包括货物进口的货价、运抵我国口岸之前所发生的境外的运费和保险费；

进口和出口费用——货物进出口环节在国内所发生的所有相关费用，包括运输费用、储运、装卸、运输保险等各种费用支出及物流环节的各种损失、损耗等。

2.3.2 特殊投入物影子价格的确定

（1）劳动力的影子价格

项目占用的人力资源是项目实施所付出的代价。如果财务工资与人力资源的影子价格之间存在差异，应对财务工资进行调整计算，以反映其真实经济价值。

人力资源投入的影子体格=劳动力机会成本+新增资源消耗 (8.3)

式中：

劳动力机会成本——拟建项目占用的人力资源由于在本项目使用而不能用于其他地方或享受闲暇时间而被迫放弃的价值；

新增资源消耗费——劳动力在本项目新就业或从其他就业岗位转移到本项目而发生的经济资源消耗，而这种消耗与劳动者生活水平的提高无关。

（2）土地的影子价格

土地是一种重要的经济资源，项目占用的土地无论是否需要实际支付财务成本，均应根据土地用途的机会成本原则或消费者支付意愿的原则计算其影子价格。

（3）自然资源的影子价格

项目的建设和运营需要投入的自然资源包括矿产资源、水资源、森林资源等，是项目投资所付出的代价，这些代价要用资源的经济价值而不是市场价格表示，可以用项目投入物的替代方案的成本、对这些资源资产用于其他用途的机会成本等进行分析测算。

2.4 影子汇率

影子汇率是反映外汇真实价值的汇率，即外汇的影子价格。影子汇率由国家统一测定发布，并定期调整。影子汇率的发布有两种形式，一种是直接发布影子汇率，另一种则是将影子汇率与国家外汇牌价挂钩，发布影子汇率换算系数。其计算公式为

影子汇率=外汇牌价×影子汇率换算系数 (8.4)

2.5 社会折现率

社会折现率是用以衡量资金时间经济价值的重要参数，代表资金占用的机会成本，用作计算经济净现值的折现率，并作为经济内部收益率的判别标准。

社会折现率是根据我国在一定时间内的投资效益水平、资金机会成本、资金供求状况、合理的投资规模以及项目国民经济评价的实际情况进行测定的，它体现了国家的经济发展目标和宏观调控意图。目前，《建设项目经济评价方法与参数》（第3版）中推荐的社会折现率为8%。

2.6 经济费用效益分析指标

2.6.1 经济净现值

经济净现值（*ENPV*）是项目按照社会折现率将计算期内各年的经济净效益流量折现到建设期初的现值之和。计算公式为

$$ENPV=\sum_{t=1}^{n}(B-C)_t(1+i_s)^{-t} \tag{8.5}$$

式中：

B——经济效益流量；

C——经济费用流量；

$(B-C)_t$——第 t 期的经济净效益流量；

n——项目计算期；

i_s——社会折现率。

在经济费用效益分析中，如果经济净现值等于或大于 0，说明项目可以达到社会折现率要求的效率水平，认为该项目从经济角度可以被接受。

2..6.2 经济内部效益率

经济内部效益率（*EIRR*）是项目在计算期内经济净效益流量的现值累计等于 0 时的折现率。计算公式为

$$\sum_{t=1}^{n}\left(B-C\right)_t(1+EIRR)^{-t}=0 \tag{8.6}$$

式中：

B——经济效益流量；

C——经济费用流量；

$(B-C)_t$——第 t 期的经济净效益流量；

n——项目计算期；

$EIRR$——经济内部效益率。

如果经济内部效益率等于或大于社会折现率，表明项目资源配置的经济效益达到了可以被接受的水平。

2.6.3 经济效益费用比

经济效益费用比是项目在计算期内效益流量的现值与费用流量的现值的比率。计算公式为

$$R_{BC}=\frac{\sum_{t=1}^{n}B_t(1+i_s)^{-t}}{\sum_{t=1}^{n}C_t(1+i_s)^{-t}} \tag{8.7}$$

式中：

B_t——第 t 期经济效益；

C_t——第 t 期经济费用。

如果效益费用比大于 1，表明项目资源配置的经济效益达到了可以被接受的水平。

课题 3　费用效果分析

费用效果分析是指通过比较项目预期的效果与所支付的费用，判断项目的费用有效性或经济合理性。

有些项目成本（如投资支出、运营费用等）表现为货币性成本，而其效益却不是货币性收益，难以或不能货币化，或货币化的效果不是项目目标的主体。例如，一个投资 5000 万元的、购买医疗设备的项目方案，无法将它所花费的钱数（成本）同它能够诊治的病人数（收益）进行比较，也就不存在可行与否的判定标准。

费用效果分析中的费用是指为实现项目预定目标所付出的财务代价或经济代价，采用货币计量；效果是指项目的结果所起到的作用、效应或效能，是项目目标的实现程度。按照项目要实现的目标，一个项目可选用一个或几个效果目标。

费用效果分析遵循多方案比选的原则，所分析的项目应满足下列条件：

（1）备选方案不少于两个，且为互斥方案或可转化为互斥型的方案；

（2）备选方案应具有共同的目标；

（3）备选方案的费用应能货币化，且资金用量不应突破资金限制；

（4）效果应采用同一非货币计量单位衡量，如果是多个效果，应对其指标加权处理形成单一综合指标；

（5）备选方案应具有可比的寿命周期。

费用效果分析应按下列的步骤进行：

（1）确立项目目标；

（2）构想和建立备选方案；

（3）将项目目标转化为具体的可量化的效果指标；

（4）识别费用与效果要素，并估算各个备选方案的费用与效果；

（5）利用相关指标，综合比较、分析各个方案的优缺点；

（6）推荐最佳方案或提出优先采用的次序。

费用效果分析既可以应用于财务现金流量，也可以应用于经济费用效益流量。

课题 4　项目经济评价案例

本案例以某油田开采项目为背景，简单演示了大型企业集团一个具体项目经济评价的过程。

本案例是大型企业集团的一个开发项目，企业集团具备法人资格，但项目本身不具备法人资格，在这个意义上，本案例实际上是大型企业集团扩建项目。本项目所需的资本金和债务资金由集团财务部门统一筹措，盈利能力与偿债能力的分析只针对项目自身，与实际资金筹措与债务偿还无关。由于项目主体的财务边界清楚，又不需要利用大型企业集团的部分可利用资产，本案例将其经济评价过程简化处理，以新建项目的分析方法对此改扩建项目进行财务分析。

4.1 概述

4.1.1 项目概况

本项目是某集团公司国内陆上一个新开发油田建设项目，位于某盆地的中部。本地区地势平坦、植被覆盖、地面条件较好，交通便利，给排水、电力、通信等配套设施较齐全，给本油田的开发提供了便利条件。

经过5年的勘探，在本地区已发现石油地质探明储量3850万吨，本开发方案计划动用含油面积 76千米^2，动用探明石油地质储量2580万吨，动用可采储量520万吨，建成产能48万吨。

本项目的经济评价范围为油田开发方案包括的开发井及相应的地面工程，针对本油田的建设和生产进行评价。

4.1.2 编制依据

（1）《建设项目经济评价方法与参数》（第3版）；

（2）某集团公司颁布的《石油工业建设项目经济评价参数》。

4.1.3 建设规模和主要开发指标预测

根据开发方案，本油田的设计产能是48万吨，共部署开发井558口，其中油井427口、水井131口。

4.1.4 计算期

根据油田开发的特点和行业规定，本项目的计算期确定为12年（包括2年的建设期），本项目是边建设边生产。

4.1.5 目标市场及价格说明

本油田生产的原油由某油田公司统一销售，生产期销售价以国际原油价格25美元/桶为基础计算。

4.1.6 外汇与人民币兑换率

本项目的原油价格采用美元计价，美元与人民币的汇率按1∶8.11计算。

4.2 费用与效益估算

4.2.1 投资估算

（1）建设投资估算

建设投资包括固定资产费用、无形资产费用、其他资产费用、预备费，总计159563万元，如表8.1所示。

（2）建设期利息估算

本项目建设投资的55%为自有资金，45%为银行借款，借款有效年利率为6.26%。

由于本项目是边建设边生产，建设期发生的利息直接计入当期财务费用，所以在建设投资中建设期利息为零。

（3）流动资金估算

本项目的流动资金采用扩大指标估算法，按经营成本的 20%估算流动资金。共需要流动资金

1618 万元，第一年投入 992 万元，第二年投入 626 万元。

表 8.1　建设投资估算表　　　　单位：万元

序号	工程或费用名称	估算值	其中：外币	比例（%）
1	固定资产费用	153213		96
1.1	工程费用	150013		94
1.1.1	利用成功探井、评价费用	9500		6
1.1.2	新钻开发井费用	105513		66
1.1.3	地面工程费用	35000		22
1.2	固定资产其他费用	3200		2
2	无形资产费用	1600		1
3	其他预备费用	700		0
4	预备费	4050		3
4.1	基本预备费	4050		3
4.2	涨价预备费			
5	建设投资合计			100

注：“比例”分别指各主要科目的费用（包括横向和纵向）占建设投资的比例

油田开发项目在生产期每年的经营成本都是变化的，经营成本的变化导致每年所需流动资金也是变化的，但考虑到经营成本每年的变化不大，为简化计算，可考虑将原油产量达到最高年份所需要的流动资金作为项目的流动资金，或将生产期平均经营成本作为项目流动资金的计算基础。本项目将第 2 年所需流动资金作为项目的流动资金。

（4）总投资

本项目总投资包括建设投资、建设期利息和流动资金三部分，共计 16118 万元。

4.2.2　固定资产、无形资产和其他资产的原值形成

本项目边建设边生产，工程单体建设完成后即投入使用，形成相应的资产原值。为简化计算，各年实际发生的投资在第 2 年年初分别形成固定资产、无形资产和其他资产原值，预备费全部形成固定资产，利用成功探井、评价井的投资在建设期第 1 年年初形成固定资产原值。各年新增资产原值如表 8.2 所示，折旧、折耗及摊销如表 8.3 所示。

表 8.2　新增资产原值表　　　　单位：万元

序号	项目	合计	第 1 年	第 2 年	第 3 年
1	固定资产原值	157623	9500	76837	70926
2	无形资产原值	1600		832	768
3	其他资产原值	700		364	336

表 8.3　折旧折耗及摊销计算表　　　　单位：万元

序号	项目名称	合计	计算期											
			1	2	3	4	5	6	7	8	9	10	11	12
1	固定资产													
	原值	1575623	9500	86337	157263									
	当期折旧折耗			8634	15726	15726	15726	15726	15726	15726	15726	15726	14776	70943
	净值		8550	76753	131953	116227	100500	84774	69048	53322	37595	21869	7093	
2	无形资产													
	原值	1600		832	1600									
	当期折旧折耗			83	160	160	160	160	160	160	160	160	160	77
	净值			749	1357	1197	1037	877	717	557	397	237	77	
3	其他资产摊销													
	原值	700		364	700									
	当期折旧折耗			73	140	140	140	140	67					
	净值			291	487	347	207	67						

4.2.3　经营成本和总成本费用估算

根据目前油田开发项目的实际情况，本项目的成本估算采用制造成本法。

经估算，本项目生产期内年均总成本和费用为 22122 万元，年均单位生产成本和费用为 972 元/吨，年均单位经营成本为 335 元/吨，年均单位操作成本为 283 元/吨。尽管总成本和费用在生产期内略有下降，但由于原油产量递减，单位成本在生产期是逐年增加的。

成本和费用的估算如表 8.4 所示。

表 8.4　总成本费用估算表　　　　单位：万元

序号	项目名称	合计	计算期											
			1	2	3	4	5	6	7	8	9	10	11	12
1	生产成本	234506	4627	15135	22579	22294	22261	22276	22344	22397	22437	22529	21612	14018
1.1	操作成本	7724	3677	6502	6849	6567	6535	6550	6618	6671	6711	6803	6836	6925
1.1.1	原材料	9672	465	837	837	837	837	837	837	837	837	837	837	837
1.1.2	燃料	146	4	11	14	12	12	12	13	13	13	14	14	15
1.1.3	动力	11693	304	918	1102	958	949	962	1000	1032	1056	1102	1128	1181
1.1.4	生产工人工资及福利	8208	684	684	684	684	684	684	684	684	684	684	684	684

（续表）

序号	项目名称	合计	计算期											
			1	2	3	4	5	6	7	8	9	10	11	12
1.1.5	驱油物注入费	6596	275	513	589	532	529	537	560	576	590	623	626	646
1.1.6	井下作业费	21278	1023	1841	1841	1841	1841	1841	1841	1841	1841	1841	1841	1841
1.1.7	测井试井费	3224	155	279	279	279	279	279	279	279	279	279	279	279
1.1.8	维护及修理费	5158	248	446	446	446	446	446	446	446	446	446	446	446
1.1.9	稠油热采费													
1.1.10	轻烃回收费													
1.1.11	油气处理费	4385	114	344	413	359	356	361	375	387	396	413	423	443
1.1.12	运输费	854	40	112	128	103	87	76	68	60	53	47	42	38
1.1.13	其他直接费	3869	186	335	335	335	335	335	335	335	335	335	335	335
1.1.14	厂矿管理费	2160	180	180	180	180	180	180	180	180	180	180	180	180
1.2	折旧折耗	157263	950	8634	15726	15726	15726	15726	15726	15726	15726	15726	14776	7093
2	管理费用	13735	798	1311	1535	1409	1332							
2.1	无形资产及其他资产摊销	2300		156	300	300	300	300	227	160	160	160	160	77
2.2	矿产资源补偿费	4235	198	555	635	509	432	376	335	298	265	235	210	187
2.3	其他管理费	7200	600	600	600	600	600	600	600	600	600	600	600	600
3	财务费用	14489	1139	3277	3742	2686	1739	1003	479	166	65	65	65	65
3.1	长期借款利息	13739	1099	3213	3678	2621	1674	938	414	101	0	0	0	0
3.2	流动资金借款利息	750	40	65	65	65	65	65	65	65	65	65	65	65
3.3	短期借款利息													
4	营业费用	2732	128	358	410	328								
5	总成本费用	265462	6692	20082	28263	26716								
6	经营成本费用	914410	4603	8015	8495	8005								

4.2.4 收入和税金估算

（1）收入估算

生产期原油价格以国际油价 25 美元/桶为基础进行计算，折算到本油田的出厂价为 1550 元/吨（不含增值税），原油商品率为 96%。经计算，评价期内的年均营业收入为 35290 万元。

（2）税金估算

本项目所需缴纳的税金包括营业税金及附加（城市维护建设税、教育费附加、资源税），以及增值税。

①增值税的计算。原油生产的增值税率为 17%，生产期年均增值税额为 5507 万元。

②营业税金及附加。城市维护建设税按增值税的 7%估算，教育费附加按增值税的 3%估算，原油资源税的课税对象为原油商品量，税率为 22 元/吨。生产期的年均营业税金及附加为 1052 万元。

营业收入、营业税金和增值税估算如表 8.5 所示。

表 8.5 营业收入、营业税金和增值税估算表　　单位：万元

序号	项目名称	合计	计算期											
			1	2	3	4	5	6	7	8	9	10	11	12
1	营业收入	423485	19790	55502	63538	50890	43152	37646	33480	29760	26486	23510	20981	18749
	单价（元/吨）		1550	1550	1550	1550	1550	1550	1550	1550	1550	1550	1550	1550
	数量（万吨）	273	12.8	35.8	41.0	32.8	27.8	24.3	21.6	19.2	17.1	15.2	13.5	12.1
2	营业税金及附加	12619	594	1682	1929	1538	1296	1124	994	877	774	680	601	530
2.1	城市维护建设税	4626	219	626	719	571	479	413	363	318	279	243	212	185
2.2	教育费附加	1983	94	268	308	245	205	177	156	136	119	104	91	79
2.3	资源税	6011	281	788	902	722	612	534	475	422	376	334	298	266
3	增值税	66087	3132	8945	10272	8152	6839	5900	5183	4544	3982	3466	3031	2640
	销项税	71992	3364	9435	10801	8651	7336	6400	5692	5059	4503	3997	2567	3187
	进项税	5905	232	490	529	499	497	500	508	515	520	531	536	547

4.3 资金筹措

本项目新增建设投资 155063 万元（不含成功探井、评价井投资 9500 万元）的 55%为资本金，剩余 45%为银行借款。所需流动资金的 30%为铺底流动资金，70%为银行借款。

本项目所需的资本金和债务资金由某集团公司财务部门统一筹措，资金来源是有保障的。

建设投资借款利率为 6.26%，借款偿还期为 6 年，根据油田开发项目在开采初期经营现金流较大而后期逐年减小的特点，在开采初期尽量多还款，从借款的第 2 年开始还款，每年的还款比例分

别为 25%、25%、20%、15%、10%、5%。流动资金借款利率为 5.7%。

资金筹措如表 8.6 所示。

表 8.6 项目总投资使用计划与资金筹措表 单位：万元

序号	项目名称	合计	计算期											
			1	2	3	4	5	6	7	8	9	10	11	12
1	总投资	161181	88524	72657										
1.1	建设投资	159563	87533	72030										
1.2	建设期利息													
1.3	流动资金	1618	992	626										
2	资金筹措	161181	88524	72657										
2.1	资本金	92520	52716	39805										
2.1.1	用于建设投资	92035	52418	39617										
2.1.2	用于流动资金	485	298	188										
2.1.3	用于建设期利息													
2.2	债务资金	68611	35809	32856										
2.2.1	用于建设投资	67528	35115	32414										
2.2.2	用于建设期利息													
2.2.3	用于流动资金	1133	694	438										

4.4 财务分析

4.4.1 盈利能力分析

（1）项目财务现金流量表分析

根据项目财务现金流量表（如表 8.7 所示），所得税后项目财务内部收益率为 15.2%，大于 12%（12%是按“加权平均资金成本”法测算的行业基准收益率）的行业最低要求；财务净现值为 12737 万元，大于 0；投资回收期为 5.63 年，小于行业基准回收期 8 年。因此，本项目的财务盈利能力可满足要求。

表 8.7 项目财务现金流量表 单位：万元

序号	项目名称	合计	计算期											
			1	2	3	4	5	6	7	8	9	10	11	12
1	现金流入	425104	19790	55502	63538	50890	43152	37646	33480	29760	26456	23510	20918	20368
1.1	营业收入	423485	19790	55502	63538	50890	43152	37646	33480	29760	26456	23510	20918	18749
1.2	补贴收入													
1.3	回收固定资产余值													

（续表）

序号	项目名称	合计	计算期											
			1	2	3	4	5	6	7	8	9	10	11	12
1.4	回收流动资金	1619												1619
2	现金流出	265212	93722	82354	10424	9542	9141	8894	8762	8637	8521	8470	8382	8364
2.1	建设投资	159563	87533	72030										
2.2	流动资金	1619	992	627										
2.3	经营成本	91410	4603	8015	8495	8005	7845	7769	7768	7761	7747	7789	7781	7834
2.4	营业税金及附加	12619	594	1682	1929	1528	1296	1124	994	877	774	680	601	530
2.5	维持运营投资													
3	所得税前净现金流量（1−2）	159862	−73931	−26852	53114	41348	34011	28753	24718	21123	17966	15041	12599	12004
4	累计所得税前净现金流量		−73931	−100783	−47669	−6322	27689	56442	81160	102282	120248	135289	147888	159892
5	融资前所得税	52764	4502	−12215	12239	8356	5935	4200	2892	1728	686			11
6	所得税后净现金流量（3−5）	107128	−78343	−39067	40875	32992	28076	24553	21826	19395	17279	15041	12599	11993
7	累计所得税后净现金流量		−78343	−117501	−76628	−43634	−15558	8995	30820	50215	67495	82535	95134	107128

计算指标：

项目财务内部收益率（所得税前） 25.5%

项目财务内部收益率（所得税后） 15.2%

项目财务净现值（所得税前）（i_c=12%） 48269

项目财务净现值（所得税后）（i_c=12%） 12737

项目投资回收期（年） 5.63

（2）资本金财务现金流量表分析

根据资本金财务现金流量表（如表 8.8 所示），项目的资本金财务内部收益率是 20.4%，满足投资者的要求。

表 8.8 资本金财务现金流量表 单位：万元

序号	项目名称	合计	计算期											
			1	2	3	4	5	6	7	8	9	10	11	12
1	现金流入	425104	19790	55502	63538	50890	43152	37646	33480	29760	26456	23510	20918	20368
1.1	营业收入	423485	19790	55502	63538	50890	43152	37646	33480	29760	26456	23510	20918	18749
1.2	补贴收入													
1.3	回收固定资产余值													
1.4	回收流动资金	1619												1619

（续表）

序号	项目名称	合计	计算期											
			1	2	3	4	5	6	7	8	9	10	11	12
2	现金流出	327737	63178	72691	42052	34824	27991	23139	16972	12097	9250	8534	8446	9562
2.1	资本金	92520	52716	39805										
2.2	借款本金偿还	68662		8779	16882	15126	11750	8374	4997	1621				1133
2.3	借款利息支付	14489	1139	3277	3742	2686	1739	1003	479	166	65	65	65	65
2.4	经营成本	91410	4603	8015	8495	8005	7845	7769	7768	7761	7747	7789	7781	7834
2.5	营业税金及附加	12619	594	1682	1929	1538	1296	1124	994	877	774	680	601	530
2.6	所得税	48306	4127	11134	111004	7470	5361	3869	2734	1673	665			
2.7	维持运营投资中的资本金													
3	净现金流量（1–2）	97367	–43387	–17189	21486	16066	15161	15507	16508	17663	1723	14876	12535	10806

计算指标：

资本金财务内部收益率　20.4%

（3）利润与利润分配表分析

油田开发项目的特点是原油产量逐年递减，营业收入不断下降，而生产成本基本保持稳定，还可能略有上升，所以在生产期利润逐年减少，本项目第 10 年和第 11 年发生经营亏损。

根据利润与利润分配表（如表 8.9 所示）计算的年均净利润为 8114 万元，总投资收益率为 8.3%，资本金净利润率为 88%。

表 8.9　利润与利润分配表　　单位：万元

序号	项目名称	合计	计算期											
			1	2	3	4	5	6	7	8	9	10	11	12
1	营业收入	423485	19790	55502	63538	50890	43152	37646	33480	29760	16486	23510	20981	18749
2	营业税金及附加	12619	594	1682	1929	1538	1296	1124	994	877	774	680	601	530
3	总成本费	265462	6692	20082	28264	26716	25609	24799	24201	23813	23698	23740	22782	15068
4	补贴收入													
5	利润总额（1–2–3+4）	145403	12505	33738	33345	22636	16246	11723	8286	5070	2015	–910	–2402	3151
6	弥补以前年度亏损额	3151												3151
7	应纳税所得额（5–6）	142252	12505	33738	33345	22636	16246	11723	8286	5070	2015	–910	–2402	
8	所得税	48036	4127	11134	11004	7470	5361	3869	2734	1673	655			
9	净利润（5–8）	97367	8378	822602	22341	15166	10885	7855	5551	3997	1350	–930	–2042	3151

（续表）

序号	项目名称	合计	计算期											
			1	2	3	4	5	6	7	8	9	10	11	12
10	期初未分配利润													
11	可供分配利润（9+10）	97367	8378	822602	22341	15166	10885	7855	5551	3997	1350	–930	–2042	3151
12	提取法定盈余公积金	10068	838	2260	2234	1517	1088	785	555	340	135			315
13	可供投资者分配利润	87299	7540	2043	2017	13649	9796	7069	4996	3057	1215	–1930	–2042	2836
14	投资方利润	87299	7540	20344	20107	13649	9796	7069	4996	3057	1215	–1930	–2042	2836
15	未分配利润（13–14）	0	0	0	0	0	0	0	0	0	0	0	0	0
16	息税前利润（利润总额+利息支出）		13643	37016	37088	25321	17985	12726	8764	5236	20709	–846	–2337	3216
17	息税折旧摊前利润+折旧+摊销)		14593	45805	53114	41348	34011	28753	24817	21123	17966	15041	12599	10385

项目总投资收益率高于 7%的行业标准，资本金净利润率可满足投资者的要求。

4.4.2 清偿能力分析

项目的还本付息见借款还本付息计划表（如表 8.10 所示）。由于项目的还款方案是针对油田开发项目的特点设计的，在生产初期偿还了较多债务，所以利息备付率和偿债备付率指标基本都是上升的，每年的利息备付率基本在 10.0 以上，偿债备付率在 2.0 以上。因此，本项目具有良好的财务状况和足够的偿债能力。

表 8.10 借款还本付息计划表 **单位：万元**

序号	项目名称	合计	计算期											
			1	2	3	4	5	6	7	8	9	10	11	12
1	借款													
1.1	期初借款余额		0	35115	58750	41868	26741	14991	6618	1621				
1.2	当期还本付息	81267	1099	1191	20560	17747	13424	9312	5411	1722				
	还本	67528	0	8779	16882	15126	11570	8374	4997	1621				
	付息	13739	1099	3213	3678	2631	1674	938	414	101				
1.3	期末借款余额													
1.4	债券													
2	期初债务余额													
2.1	当期还本付息													

（续表）

序号	项目名称	合计	计算期											
			1	2	3	4	5	6	7	8	9	10	11	12
2.2	还本													
	付息													
	期末债务余额													
2.3	债券													
3	借款和债务合计													
3.1	期初余额		0	35115	58750	41868	26741	14991	6681	1621				
3.2	当期还本付息	81267	1099	11991	20560	17747	13424	9312	5411	1722				
	还本	67528		8779	16882	15126	11750	8374	4997	1621				
	付息	13739	1099	3213	3678	2621	1674	938	414	101				
3.3	期末余额		35115	58750	41868	26741	14991	6618	1621	0				
	计算指标													
	利息备付率		12.0	11.3	9.9	9.4	10.3	12.7	18.3	31.5				
	偿债备付率		12.8	3.8	2.6	2.3	2.5	3.1	4.5	11.8				

4.4.3 生存能力分析

财务计划现金流量表如表 8.11 所示，尽管本项目每年的经营活动浮现金流量逐年减少，但都在 1 亿元以上，并且累积盈余资金最低为 1788 万元，逐年增加，到生产期末达到 10.34 亿元，所以本项目具有较强的财务生存能力。

表 8.11　财务计划现金流量表　　单位：万元

序号	项目名称	合计	计算期											
			1	2	3	4	5	6	7	8	9	10	11	12
1	经营活动净现金流量（1.1–1.2）	173038	10467	34672	42110	33878	28650	24884	21984	14994	17301	15041	12599	12004
1.1	现金流入	497096	23155	64938	74339	59541	50488	44046	39172	34819	30989	27507	24548	23555
1.1.1	增值税销项税额	71992	3364	9435	10801	8651	7336	6400	5692	5059	4503	3397	3567	3187
1.1.2	营业收入	423485	19790	55502	63538	50890	43152	37646	33480	29760	26486	23510	20981	18749
1.1.3	补贴收入													
1.1.4	其他收入	1619												
1.2	现金流出	224058	12688	30266	32229	25663	21838	19162	17188	15370	13688	12466	11948	11551
1.2.1	经营成本	91410	4603	8015	8495	8005	7845	7769	7768	7761	7747	7789	7781	7834
1.2.2	增值税进项税额	5905	232	490	529	499	497	500	508	515	520	531	539	547

（续表）

序号	项目名称	合计	计算期											
			1	2	3	4	5	6	7	8	9	10	11	12
1.2.3	营业税金及附加	12619	594	1682	1929	1538	1296	1124	994	877	774	6801	601	530
1.2.4	增值税													
1.2.5	所得税	48036	4127	11134	11004	7470	5361	3869	2734	1673	655			
1.2.6	其他流出	−161182	−8525	−72657										
2	投资活动净现金流量（2.1−2.2）													
2.1	现金流入													
2.2	现金流出	161182	88525	72657										
2.2.1	建设投资	159563	87533	72030										
2.2.2	维持生产投资													
2.2.3	补贴收入	1619	992	627										
2.2.4	流动资金													
3	其他流出	−8412	79846	40257	−39876	−31461	−23285	−16446	−10472	−4844	−1279	846	1377	−4043
3.1	筹资活动净现金流量（3.1−3.2）	161182	88525	72657										
3.1.1	现金流入	92520	52716	39805										
3.1.2	资本金	67528	35115	32414										
3.1.3	建设投资借贷	1133	649	439										
3.1.4	债券													
3.1.5	短期债券													
3.1.6	其他流入													
3.2	现金流出	169594	8679	32400	39876	31461	23285	16446	10472	4844	1279	−846	−2337	4034
3.2.1	各种利息支出	14489	1139	3277	3742	2686	1739	1003	479	166	65	65	65	65
3.2.2	偿还债务本金	68662		8779	16882	15126	11750	8374	4997	1621				113
3.2.3	投资方利润分配	86443	7540	20344	19251	13649	9796	7069	4996	3057	1251	−910	−2402	2836
3.2.4	其他流出													
4	净现金流量（1+2+3）	103444	1788	2271	2234	2417	5365	8438	11512	14605	16021	15886	13976	7961
5	累计盈余资金		1788	4059	6293	8710	14075	22513	34025	48630	64651	80538	95474	103444

4.5 不确定性分析和风险分析

由于油田开发项目每年的盈亏平衡点都不一样，正常生产年份的盈亏平衡点不具有代表性，还可能引起误解，所以本项目不再进行盈亏平衡分析。

4.5.1 敏感性分析和临界点分析

影响项目效益的主要因素为投资、原油价格、原油产量、经营成本、汇率等。对各敏感因素的分析结果如表 8.12 所示。

从表 8.12 可知，对项目效益影响最大的因素，从大到小分别为原油价格、汇率、原油产量、投资、经营成本。当原油价格下降 8%，为 1426 元/吨时，达到效益临界点；当美元与人民币的汇率下降 8%，为 1∶7.46 时，达到效益临界点；当原油产量下降 9%时，达到效益临界点；当经营成本增加 48%时，达到效益临界点；当建设投资增加 10%，为 177299 万元时，达到效益临界点。

表 8.12　敏感性分析表

序号	不确定因素	变化率（%）	内部收益率（%）	敏感度系数	临界点（%）	临界值
	基本方案		15.2			
1	原油产量	−20	7.4	2.16	91	
		−10	11.5	2.55		
		10	19.3	2.51		
		20	23.2	2.52		
2	原油价格	−20	7.2	2.67	92	1426（元/吨）
		−10	11.4	2.61		
		10	19.4	2.57		
		20	23.4	2.59		
3	经营成本	−20	16.7	−0.43	148	
		−10	16.1	−0.44		
		10	14.7	−0.44		
		20	14.0	−0.15		
4	建设投资	−20	24.9	−3.1	110	177299（万元）
		−10	19.6	−12.72		
		10	12.0	−2.2		
		20	9.2	−2.02		
5	汇率	−20	7.2	2.67	92	
		−10	11.4	2.61		
		10	19.4	2.57		
		20	23.4	2.59		

4.5.2 风险分析

（1）产量风险

石油开采属于资源开采业，深埋地下，由于对油藏认识所限，储量、产量的风险比较大，尤其是勘探项目，开发项目的产量也存在风险，投产后原油产量低于预期的可能性还是比较大的。

（2）原油价格风险

近年来国际市场原油价格波动较大，对石油开发投资决策带来一定影响，根据目前有关权威部门的分析预测，未来国际原油价格将在不低于 40 美元/桶的高位运行，该项目生产期国际原油价格按25美元/桶计算，原油价格风险是比较小的。

（3）投资风险

由于受地质认识的限制，在油田建设过程中，钻井数、井深及地面工程量都可能有所变化，导致投资增加、风险加大。

（4）经营成本风险

由于本油田的经营成本是根据类似油田进行预测的，所以在油田的生产过程中实际经营成本存在一定的不确定性，但根据前述敏感性分析，当经营成本增加 48%时，才达到效益临界，因此，经营成本增加引起的风险是比较小的。

（5）汇率风险

目前中国面临人民币升值的压力，由于国内原油价格已与国际接轨，人民币的升值会导致原油出厂价格下降，所以人民币的升值会增加项目风险。

所以本项目的主要风险将来自原油产量、建设投资和汇率，在方案实施过程中应加强对油藏规律的认识和研究，优化开发方案，提高产量，降低投资。

4.6 评价结论

税后项目财务内部收益率为15.2%，大于12%的行业标准；资本金财务内部收益率为20.4%，可满足投资者的要求。项目财务净现值为12737万元，大于0；投资回收期为5.63年，满足投资回收期小于8年的行业标准。本项目具有较强的财务盈利能力、足够的偿债能力和财务生存能力，因此，本项目在财务上是可行的。

习　题

1．项目财务分析的目的是什么？
2．项目财务分析报表有哪些？财务分析的主要指标有哪些？
3．什么是经济费用效益分析？
4．什么是影子价格、影子汇率及社会折现率？
5．经济费用效益分析指标有哪些？
6．什么是费用效果分析？其步骤有哪些？

项目单元九　建设项目环境影响评价与社会评价

项目建设及运营与环境、与社会密切相关，项目的经济评价不能解决项目与环境、与社会的相互适应性问题。本项目单元简要介绍了项目环境影响评价与社会评价的概念、内容、基本做法和程序，以及相关要求，重点介绍了特大型建设项目区域经济和宏观经济影响分析，同时详细介绍了特大型建设项目对区域经济影响和宏观经济影响的四个评价指标体系，使读者对一个项目的完整评价，即财务评价、国民经济评价、环境影响评价及社会评价四个部分有一个全面的掌握和了解，并对特大型建设项目的经济影响分析有所了解。

课题 1　项目环境影响评价

项目建设及运营与环境密切相关，环境是由不同的环境要素组成的，主要包括大气、水（地表水和地下水）、声环境、土壤、生态、人群健康状态、文物与自然遗迹、珍贵景观、地质环境及日照、热、震动、放射性、电磁与光辐射波等。在项目评价阶段，如何运用科学的方法和技术手段对项目进行环境影响评价是项目评价的重要组成部分，也是项目法人必须履行的法律义务。为了规范建设项目的环境影响评价工作，我国颁布了《中华人民共和国环境保护法》、《中华人民共和国环境影响评价法》（以下简称《环评法》）、《中华人民共和国水污染防治法》、《中华人民共和国固体废物污染环境防治法》、《中华人民共和国环境噪声污染防治法》、《中华人民共和国海洋环境保护法》及《环境影响评价技术导则——总纲》等法律法规。这些法律法规规定了建设项目环境保护及环境影响评价的一般原则、评价方法、内容和要求，其目的是规范项目环境影响评价工作，以保护环境，促进经济、社会的可持续发展。

1.1　项目环境影响评价的工作程序

1.1.1　建设项目环境影响评价的管理程序

1）编制环境影响评价大纲。

2）编制环境影响报告书（表）。

3）评估环境影响报告书（表）。

4）审批环境影响报告书（表）。

1.1.2　建设项目环境影响评价的工作程序

（1）工作准备阶段

工作准备阶段主要是研究有关文件，具体包括：国家、行业和地方的法律法规、发展规划、环境功能区划、技术导则和相关标准、建设项目依据、可行性研究资料及其他技术文件。根据项目组成和工艺流程进行初步工程分析，确定排污环节和主要污染物。根据环境现状调查及初步工程分析，识别项目的环境影响因素，明确项目评价重点，确定评价的范围和工作等级，最终编制完成环境影响评价大纲。

（2）评价工作阶段

评价工作阶段主要是做进一步的工程分析，进行充分的环境现状调查、监测，并开展环境质量现状评价。根据污染源及环境现状资料进行项目的环境影响预测，评价项目的环境影响。根据环境保护的法律法规、标准及公众意愿，提出减少环境污染和生态影响的措施。

（3）环境影响报告编制阶段

根据评价工作阶段所得的各种数据、资料，从环境保护的角度确定建设项目的可行性，给出评价结论并提出减缓环境影响的建议，最终完成环境影响报告书或报告表的编制。

1.2 项目环境影响评价的工作等级

根据《环评法》的规定，国家根据建设项目对环境的影响程度，对建设项目的环境影响评价实行分类管理。

建设单位应当根据建设项目对环境的影响程度，按照规定可能造成重大或者轻度环境影响的，分别编制环境影响报告书，对产生的环境影响进行全面评价；或者编制环境影响报告表，对产生的环境影响进行分析或专项评价。对于环境影响很小、不需要进行环境影响评价的，应当填报环境影响登记表。

建设项目的环境影响评价分类管理目录由国务院环境保护行政主管部门制定并公布。

1.3 项目环境影响评价的工程分析

工程分析是为项目的环境影响预测和评价提供数据，为项目的环境管理及环境决策提供基础服务。

1.3.1 工程分析的主要内容

工程分析应对建设项目的全部项目组成和所有时段的全部行为过程的环境影响因素及影响特征、强度、方式等进行详细分析与说明，包括工艺过程分析、资源和能源的储运分析、交通运输影响分析、场地的开发利用分析、非正常工况分析、宏观背景分析、总图布置方案分析、生态影响因素分析等八项主要内容。

工程分析的重点是通过工艺过程分析、核算，确定污染源强（源强是指污染源的排放能力），其中应特别注意非正常工况污染源强的核算与确定。工艺过程分析是指通过对工程项目的选址、选线、各时段及工艺过程的分析，了解对环境产生各类影响的来源，各种污染物产生、排放情况，确定种类、性质、产生量、产生浓度、削减量、排放量、排放浓度、排放方式、去向及达标情况，分析噪声、振动、热、光、辐射等污染的来源、特性及强度，根据工程设计及项目运行情况分析各种污染物的治理、回收、利用措施及环保设施状况。非正常工况是指建设项目生产运行阶段的开车、停车、检修、一般性事故和泄漏等情况时的污染物非正常排放。通过对非正常工况进行分析，找出污染物排放的来源、种类与强度，分析发生的可能性及发生的频率。

1.3.2 工程分析的主要方法

工程分析常用的主要方法有以下几种。

1）类比分析法。通过考察相同或类似的工程项目进行类比分析。

2）物料平衡计算法。按照设备运行的理想状态进行物料平衡理论计算，确定污染源强。

3）查阅参考资料分析法。这种方法最为简便，可以作为上述两种方法的补充。

以上方法所获得的工程分析结果可信度逐渐降低。

1.3.3 工程分析的基本原则

1）贯彻执行我国环境保护的法律法规和方针政策。

2）应以对建设项目选址选线、设计方案、运行方式等进行充分调查为基础。

3）突出重点，对不利因素重点分析。

4）提出的数据资料真实、准确、可信。

5）定量表述的内容应通过科学分析，尽量给出定量的结果。

1.4 项目环境现状调查

1.4.1 环境现状调查的内容

（1）地理位置

地理位置包括建设项目所处的经度、纬度，行政区位置和交通位置，并附区域平面图。

（2）地质环境

概要说明与建设项目直接相关的地质构造，如岩层、断层、断裂、坍塌、地面沉陷等不良地质构造对项目的影响。

（3）地形地貌

简要说明项目所在地区的海拔高度、地形特征、相对高差及地貌类型，如山地、平原、沟谷、丘陵、海岸、熔岩地貌、风成地貌等情况。特别说明可能直接或间接威胁建设项目的崩塌、滑坡、泥石流、冻土等有危害的地貌及分布情况。

（4）气候与气象

概要说明项目所在地的大气环境状况，如风速、主导风向、年平均气温、极端气温、年平均相对湿度、平均降水量、降水天数、降水量极值、日照等。特别说明主要灾害性天气的特征，如梅雨、寒潮、雹、台风、飓风等对项目的影响。

（5）地表水环境

概要说明地表水情况，如水系分布、水文特征、极端水情、地表水资源的分布利用情况、水质状况、地表水的污染来源等。

（6）地下水环境

简述地下水资源的贮存及开采利用情况，地下水水位、水质状况与污染来源。还应根据需要，对水质的物理、化学特性，污染源情况，水的储量与运动状态，水质的演变趋势，水文地质方面的蓄水层特性，承压水状况，采补平衡分析，水源地及保护区的划分进行调查分析。

（7）大气环境

简单说明建设项目周围地区大气环境中主要的污染物，污染来源，污染物的浓度值、超标量、变化趋势，大气环境质量现状等。

（8）土壤与水土流失

简要说明建设项目周围地区的主要土壤类型及其分布，土壤层厚度、肥力与使用情况，土壤的物理及化学性质，土壤成分与结构、颗粒度，土壤容重、含水率与持水能力，土壤污染状况，水土流失的原因、特点、面积、流失量等，应附土壤和水土流失现状图。

（9）生态调查

简述建设项目周围地区植被的类型、主要组成、覆盖度、生长情况、有无应重点保护的野生动植物等。如果项目规模较大，还应进一步调查生态系统的生产力、物质循环状况、生态系统与周围环境的关系、生态功能区及生态敏感目标等。

（10）声环境

按照评价需要确定声环境现状调查范围，根据布点监测与污染源调查，确定噪声源种类、数量、噪声级、超标情况及受噪声影响的人口分布等。明确噪声敏感目标及噪声限制标准。

（11）社会经济

简要叙述建设项目周围地区现有厂矿企业的分布、产值及能源供给与消耗方式，交通运输概况，居民区分布，人口状况，农业生产及土地利用状况，确定环境中现有污染物及项目、将排放污染物的评价指标。

（12）人文遗迹、自然遗迹与珍贵景观

概要说明建设项目周围地区有哪些人文遗迹、自然遗迹与珍贵景观需要保护，建设项目与遗迹或景观的相对位置和距离。遗迹或景观易于受哪些物理的、化学的或生物学的影响，目前有无已损害的迹象及其原因，主要污染或其他影响的来源。

（13）人群健康状况

当建设项目规模或拟排放污染物毒性较大时，应进行一定的人群健康状况调查，以确定建设项目拟排放污染物的限制指标。

（14）其他

根据当地环境及项目特点，决定是否将放射性、光与电磁辐射、振动、地面下沉及其他项目列入调查。

1.4.2 环境现状调查的方法

对环境现状调查常见的主要方法有以下三种。

（1）收集资料法

进行环境现状调查时，应首先收集现有各种相关资料。这种方法省时、省力，且范围广、收效大。但由于资料的时效性、准确性等的限制，还需要利用其他方法进行补充。

（2）现场调查法

通过现场调查可直接获得第一手的数据和资料，信息真实可靠。但这种方法耗用人力、物力和时间较多，有时还可能受季节、仪器设备条件的限制。

（3）遥感方法

利用先进的遥感遥测技术获取环境信息。

1.4.3 环境现状调查的一般原则

（1）根据建设项目的污染源、影响因素、所在地区的环境特点及环境影响评价工作等级，确定环境现状的调查范围及有关参数。

（2）进行环境现状调查时，应首先收集现有资料，当现有资料不能满足要求时，再通过现场调查或其他方法获取信息。

（3）在环境现状调查中，应重点调查与建设项目密切相关的内容，如大气、地表水、地下水等。对这部分环境质量现状应有定量数据并做出分析或评价，其他调查内容可根据需要增减。

1.5 项目环境影响预测

1.5.1 环境影响预测的内容

对建设项目的环境影响进行预测，通常是指对评价区的各种环境质量参数的变化进行预测。环境质量参数一般包括常规参数和特征参数，前者反映评价项目的一般质量状况，后者反映与建设项目有联系的环境质量状况。具体的参数类别和数目可根据工程项目和环境特性，以及当地环保要求来确定。

1.5.2 环境影响预测的范围及时段

环境影响预测的范围及时段取决于评价工作的等级、工程特点、环境特性及敏感保护目标分布等情况。具体预测范围、预测点和断面设置因环境要素的不同而不同。如大气环境的影响预测范围以边长和面积表示，预测点以相距污染源的方位和距离表示，河流水环境的影响预测范围以河流上下游距离和预测断面表示等。

环境影响预测时段可以按照项目实施的不同阶段划分为建设期、生产运行期、服务期满后三个时段。

1.5.3 环境影响预测的方法

（1）数学模型法。根据环境影响因素的产生机理及历史监测数据建立预测模型，按照数学模型的应用条件输入必要的参数、数据，通过计算即可得出定量的预测结果。

（2）物理模型法。在具备基础数据的前提下，建立仿真试验设施，模拟真实环境条件。通过试验对环境影响进行预测。

（3）类比分析法。采用类似项目的环境影响数据类比分析，进行预测。预测结果属于半定量性质，在评价工作时间较短时可采用。

（4）专业判断法。对建设项目的某些环境影响很难定量估算时，可通过向专家调查求证，并通过专家的专业判断力对建设项目的环境影响进行预测。

1.5.4 环境影响预测的原则

（1）对需要进行环境影响评价的项目，都应分析、预测和评估其对环境产生的影响。

（2）根据评价工作的等级、工程特点、环境特性和当地的环保要求，确定分析、预测和评估的范围、时段、内容和方法。

（3）对建设项目的环境影响预测要充分，要能满足项目环境影响评价的需要。

1.6 项目环境影响报告书的编制

建设项目的环境影响报告书或环境影响报告表应当由具有相应环境影响评价资质的机构来编制。任何单位和个人不得为建设单位指定对其建设项目进行环境影响评价的机构，为建设项目环境影响评价提供技术服务的机构不得与负责审批建设项目环境影响评价文件的环境保护行政主管部门或其他有关审批部门存在任何利益关系。

1.6.1 环境影响报告书编制的总体要求

环境影响报告书应全面、概括地反映环境影响评价的全部工作，文字应当简洁、准确，并尽量采用图表和照片，以使提出的资料清楚，论点明确，有利于阅读和审查。

原始数据、全部计算过程等不必在报告书中列出，必要时可编入附录。参考文献应按时间列出目录。评价内容较多的报告书，可另编分项报告书或专题技术报告。

1.6.2 环境影响报告书的主要内容

（1）建设项目概况。

（2）建设项目周围环境状况。

（3）建设项目对环境可能造成影响的分析、预测和评估。

（4）建设项目环境保护措施及其技术经济论证。

（5）建设项目对环境影响的经济损益分析。

（6）对建设项目实施环境监测的建议。

（7）环境影响评价的结论。

涉及水土保持的建设项目，还必须有经水行政主管部门审查同意的水土保持方案。

1.6.3 环境影响报告书的结论

环境影响报告书的结论应在概括和总结全部评价工作的基础上，总结建设项目实施过程各阶段的生产和生活活动与当地环境的关系，明确一般情况和特定情况下的环境影响，规定应采取的环境保护措施，从环境保护的角度分析，得出建设项目是否可行的结论。

1.7 项目环境影响评价文件的审批

根据《环评法》的规定，除国家规定需要保密的情形外，对环境可能造成重大影响、应当编制环境影响报告书的建设项目，建设单位应当在报批建设项目环境影响报告书前举行论证会、听证会，或者采取其他形式，征求有关单位、专家和公众的意见。建设单位报批的环境影响报告书应当附有对有关单位、专家和公众的意见采纳或者不采纳的说明。

建设项目的环境影响评价文件由建设单位按照国务院的规定报有审批权的环境保护行政主管部门审批。建设项目有行业主管部门的，其环境影响报告书或者环境影响报告表应当经行业主管部门预审后，报有审批权的环境保护行政主管部门审批。审批部门应当自收到环境影响报告书之日起 60 日内，或收到环境影响报告表之日起 30 日内，或收到环境影响登记表之日起 15 日内做出审批决定并书面通知建设单位。

国务院环境保护行政主管部门负责审批下列建设项目的环境影响评价文件：

1）核设施、绝密工程等特殊性质的建设项目；

2）跨省、自治区、直辖市行政区域的建设项目；

3）由国务院审批的或者由国务院授权有关部门审批的建设项目。

以上规定以外的建设项目的环境影响评价文件的审批权限，由省、自治区、直辖市人民政府规定。

建设项目可能造成跨行政区域的不良环境影响，有关环境保护行政主管部门对该项目的环境影响评价结论有争议的，其环境影响评价文件由共同的上一级环境保护行政主管部门审批。

建设项目的环境影响评价文件经批准后，建设项目的性质，规模，地点，采用的生产工艺或者防治污染、防止生态破坏的措施发生重大变动的，建设单位应当重新报批建设项目的环境影响评价文件。

建设项目的环境影响评价文件自批准之日起超过 5 年才决定该项目开工建设的，其环境影响评价文件应当报原审批部门重新审核。原审批部门应当自收到建设项目环境影响评价文件之日起 10 日内将审核意见书面通知建设单位。

建设项目的环境影响评价文件未经法律规定的审批部门审查或者审查后未予批准的，该项目审批部门不得批准其建设，建设单位不得开工建设。

建设项目在建设、运行过程中，建设单位应当同时实施环境影响报告书或者环境影响报告表，以及环境影响评价文件审批部门审批意见中提出的环境保护对策措施。若发现产生不符合经审批的环境影响评价文件的情形的，建设单位应当组织进行项目的环境影响后评价，采取改进措施，并报原环境影响评价文件审批部门和建设项目审批部门备案；原环境影响评价文件审批部门也可以责成建设单位进行环境影响后评价，采取改进措施。

环境保护行政主管部门应当对建设项目投入生产或者使用后所产生的环境影响进行跟踪检查，对造成严重环境污染或者生态破坏的，应当查清原因、查明责任。

课题 2　项目社会评价

社会评价自 20 世纪 60 年代末、70 年代初逐渐在欧美一些国家和国际组织兴起。例如，美国在“国家环境政策条例”（NEPA，1969 年公布）中规定要及时进行社会影响评价，后来政府还发布过行政令 12074 号“城市及社会影响分析”，强调要进行项目的社会评价。英国及欧共体推行环境评价（environment assessment，EA），其中包括对自然环境的评价和对社会环境的评价。加拿大推行的社会评价包括分配效果、环境质量和国防能力等许多方面的影响分析。世界银行在其投资项目中要求社会影响分析不仅用于开发性项目的可行性研究阶段，还用于部分项目的后评价。世界银行、亚洲开发银行、英国国际发展部对发展中国家进行援助的某些项目也要进行社会评价（称为社会分析），并且对社会评价的内容和做法都有原则上的要求。由此可见，社会评价的重要性正越来越为社会所认同。

2.1　社会评价概述

2.1.1　社会评价的概念

项目评价是为了达到一个国家或地区的发展目标，对政府或私人企业的投资项目进行可行性评价。财务评价和国民经济评价统称为项目经济评价，也即传统的项目评价。它们是从投资主体的角度出发或从国家的角度出发，考察判别项目在经济方面的可行性。

人们已经认识到社会发展应是以人为核心、以可持续为原则的发展。项目评价也应着重强调项目与社会的相互适应性。这是项目经济评价所不能解决的，故需从社会层面对项目进行评价，使之成为经济评价的有益补充，这种评价就是项目的社会评价。

所谓社会评价就是根据国家或地区的基本目标，把效益目标、公平目标、环境目标以及加速贫困地区经济发展等影响社会发展的其他因素通盘考虑，分析拟建项目对当地社会（或波及地区，乃至全社会）的影响和社会条件对项目的适应性和可接受程度，以评价项目的社会可行性。

2.1.2　社会评价与经济评价的比较分析

一个项目的完整评价包含财务评价、国民经济评价、环境影响评价及社会评价四部分，其中，社会评价应居于最高层面。

社会评价与经济评价相比较有着相当大的区别。

首先是目标多元化。经济评价主要是财务盈利与经济增长，而社会评价要统筹资源、环境及社会的诸多方面。

其次是社会评价的长期性。社会评价不但要考察项目近期的社会效果，更要考虑项目对社会长期的影响。

再次是定量难。项目的大部分指标不但难以用经济货币指标来衡量，而且既要考虑短长期效果，还要考虑直接和间接效果。由于上述种种特性，社会评价至今缺乏统一的标准与方法，目前只能进行以定性为主的分析。

最后，社会评价与经济评价范围也是不同的，并不是所有项目都要进行社会评价。社会评价有助于将项目建设方案的设计及实施与区域性社会发展相结合，找到经济与社会之间的有机联系，促进社会稳定。从项目的类别来看，只有对以发挥社会功能为目的的公益性和基础性的公共项目，以及对社会经济、生态资源、社会环境等方面有较大影响的项目才进行社会评价，如电力、水利、石油、矿产、电信、交通、化工等项目。

2.1.3 社会评价的必要性及其采用的方法

（1）社会评价的必要性

进行项目社会评价有利于加强投资的宏观指导与调控，实现项目与社会相互协调发展，进而促使经济与社会发展目标顺利实现。进行项目社会评价有利于提高公众参与程度、充分考虑民众的真正要求，减少或避免决策失误所带来的重大损失，有利于全面提高项目决策的科学性和项目决策的民主化。

当前，国际社会日益重视社会可持续发展问题。世界银行和亚洲银行等国际金融机构均对贷款项目要求进行社会评价，否则不予立项。通过对世界银行资助的 57 个项目的一项研究表明，社会评价与项目的收益很有关系。其中，30 个与当地社会经济相协调的项目平均收益率为 18.3%，而另外 27 个被认为不具有社会协调性的项目平均收益率仅为 8.6%。

（2）社会评价的方法

社会评价的方法主要有以下四种：①包含在国民经济评价中的社会效益评价；②在经济评价中加入分配分析；③立足于国家宏观经济分析；④基于社会学基础上的社会分析与评价。

从理论上分析，前三种都属于经济学范畴，理论基础是福利经济学，其评价方法只是着重于社会经济效益分析，无疑已不适应当今社会以人为本、以可持续为原则的发展要求。第四种社会评价是广泛的社会分析，理论上以社会学为基础，并以社会学家参与分析为主要特色，是项目社会评价的发展趋势。因此，现代项目社会评价应以第四种方法为主。

2.1.4 社会评价的作用

（1）有利于国民经济发展目标与社会发展目标协调一致，防止单纯追求经济效益。实践证明，社会影响较大的投资项目直接关系到国家和当地的经济发展目标和社会发展目标的协调一致。

（2）有利于避免或减少项目建设和运营的社会风险，提高投资效益。项目建设和运营的社会风险是指由于在项目评价阶段忽视社会评价工作，致使在项目的建设和运营过程中与当地社区发生种种矛盾，长期得不到解决，导致工期拖延、投资加大、经济效益低下，与当初的经济评价结论大相径庭的风险。

2.1.5　社会评价的原则和要求

（1）认真贯彻我国社会发展的方针、政策，遵循有关法律及规章。

（2）以国民经济与社会发展计划的发展目标为依据，以近期目标为重点，兼顾远期各项社会发展目标，并考虑项目与当地社会环境的关系，力求分析评价能全面反映项目投资引发的各项社会效益与影响。

（3）充分调查当地社区及民众对项目的不同反应，促进项目与当地社区及民众相互适应、共同发展。

（4）依据客观规律，从实际出发，实事求是，采用科学、适用的评价方法。

（5）运用可比的原则、按目标的重要程度进行排序的原则、以人为本的原则及“有无”对比的原则，深入社会调查，搞准基础情况，提高分析评价的科学性。

（6）社会评价人员必须以公正、客观、实事求是的态度从事社会评价工作。

2.1.6　项目利益相关者分析

项目利益相关者是指与项目有直接或间接利害关系，并对项目的成功与否有直接或间接影响的所有各方，包括：①项目受益人；②项目受害人；③受项目影响的人，如社会公众等；④其他利益相关者，包括项目的建设单位、设计单位、咨询单位，以及与项目有关的政府部门与非政府组织。

2.2　社会评价框架和内容

对投资项目进行社会评价的框架体系如图 9.1 所示。

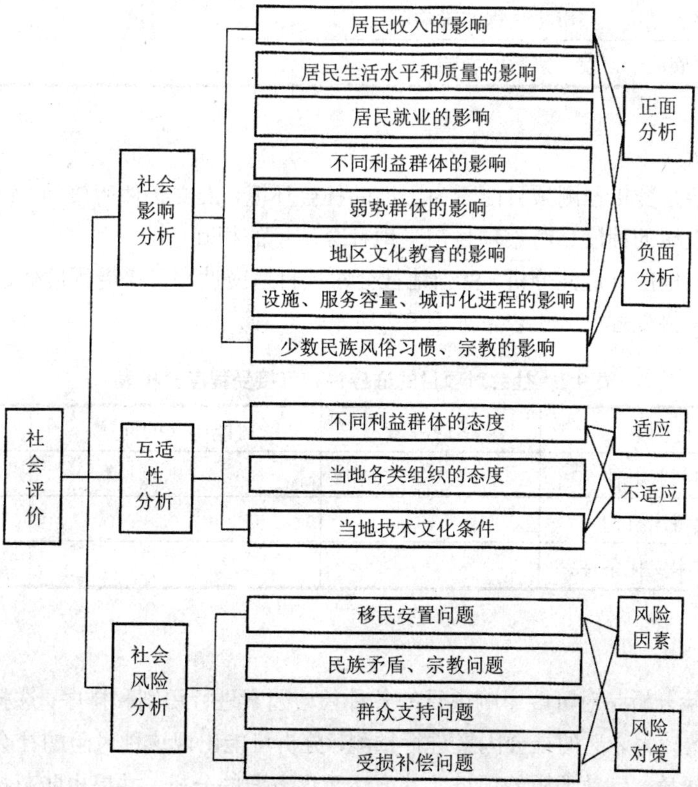

图 9.1　社会评价框架

社会评价从以人为本的原则出发，研究内容包括项目的社会影响分析、项目与所在地区的互适性分析和社会风险分析三个方面的内容。

（1）社会影响分析

项目的社会影响分析在内容上可分为三个层次四个方面的分析，即分析在国家、地区、项目（社区）三个层次上展开，包括项目对社会环境方面、社会经济方面、自然与生态环境方面和自然资源方面的影响。

例如，项目对所在地居民收入的影响主要分析预测由于项目实施可能造成当地居民收入增加或者减少的范围、程度及其原因，收入分配是否公平，是否扩大贫富收入差距，并提出促进收入公平分配的措施建议。

通过以上分析，对项目的社会影响做出评价，编制项目社会影响分析表，如表 9.1 所示。

表 9.1　项目社会影响分析表

序号	社会因素	影响的范围、程度	可能出现的后果	措施建议
1	对居民收入的影响			
2	对居民生活水平和质量的影响			
3	对居民就业的影响			
4	对不同利益群体的影响			
5	对弱势群体的影响			
6	对地区文化教育的影响			
7	对设施、服务容量、城市化进程的影响			
8	对少数民族风俗习惯、宗教的影响			

（2）互适性分析

互适性分析主要是分析预测项目能否为当地的社会环境、人文条件所接纳，以及当地政府、居民支持项目存在与发展的程度，考察项目与当地社会环境的相互适应关系。

通过项目与所在地的互适性分析，就当地社会对项目适应性和可接受程度做出评价，编制社会对项目的适应性和可接受程度分析表，如表 9.2 所示。

表 9.2　社会对项目的适应性和可接受程度分析表

序号	社会因素	适应程度	可能出现的问题	措施建议
1	不同利益群体			
2	当地组织机构			
3	当地技术文化条件			

（3）社会风险分析

项目的社会风险分析是对可能影响项目的各种社会因素进行识别和排序，选择影响面大、持续时间长，并容易导致较大矛盾的社会因素进行预测，分析可能出现这种风险的社会环境和条件。对那些可能诱发民族矛盾、宗教矛盾的项目尤其要注重这方面的分析，并提出防范措施。例如，针对城市建设中的“城中村”拆迁、建设与安置问题，就要分析项目占用地的移民安置和受损补偿问题。

如果拆迁居民的生活得不到有效保障或生活水平大幅降低，就会给项目预期效益的实现带来风险。通过分析社会风险因素，编制项目社会风险分析表，如表9.3所示。

表9.3 社会风险分析表

序号	风险因素	持续时间	可能导致的后果	措施建议
1	移民安置问题			
2	民族矛盾、宗教问题			
3	弱势群体支持问题			
4	受损补偿问题			

2.3 社会评价的步骤

社会评价一般分为社会调查、识别社会因素和论证比选方案三个步骤。

（1）社会调查

调查了解项目所在地区的社会环境等方面的情况。调查内容包括项目所在地区的基本情况和受影响社区的基本社会经济情况在项目影响时限内可能的变化。

（2）识别社会因素

分析社会调查获得的资料，对项目涉及的各种社会因素进行分类。一般可分成以下三类：

1）影响人类生活和行为的因素，如对就业的影响、对社区发展和城市建设的影响、对居民身心健康的影响、对社区福利和社会保障的影响等；

2）影响社会环境变迁的因素，如对自然和生态环境的影响、对资源综合开发利用的影响、对节能的影响、对耕地和水资源的影响等；

3）影响社会稳定与发展的因素，如对当地人民风俗习惯、宗教信仰的影响，对社区组织结构的影响，对国家安全和地区威望的影响等。

从这些因素中，识别与选择影响项目实施和项目成功的主要社会因素，作为社会评价的重点和论证比选方案的内容之一。

（3）论证比选方案

对项目建设方案设计中涉及的主要社会因素进行定性、定量分析，比选推荐社会正面影响大而社会负面影响小的方案，主要步骤如下：

1）确定评价目标与评价范围；

2）选择评价指标；

3）确定评价标准；

4）列出备选方案；

5）进行项目评价；

6）专家论证；

7）评价总结，编制项目社会评价报告；

8）估计接受程度。

课题3　区域经济分析和宏观经济分析

3.1　特大型建设项目的特征与类型

3.1.1　特大型建设项目的概念

特大型建设项目是一个相对性的概念。随着经济发展和生产力水平不断提高，一些在当时被认为投资规模巨大可称得上特大型的建设项目，在后来却只能算作一般工程。但在实际进行分析评估时，应以当时的情况为准进行取舍。

3.1.2 特大型建设项目的特征

1）在国民经济和社会发展中占有很重要的战略地位。

2）建设工期或实施周期长。

3）投资总额或人力物力财力的投入量大，而且年度投入量的分布非常不均匀。

4）项目上马前和完成后国家经济发展水平有很大变化，潜在需求变化大，因而导致效益的突变性大。

5）项目的技术风险大。

6）对生态环境会产生很大影响。

7）对国家经济安全带来较大影响。

3.1.3　特大型建设项目的类型

1）基础设施项目，如铁路、高速公路、水利工程、港口等。

2）资源开发项目，如油田开发，其他矿藏开采，油、气长距离管道输送等。

3）重型工业企业建设。

4）大规模区域开发项目。

5）高科技攻关项目，如航天、国防、尖端科研等高科技关键技术攻关项目等。

6）生态保护工程项目等。

3.2　特大型建设项目的区域经济影响分析和宏观经济影响分析

3.2.1　特大型建设项目区域经济和宏观经济影响分析的概念

特大型建设项目的区域经济影响分析是指从区域经济的角度出发，综合分析特大型建设项目的建设对项目所在区域乃至较大区域的经济活动的各方面影响，包括对区域现存发展条件、经济结构、城镇建设、劳动就业、土地利用、生态环境等方面的现实和长远影响分析。

特大型建设项目的宏观经济影响分析是指从国民经济整体角度出发，综合分析特大型建设项目的建设对国家宏观经济的各方面影响，包括对国民经济总量增长、产业结构调整、生产力布局、自然资源开发、劳动就业结构变化、物价变化、收入分配等方面影响的分析，以及国家承担项目建设的能力即国力的分析、项目时机选择对国民经济影响的分析等。

3.2.2 特大型建设项目区域经济和宏观经济影响分析的特点

特大型建设项目区域经济和宏观经济影响分析与一般经济费用效益分析的异同如下。

（1）两者相同的方面

都是着眼于项目对经济整体的影响，分析项目可能带来的各方面效益和需要的各种投入；都具有旨在促进资源优化配置、实现社会福利最大化的目的。

（2）两者不同的方面

1）一般项目经济分析的核心是费用效益分析（国民经济分析），通常通过采用考虑到时间价值的社会折现率来体现动态分析要求，但费用和效益的累加仍然基于现行价格和评价价格的不变性，同时还假定时间因素的不变性，仅以社会折现率指标对费用和效益进行时间贴现，实际上没有完全体现动态特征。对于特大型建设项目，由于建设周期相当长，资源的供求关系变化很大，在建设期间巨大的物力、人力和财力的投入就有可能改变资源供求格局，以致当工程投产时所面临的经济态势已完全改变，如果仅用社会折现率一个指标，则会低估某些效益而高估另一些效益，无法反映效益的真实性。

2）一般项目的经济费用效益分析将国际市场价格视为评价价格的比较基础，以此达到实现引导投资、调整产业结构的目的，这有可能对我国特定的产业结构施加不利的影响。对特大型建设项目的宏观经济分析则要立足于我国的现实国情，具体情况具体分析。

3）一般项目的财务分析可采用总量指标（如净产值、社会纯收入、国内生产总值等）来衡量项目的经济效益。对特大型建设项目来说，仅采用总量指标是不完全的，还需要进行结构分析才能真正把握项目的经济效益。

4）一般项目经济费用效益分析忽略不同利益主体的偏好差异，认为不必考虑各利益主体之间的矛盾以及最终分配。特大型建设项目涉及的利益主体复杂，彼此价值判断不同，因而要全面权衡，使各主体利益协调一致。

3.2.3 特大型建设项目区域经济和宏观经济影响分析的目的

特大型建设项目区域经济影响分析的目的在于通过分析做到有效地开发利用资源，合理配置人、财、物力，使部门之间、企业之间、生产性建设和非生产性建设之间在地区分布上协调组合，提高社会经济效果，保持良好的生态环境，促进地区开发建设顺利进行。

特大型建设项目宏观经济影响分析的目的在于通过分析判断国家承担项目投资建设的能力，项目对国民经济总量增长和结构改善的贡献，项目对劳动就业、收入分配、物价变化等方面的影响，项目可能存在的各种风险，从而选择有利的投资机会和上马时机，促进项目开发建设顺利进行，实现生产力在宏观范围内合理布局，推动国民经济协调发展。

3.3 特大型建设项目对区域经济和宏观经济的影响

3.3.1 特大型建设项目对区域和宏观经济的主要影响

特大型建设项目对区域经济和宏观经济的影响是多方面的，既有有利的影响（正效益），也有不利的影响（负效益）。不利影响表明了特大型建设项目除实际发生的投资外，区域范围内及国民经济整体为项目建设所付出的代价。项目总的效益应为正效益与负效益相抵并扣除实际投资后的余额。特大型建设项目对区域和宏观经济影响的多方面性还表现在：既有总量影响，也有结构影响；既有对资源开发的影响，也有对资源利用的影响；既有经济影响，也有社会影响、环境影响等。

特大型建设项目影响的广泛性也意味着对其分析更多的是采用个案分析，从实际出发，具体问题具体分析；同时也意味着要强调专项分析，对某一方面影响进行专门分析，如对国力承担能力的分析等。

特大型建设项目建成后，通过项目自身发挥效益，促进国民经济总量增长；通过带动所在区域经济结构调整和经济总量增长，导致国民经济结构优化和总量增长；通过吸纳有一定专长的劳动力和其他类型劳动力，增加劳动就业，改变就业结构（包括就业的产业结构、知识结构等）；通过提供国民经济发展急需的基础设施、能源或技术等，减轻乃至消除经济发展中的“瓶颈”制约因素的作用；通过推进国家的城市化进程，提升国民经济整体实力，促进现代化建设。特大型建设项目还有利于改变地区发展不平衡的现状，促进地区之间产业合理布局协调发展，有利于改变国民收入分配格局，帮助贫困落后地区脱贫致富。由于特大型建设项目一般都采用先进技术设备和最新技术成果，因而也有利于加快技术进步，提高技术进步对经济增长的贡献份额。

特大型建设项目既能通过投资拉动作用促进经济增长，也能通过大量增加对某些类型投入资源或物品的需求，导致这些资源或物品价格上涨，进而影响到价格总水平。项目建成后，由于其产量巨大，可能导致这些物品供应的瓶颈制约作用消除或者供给大大超过需求，对国家经济安全带来有利影响或不利影响。

特大型建设项目还由于在规划建设的过程中越来越强调以人为本，因而会有利于环境保护、生态改善。同样地，项目建成后，由于提供的产出物一般具有档次高、质量好、资源利用率高等特点，为环境保护和资源开发与保护更加协调提供了有利条件。当然，也可能情形恰恰相反。

3.3.2 特大型建设项目对所在区域的影响

（1）特大型建设项目可能改变其所在区域的功能与发展条件。伴随着特大型建设项目的建设，所在区域的基础设施如交通、能源供应条件等首先得到相应的发展，其他有利于投资建设的环境条件也会相应而生。

（2）特大型建设项目的建设可能改变所在区域的产业结构。在一个原有基础比较薄弱的地区，特大型建设项目的建设可能建立起一套全新的经济结构，通过国家强制性布局产业迅速推进地方经济的成长与进步。在原有经济基础较好、经济实力较强的地区，特大型建设项目所在区可能会分离而成某城市的卫星城、大功能区或新城区，促进城市规模迅速扩大，从而改变原有经济结构，推动经济发展。

（3）特大型建设项目可以促进区域产业循环的形成。特大型建设项目由于具有投资大、产出多、占地广、技术水平高等特点，很容易形成所在区域的核心产业，并可能围绕核心产业出现一系列辅助性产业，或者利用特大型建设项目的建设提供的基础设施形成一定规模的地方产业集聚，有利于推动所在区域的整体发展。

（4）特大型建设项目对所在区域也可能带来负面影响，主要表现在耕地减少、环境污染、人与环境关系紧张、历史文化遗产遭到破坏、区域经济遭受冲击、地方原有优势受到削弱等。

3.4 特大型建设项目区域经济影响和宏观经济影响的分析原则

3.4.1 系统性原则

特大型建设项目本身就是一个系统，但从国民经济的全局来看，它又是国民经济大系统中的一个子系统。一个子系统的产生与发展对于原有的大系统内部结构和运行机制将会带来冲击，原来的大系统会由于特大型建设项目的加入而改变原来的运行轨迹或运行规律。按照协同学理论，系统总是可以按照自身的结构与机制使得原有的大系统能够“容忍”或“接纳”特大型建设项目的存在。这种协调的过程或者使特大型建设项目与国民经济融为一体，或者特大型建设项目适当改变自己的结构与机制以适应国民经济大系统的运行规律，或者甚至使特大型建设项目被排除在国民经济大系统之外，后者就意味着特大型建设项目的失败。

3.4.2 综合性原则

特大型建设项目由于建设周期长、投资巨大、影响面广泛，其投入（包括建设和投产）将给原有经济系统的结构（包括产业结构、投资结构、就业结构、供给结构、消费结构、价格体系和区域经济等）、状态和运行带来重大的变化。这种变化不仅影响到经济总量，而且影响到经济结构；不仅影响到资源开发，而且影响到资源利用，人力、物力、财力的配置；不仅对局部区域有影响，而且对国民经济整体产生影响。因此，分析特大型建设项目对区域和宏观经济影响要坚持综合性原则，不能仅分析某一方面的影响而忽略其余。

3.4.3 定量分析与定性分析相结合原则

特大型建设项目对区域和宏观经济的影响是广泛而深刻的，它既包括可以用价值型指标进行量化的有形效果和经济效果，也包括难以用价值型指标进行量化的、更大量的无形效果和非经济效果。前者无疑要以定量分析为主；后者必须进行定性分析或比较性描述，或者用其他类型指标或指标体系进行描述或数量分析，以便对其做出准确评价，为项目决策提供充分依据。

3.5 特大型建设项目对区域经济影响和宏观经济影响的评价指标体系

3.5.1 总量指标

评价特大型建设项目对区域和宏观经济影响的总量指标包括增加值、净产值、社会纯收入等经济指标。增加值是指项目投产后对国民经济的净贡献，即每年形成的国内生产总值。对项目而言，按收入法计算增加值较为方便，即

增加值=项目范围内全部劳动者报酬+固定资产折旧+生产税净额+营业盈余

净产值是指项目全部效益扣除各项费用（不包括工资及附加费）后的余额。

社会纯收入是指净产值扣除工资及附加费后的余额。

增加值、净产值和社会纯收入的年值可分别由各自的总现值折算。

3.5.2 结构指标

评价特大型建设项目对区域和宏观经济影响的结构指标主要包括影响力系数、产业结构、就业结构等。

影响力系数也称为带动度系数，是指特大型建设项目所在的产业，当其增加产出满足社会需求，每增加一个单位最终需求时，对国民经济各部门产生的增加产出的影响。用公式表示为

$$影响力系数=\sum_{i=1}^{n} b_{ij} \Big/ \left(\sum_{j=1}^{n} \sum_{i=1}^{n} b_{ij} / n \right) \tag{9.1}$$

式中：

b_{ij}——列昂惕夫逆矩阵系数，即完全消耗系数，表示生产第 j 个部门的一个最终产品对第 i 个部门的完全消耗量；

n——国民经济的产业部门总数。

影响力系数大于1表示该产业部门增加产出对其他产业部门产出的影响程度超过社会平均水平。影响力系数越大，该产业部门对其他产业部门的带动作用越大，对经济增长的影响越大。

产业结构可根据各产业增加值计算，反映各产业在国内生产总值中所占份额大小。特大型建设项目建设前后产业结构、就业结构的变化分别反映了项目对产业结构、就业结构的影响。就业结构包括就业的产业结构，即各产业就业人数的比例和就业的知识结构，亦即不同知识水平就业人数的比例等。

3.5.3 社会与环境指标

（1）就业效果指标

实现社会充分就业是宏观经济致力于实现的重要目标之一。评价特大型建设项目的就业效果对存在大量过剩劳动力的我国尤其具有意义。劳动力就业效果一般用项目单位投资带来的新增就业人数表示，即

$$\text{单位投资就业效果}=\frac{\text{新增总就业人数(包括本项目与相关项目)}}{\text{项目总投资(包括直接投资与间接投资)}}\text{（人/万元）} \tag{9.2}$$

总就业效果可分为直接投资所产生的直接就业效果和与该项目直接相关的其他项目投资产生的间接效果，即

$$\text{直接就业效果}=\frac{\text{本项目新增的就业人数}}{\text{本项目的直接投资}}\text{（人/万元）} \tag{9.3}$$

$$\text{间接就业效果}=\frac{\text{相关项目新增就业人数}}{\text{相关项目投资}}\text{（人/万元）} \tag{9.4}$$

（2）收益分配效果指标

分配效果指标用于检验项目收益分配在国家、地方、企业、职工间的分配比重是否合理，主要有以下几项：

$$\text{国家收益分配比重}=\frac{\text{项目上缴国家的收益}}{\text{项目的总收益}}\times 100\% \tag{9.5}$$

$$\text{地方的收益分配比重}=\frac{\text{项目上缴国家的收益}}{\text{项目的总收益}}\times 100\% \tag{9.6}$$

$$\text{企业收益分配比重}=\frac{\text{企业的收益}}{\text{项目的总收益}}\times 100\% \tag{9.7}$$

$$\text{职工收益分配比重}=\frac{\text{职工的收益}}{\text{项目的总收益}}\times 100\% \tag{9.8}$$

为体现国家对老、少、边、穷等贫困地区的重视，使这类地区的项目得以优先通过，也可设置贫困地区收益分配指标，通过对贫困地区赋予较高的收益，判定其对贫困地区收益分配的贡献。

（3）对资源和环境的影响效果指标

节能效果以项目的综合能耗水平（可折合成“年吨标煤消耗”）来反映。

$$\text{项目的综合能耗水平}=\frac{\text{项目的综合耗能}}{\text{项目的净产值}} \tag{9.9}$$

项目综合能耗水平低于社会平均能耗水平，说明项目具有较好的节能效果。

节约时间的效果分析应结合具体项目进行，此类指标对交通运输类特大型建设项目尤其具有意义。

节约用地效果用单位投资占地反映。

$$单位投资占地=\frac{项目土地占用量}{项目总投资}（米^2/万元） \tag{9.10}$$

项目单位投资占地低于社会平均水平，说明项目具有较好的节约用地效果。

类似地，节约用水效果用项目单位产值或产品耗水量来反映。

$$项目单位产值耗水量=\frac{项目总耗水量}{项目总产值}[米^3（人·日）] \tag{9.11}$$

项目单位产值耗水量和国家与地区规定的定额比较，可判定项目的节水效果。对生产性项目应分别计算单位产品生产用水和项目人均耗水量。单位产品耗水量应与行业规定的定额进行比较。

3.5.4 国力适应性指标

特大型建设项目由于建设规模巨大，需要耗费大量的人力、物力、财力、自然资源等，这自然会产生国力能否承受的问题。因为特大型建设项目耗费过多，必然会影响到国民经济其他地区、其他部门的建设和发展。如果特大型建设项目挤占资源过多，会导致其他领域所需资源无法满足，阻碍了项目的发展进程；或者由于特大型建设项目使用的投入品过多，引发该物品供应紧张，抬升了重要物品的价格，乃至加剧通货膨胀水平，则说明国力承担该项目的能力不足。

由于我国劳动力资源极其丰富，因而对国力承担能力即国力适应性的评价主要分析财力和物力。但项目对特殊技能人才的需求、项目对人才资源的开发和利用等也需做专门分析。

国家财力是指一定时期内国家拥有的资金实力，其最主要的构成要素是国内生产总值（或国民收入）和国家财政收入，其他还有信贷总额、外汇储备、可利用的国外资金等。财力承担能力一般通过国内生产总值（或国民收入）增长率、特大型建设项目年度投资规模分别占国内生产总值（或国民收入）、全社会固定资产投资和国家预算内投资等指标的比重来衡量。

国家物力是指国家所拥有的物质资源，包括工农业主要产品及储备量、矿产资源储备量、森林、草场以及水资源等。物力取决于国家可供追加的生产资料和消费资料的数量和构成。

特大型建设项目的国力承担能力评价需要结合对国家未来经济发展的预测来进行。

习　　题

1．完成以下多选题。

（1）特大型建设项目的特征有（　　）。

A．投资的年度投入量的分布非常不均匀

B．对生态环境会产生很大影响

C．在国民经济和社会发展中占有很重要的战略地位

D．项目的技术风险大

E．对国家经济安全带来较大影响

（2）特大型建设项目的宏观经济影响分析是分析特大型建设项目的建设对（　　）等方面影响的分析。

A．经济结构　　B．产业结构调整

C．劳动就业结构变化　　D．收入分配

E．土地利用

（3）一般项目经济分析的核心是国民经济分析，而特大型建设项目由于（　　），就有可能改

变资源供求格局，以致当工程投产时所面临的经济态势已完全改变。

A．建设周期相当长

B．货物影子价格变化

C．在建设期间巨大的物力和财力的投入

D．影子汇率变化

E．社会折现率变化

（4）特大型建设项目区域经济影响分析的目的在于合理配置人、财、物力，使（　　）在地区分布上协调组合，促进地区开发建设顺利进行。

A．部门之间　　B．生产性建设和非生产性建设之间

C．劳动就业方面　　D．收入分配

E．物价变化方面

（5）特大型建设项目对区域经济和宏观经济的影响多方面性表现在（　　）。

A．总量影响　　B．结构影响

C．核心产业影响　　D．对资源利用的影响

E．负面影响

2．根据《中华人民共和国环境影响评价法》的规定，国家根据建设项目对环境的影响程度对建设项目的环境影响评价是如何实行分类管理的？

3．简述项目环境影响评价中工程分析的主要内容。

4．环境影响预测的方法有哪些？其一般包括哪几个时段？

5．简述环境影响报告书的主要内容。

6．什么是社会评价？社会评价与经济评价有何区别？

7．社会评价的范围、主要内容是什么？社会评价有哪些主要方法？

8．特大型建设项目对区域经济和宏观经济有哪些主要影响？

9．特大型建设项目区域经济和宏观经济影响分析与一般经济费用效益分析有何不同？

10．特大型建设项目对区域经济和宏观经济影响的评价指标体系有哪些？简要分析特大型建设项目就业效果评价指标对我国就业现状的现实意义。

11．什么是国家财力？什么是国家物力？

附 录

项目单元三自测题

一、填空题（共 11 空，每空 1 分，共 11 分）

1. 常用的动态分析方法有__________、__________、__________、__________、__________和增量分析法。

2. 项目经济评价的指标有__________指标、__________指标和__________指标三类。

3. 不确定性分析的方法主要有__________、__________和__________三种。

二、判断题（共 9 小题，每小题 1 分，共 9 分）

1. 现值法、年值法和未来值法是等效的。（　　）
2. 成本现值法就是将各方案的所有成本均折算成现值，然后取其现值最大的方案。（　　）
3. 敏感性分析不能提供经济效果变化的可能性大小。（　　）
4. 内部收益率就是一个项目尚未被收回的投资余额所取得的利率。（　　）
5. 净现值法和内部收益率法得出的结论是完全一致的。（　　）
6. 在多方案比较中，不能按内部收益率的大小来判断方案的优劣。（　　）
7. 贷款偿还期其实就是投资回收期。（　　）
8. 盈亏平衡分析不能提供经济效果变化的可能性大小。（　　）
9. 在投资项目决策中，只要投资方案的内部收益率大于 0，该方案就是可行方案。（　　）

三、单项选择题（共 11 小题，每小题 2 分，共 22 分）

1. 以下指标的计算中，没有考虑资金时间价值的是（　　）。

A．平均投资收益率　　B．净现值率

C．内部收益率　　D．基准折现率

2. 下列关于投资回收期的描述，正确的是（　　）。

A．投资回收期不能全面反映项目在整个寿命期内真实的经济效果

B．投资回收期是一个静态指标

C．投资回收期是一个动态指标

D．投资回收期从项目开始投入之日算起，到项目结束为止

3. 如果某个投资方案的 *NPV* 为正数，则必然存在的结论是（　　）。

A．投资回收期在 1 年以内　　B．净现值率大于 0

C．内部收益率大于基准收益率　　D．年均现金流量大于原始投资

4. 某项目原始投资为 12000 万元，当年完工，有效期 3 年，每年可得净现金流量 6730 万元，则该项目的内部收益率为（　　）。

A．7%　　B．6%

C．8%　　D．9%

5．下列各项中不会对内部收益率指标产生影响的因素是（　　）。

A．原始投资　　B．现金流量

C．计算期　　D．设定折现率

6．净现值率是一个效率型的指标，它是（　　）之间的比值。

A．净现值与项目净收益　　B．净现值与项目总投资

C．净现值与项目固定资产投资　　D．净现值与项目现金流出总额

7．就单位产品而言，其中的固定成本随产量的增加而（　　）。

A．增加　　B．减小

C．不变　　D．不规则变化

8．通过分析产品产量、成本和盈利之间的关系，找出方案盈利和亏损在产品产量的临界点，此临界点称为（　　）。

A．最低成本点产量　　B．经济规模点产量

C．盈亏平衡点产量　　D．最优决策点产量

9．下列关于增量内部收益率的说法，正确的是（　　）。

A．增量内部收益率就是内部收益率的增加值

B．增量内部收益率常用来判断单方案的可行性

C．增量内部收益率是指单位净现值的增加值对应的内部收益率增加值

D．增量内部收益率是指增量净现值为 0 时的折现率

10．下列属于动态评价指标的是（　　）。

A．投资利润率　　B．投资回收期

C．投资利税率　　D．费用年值

11．同一地域的土地，现有两个利用方案作为备选实施，一个是建居民楼，一个是建写字楼，这两个方案之间的关系是（　　）。

A．互斥型　　B．混合型

C．相关型　　D．独立型

四、多项选择题（共 4 小题，每小题 3 分，共 12 分）

1．应对经济活动中的风险通常有（　　）等基本方式。

A．风险识别　　B．风险分析

C．风险降低　　D．风险转移

E．风险自留

2．如果某个投资方案的 *NPV* 为正数，则错误的结论是（　　）。

A．投资回收期在 1 年以内　　B．净现值率大于 0

C．内部收益率大于基准收益率　　D．年均现金流量大于原始投资

E．净年值率大于 0

3．在下列作为价值型经济评价指标的是（　　）。

A．费用现值　　B．投资回收期

C．净现值　　D．内部收益率

E．外部收益率

4．关于盈亏平衡分析的论述，下列说法中正确的是（　　　）。

A．盈亏平衡点的含义是指企业的固定成本等于变动成本

B．当实际产量小于盈亏平衡产量时，企业亏损

C．当生产能力利用率大于盈亏平衡点，就可盈利

D．盈亏平衡产量越小，抗风险能力就越强

E．盈亏平衡产量越大，抗风险能力就越强

五、名词解释（共 11 小题，每小题 2 分，共 22 分）

1．净现值：______________________________

2．净年值：______________________________

3．净现值率：______________________________

4．基准收益率：______________________________

5．零方案：______________________________

6．净效益：______________________________

7．资金化成本：______________________________

8．投资回收期：______________________________

9．环比法：______________________________

10．差额内部收益率：______________________________

11．敏感性分析：______________________________

六、计算题（共 3 小题，每小题 8 分，共 24 分）

1．现有投资 5000 万元，预计在 10 年中每年可回收 100 万元，并在第 10 年年末可获得 7000 万元。试计算内部收益率。

2．某公司考虑下列可行而相互排斥的方案（如表 F.1 所示），各方案的寿命期为 5 年，标准折现率为 10%。试用增量净现值法选择方案。

表 F.1　方　　案　　　　单元：元

方案	A_0	A_1	A_2	A_3
投资	0	5000	8500	700
年净收益	0	1400	2400	200

3．某钢铁厂的设计能力为生产钢材 30 万吨/年，钢材价格为 650 元/吨，单位产品可变成本为 400 元/吨，总固定成本为 3000 万元，其中折旧费用为 250 万元。试做以下分析：

①以生产能力利用率表示的盈亏平衡点；

②当价格、固定成本和变动成本变动±10%时，对生产能力利用率盈亏平衡点的影响，并指出敏感因素。

参 考 文 献

[1] 国家发展改革委，建设部. 建设项目经济评价方法与参数[M]. 3 版. 北京：中国计划出版社，2006.

[2] 吴添祖，虞晓芬，龚建立. 技术经济学概论[M]. 3 版. 北京：高等教育出版社，2010.

[3] 赵建华. 工程经济学[M]. 北京：科学出版社，2001.

[4] 尹贻林. 2005 年版全国造价师执业资格应试指南[M]. 北京：中国计划出版社，2004.

[5] 李世蓉，兰定筠. 一级建造师执业资格考试指南——建设工程经济[M]. 北京：知识产权出版社，2005.

[6] 郭献芳，李奇会，潘智峰，等. 工程经济学[M]. 北京：中国电力出版社，2004.

[7] 石兴国，毛良虎，丁云伟. 技术经济学[M]. 北京：中国电力出版社，2004.

[8] 吴全利. 建筑工程经济[M]. 重庆：重庆大学出版社，2004.

[9] 于立君. 建筑技术经济分析[M]. 北京：中国建筑工业出版社，2002.

[10] 李南. 工程经济学[M]. 北京：科学出版社，2000.

[11] 全国注册咨询工程师（投资）职业资格教材编写委员会. 现代咨询方法与实务[M]. 北京：中国计划出版社，2003.

[12] 黄有亮，徐向阳，谈飞，等. 工程经济学[M]. 南京：东南大学出版社，2004.

[13] 赵国杰. 工程经济学[M]. 天津：天津大学出版社，2003.

[14] 左建. 建筑工程经济学[M]. 北京：中国水利水电出版社，2003.

[15] 时思，邢彦茹，郝家龙，等. 工程经济学[M]. 北京：科学出版社，2011.

[16] 渠晓伟. 建筑工程经济[M]. 北京：机械工业出版社，2007.

[17] 田恒久. 工程经济[M]. 武汉：武汉理工大学出版社，2004.